成为更好的人

新民説

新经济史革命

计量学派与新制度学派

隋福民 著

GUANGXI NORMAL UNIVERSITY PRESS
广西师范大学出版社
·桂林·

新经济史革命
XIN JINGJISHI GEMING

出 品 人：李闰华
责任编辑：李佳楠
封面设计：林　林
责任技编：伍智辉

图书在版编目（CIP）数据

新经济史革命 : 计量学派与新制度学派 / 隋福民著. 桂林 : 广西师范大学出版社，2024. 9. -- ISBN 978-7-5598-7162-6

Ⅰ. F171.29

中国国家版本馆 CIP 数据核字第 2024RG2517 号

广西师范大学出版社出版发行
（广西桂林市五里店路 9 号　邮政编码：541004
网址：http://www.bbtpress.com）
出版人：黄轩庄
全国新华书店经销
深圳市精彩印联合印务有限公司印刷
（深圳市光明新区光明街道白花社区精雅科技园　邮政编码：518107）
开本：880 mm ×1 240 mm　1/32
印张：11.75　　字数：250 千
2024 年 9 月第 1 版　　2024 年 9 月第 1 次印刷
定价：78.00 元

目　录

导论：研究的问题、意义与方法

本书所指的新经济史革命包括两个阶段：从20世纪五六十年代开始到70年代，计量学派诞生，为第一阶段，代表学者为罗伯特·福格尔（Robert W. Fogel）和道格拉斯·诺思（Douglass C. North，也译为道格拉斯·诺斯）；从70年代开始，新制度学派诞生，开始进入第二阶段，代表学者为道格拉斯·诺思。计量学派和新制度学派之所以都被归为新经济史研究范畴，在于二者有大体相近的方法论特征[1]。本书旨在研究新经济史革命发生的背景、过程以及代表学者的代表著作，从而剖析这场革命所带来的一些研究方法上的变化；以及这些变化在经济史学史的历史长河中处于一种什么样的地位；这些变化在方法论上有哪些共同特征；如何看待这种方法论上的新变化。本书主要围绕三个问题展开。

第一个问题，新经济史革命的"新"到底与传统经济史研究有何关联？是凭空出世，还是早有源头？新经济史革命在经济史学史上最具有

1　当然，在具体的研究视域和所用理论上，二者又有所区别。福格尔的兴趣主要是量化技术（铁路）、制度（奴隶制）在历史发展进程中的作用。而诺思更关注技术、制度是如何在社会经济发展中起作用的，其逻辑是什么。福格尔的理论工具主要是新古典经济学理论，而诺思将新古典经济学理论一般化，纳入组织、制度，进而构建出新制度经济学理论，并用其解读历史。

创新面目。为了表达创新的程度，新经济史学家用了“革命”一词[1]。的确，新经济史革命为经济史研究带来了一种新的方法论。瑞典皇家科学院于1993年10月为福格尔和诺思颁发诺贝尔经济学奖时，也指出：“为了解释经济和制度变化，他们应用经济理论和定量方法，更新了经济史研究。”[2]然而，学术研究的历史是不是也存在连续性呢？换句话说，新经济史革命虽然从方法论上看确实是一个不小的变化，但这种变化是不是也植根于传统经济史研究中呢？这是本书要解释的第一个问题。

第二个问题，新经济史革命作为一个历史事件，其发展过程是怎样的？两个学派的代表学者和代表著作是什么？这些著作的内容是怎样的？结论和方法有什么新颖之处？新经济史革命在经济史学界引起了巨大反响，很多学者参与其中。因为其方法新颖，福格尔和诺思也被授予诺贝尔经济学奖，他们的著作在学术界不断引起轰动。在著作中，他们展示了一种研究经济史的新方法。有很多人热捧这种新方法，认为这个新方法为经济史研究带来了新的活力。新经济史使得经济史研究变得“科学化”。科学方法对经济史研究的进步来说是必要的，也是令人兴奋的。也有很多人对这种方法提出了批评，认为该方法不是历史研究的方法，因为该方法隐含着某种前提假设。比如哈佛大学的戴维·兰德斯（David Landes）认为历史是非常复杂的，历史进步的原因也是复杂的，在新古典经济学的理论和制度变迁理论所包含的前提假设下，历史

---

1 道格拉斯·诺思在《美国经济评论》1963年3月号上撰文说，美国经济史研究已经出现了一场“革命”。这场“革命”是由新经济史学家发起的。

2 王宏昌、林少宫编译《诺贝尔经济学奖金获得者讲演集：1978—2007》，中国社会科学出版社，2008，第419页。

不能被很好地解释[1]。既然新经济史革命与诺贝尔经济学奖相连，对新经济史研究方法也有人赞成，有人反对，那么就有必要对新经济史革命及其所带来的研究方法的变化进行很好的梳理。第二个问题是本书的核心问题。

第三个问题，新经济史革命被中国的经济史学者认可吗？中国的经济史学者如何看待新经济史研究的方法论？第三个问题的目的在于把新经济史革命所带来的方法变化与中国经济史研究的实践结合起来。

本书的核心线索是方法，即新经济史研究的方法如何产生，其主要特征是什么以及中国的经济史学者如何看待这些方法论。因此，本书属于经济史方法论研究范畴。同时，本书也属于经济史学史研究范畴，因为，方法论的讨论是深嵌在新经济史革命的历史进程之中的。

本书的研究意义包括两方面：第一，理论意义。目前，国内经济史方法论和经济史学史方面的著作不多。笔者所见到的专论经济史学史的著作有陈振汉的《步履集》，其中的经济史学概论讲稿是陈振汉对经济史学史的描述。吴承明对经济史研究方法论有着很深刻的看法，并有专著《经济史：历史观和方法论》。在论述经济史作为一种历史观和方法论的过程中，吴承明对经济史学史也做出了概括。同时，还专门著文对经济史研究方法论和经济史学史等方面的问题做了有益的讨论，提出了精辟的见解。除此之外，涉及经济史研究方法论和经济史学史等方面内容的文章和著作就鲜见了。对于新经济史革命以及代表学者福格尔和诺思，国内学者有一些文章。这些文章或者讨论新经济史革命本身的发展历程，或者总结新经济史研究的方法论，或者讨论福格尔和诺思的研

1 David S. Landes, "What Room for Accident in History: Explaining Big Changes by Small Events," *The Economic History Review*, New Series, Vol. 47, No. 4 (Nov., 1994): 637-656.

究思想、方法和代表著作，但是，从总体上来说，对新经济史革命的整个历史过程描述得还不够翔实，对新经济史研究的方法论讨论得还不够细致，也没有仔细解读福格尔和诺思的著作内容以及所使用的方法。因此，本书打算在已有研究的基础上，通过研究福格尔和诺思本人的代表性著作，对新经济史革命的发展历程以及新经济史研究的方法论特征作一回顾和说明。这将增进人们对经济史方法论和经济史学史的了解，尤其是对新经济史革命的了解。这也必将丰富经济史方法论和经济史学史方面的研究成果。

第二，实践意义。首先，通过理解新经济史研究的方法论，可以有助于经济史研究。“工欲善其事，必先利其器”，方法论就是“器”。新经济史革命给经济史研究带来了一种新方法，这种方法与以往的传统经济史研究方法——历史方法有很大不同，其方法论上的特征是什么，本书将对此加以尝试性解释。当然，这种尝试性还仅仅是初步的，难以尽善尽美，并且代表了笔者的“偏见”。尽管如此，尝试性解释还是有必要的。通过对方法论的研究和理解，可以增加研究方法论的兴趣，可以增加研究者对方法论的自觉关注，并且将之应用于实践。笔者认为，无论是否认可新经济史研究方法，它作为一面镜子或者一种工具，都对经济史研究有帮助。其次，通过理解新经济史研究的方法论，有助于进一步理解历史学、经济学和经济史等学科之间的联系，丰富对经济史的认识。这对于经济史的研究实践也是有好处的。经济史作为一门交叉学科，人们对它的理解不尽相同。有人把它看成是历史学中的一种，有人把它看成是经济学中的一部分。这种看法合适与否，通过研究美国新经济史革命可以获得一些新的认识。这种新的认识，笔者认为，有助于正确定位经济史学科。比如，经济史不是经济学的流，而是经济学的源[1]。

本书主要采用历史学的研究方法。在收集新经济史革命有关史料后，研读并得出史识，然后根据自己的行文思路，将各种史料加以编排和整合，从而形成本书。毋庸讳言，笔者是站在自己的立场上对所理解的美国新经济史革命进行解释的。解释是研究的一种方法，每一个人在研究时，实际上都是一种解释。曾经拥有的各种知识形成研究者的“前见”，借助于这个有色眼镜，去获得更加丰富的史料来印证或者修正自己的“前见”，从而形成新的理解。这是一个周而复始、循环递进的过程。通过这一过程，认识不断加深，解释也更加深刻。本书希图通过自己的语言把笔者的这种解释呈现出来，以供学界讨论指教[2]。

在行文过程中，笔者还注重使用比较方法。百多年来的经济史学发展，形成了众多的流派，取得了丰硕的研究成果，新经济史就是其中之一。它提出了许多新观点和新方法，这些新观点和新方法在历史长河中处于什么样的位置？与其他学派或者其他研究者的观点有什么不同？这些都需要在比较的视野中加以解读。比较方法是一个具有神力的魔杖[3]，通过比较方法，可以对新经济史革命及其所带来的方法变化有一个全景式的认识。

1　吴承明强调：“经济史有广阔的天地、无尽的资源，它应当成为经济学的源，而不是经济学的流。”参见吴承明《经济史：历史观与方法论》，上海财经大学出版社，2006，第219页。

2　如伽达默尔所言：“一切理解都是解释。而一切解释都是通过语言的媒介而进行的，这种语言媒介既要把对象表述出来，同时又是解释者自己的语言。”参见［德］伽达默尔《真理与方法》下卷，洪汉鼎译，上海译文出版社，1999，第496页。

3　这是法国史学家布洛赫（Marc Bloch）的观点，他言称：“我已使用了一个有神力的魔杖，其名即比较方法。”因此，布洛赫也被人称为比较史学家。参见杜维运《变动世界中的史学》，北京大学出版社，2006，第48页。

第一章
新经济史研究方法之源：传统经济史

为了理解新经济史革命以及它所带来的变化，有必要先了解它之前的经济史研究状况。而要了解它之前的经济史研究状况，就不能将考察的时间仅仅局限在1957年，也就是“新经济史”诞生的时候，而必须从新经济史革命之前的传统经济史说起。经济史学科出现以来，各个国家的经济史研究从总体上看都属于传统经济史的研究范畴。同时，在其中也蕴含了新经济史研究方法的“源头”。实际上，一种理念始终在经济史研究中存在，即运用经济学理论和有关数据来研究经济史。该理念尽管初始不显著，但代表了一种潜在的方向。正是这个理念，昭示着新经济史革命迟早会到来。新经济史研究方法实际上就是这种理念不断发展的结果。

第一节　传统经济史与新经济史：厘定和说明

根据方法论的不同，经济史研究总体上分为两类，一类是以历史方法为主要研究手段的经济史；一类是以经济学方法为主要研究手段的经济史。本书把它们分别称之为传统经济史和新经济史。传统经济史学家的研究过程大致若此：先收集大量丰富的史料，在此基础上依凭本身

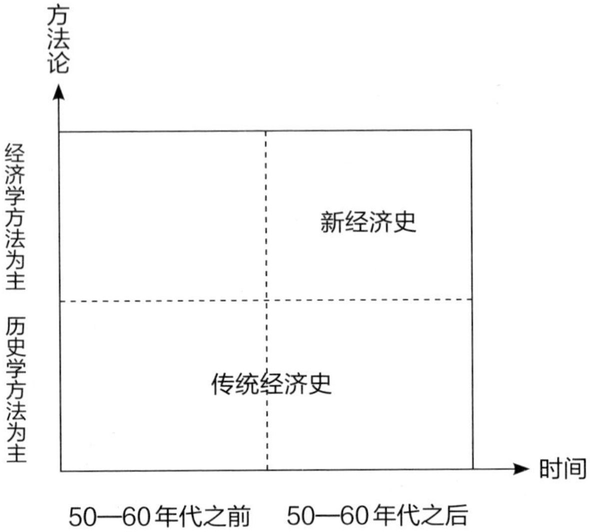

图1-1　新经济史与传统经济史在经济史学史长河中所处的位置

学史长河中，新经济史是内嵌于传统经济史研究中的，即在早期的经济史研究中，就存在新经济史研究的萌芽。

第四，新经济史和传统经济史研究的主题可能是相同的或者说相似的。而且，随着时间的流逝，二者似乎找到了更多的共同兴趣。

第二节　传统经济史研究的特征

20世纪五六十年代之前的传统经济史研究在欧美各国（主要指英国、德国、美国、法国等）都取得了一定的成就。总体上看，传统经济史研究呈现出三个基本特征。

一、主要研究方法：历史方法

20世纪五六十年代之前的经济史研究总体上属于传统经济史研究范畴。虽然有个别学者主张采用经济学理论和定量方法进行经济史研究，并在实践中取得了一定的成果，但这种研究方法在当时不占主流。此时，在经济史研究中占据统治地位的方法是历史方法。即便在研究中运用经济学理论和定量方法，那也是为历史方法服务的。

什么是历史方法呢？历史方法就是尽可能准确地对研究对象做出事实的描述。也就是说以时间为经，以事实为纬，然后将过去的历史进程重新编织出来，并且以叙述的口吻告诉人们过去发生了什么，事件之间是如何关联在一起的[1]。这种经济史研究的主要目的是重建过去的历史情境。历史方法不同于科学方法，科学方法致力于把客观世界进行简化和抽象，从而得出科学理论，而历史方法要借助于对客观事实的描述把复杂性和特殊性呈现出来，并给予一定的解释。

由于历史方法的完成要借助于经济史学家的思考，比如，史料的拣选、考证、整理会受到经济史学家"史观"的影响，构筑的"史实"会受到经济史学家"先见"的影响[2]，因此，历史方法容易引来"非议"。

1　英国史学家斯科特（Emest Scott）认为："历史方法包括：第一，由确立事实与或然以探究过去的真理；第二，批评确立真实与或然的证据，将相关证据逐一比较；第三，个性与动机的推断；第四，严格的纪年，关注事件的结局；第五，分析原因；第六，避免以古鉴今的谬误；第七，尽量从当事人的观点来看发生过的事情，只以后人的观点衡量往事，扞格难通；第八，了解历史人物行为的哲学基础，亦即他们行事的观念；第九，叙事；第十，鉴定的良好习惯的实习。"转引自杜维运《史学方法论》，北京大学出版社，2006，第40页。

2　史实不同于史料，史料是过去人类思想和行为所遗留下来的陈迹，包括遗物、记录等。史实是历史学家发现的，具有意义的特征史实。参见王尔敏《史学方法》，广西师范大学出版社，2005，第118—147页。

经济史本质上属于历史，对它的“非议”也是缘于对历史的“非议”。事实上，在历史研究的征途上，有众多的历史学家对历史的客观性追求进行过反思。典型者如意大利的克罗齐（Benedetto Croce）和英国的科林伍德（R. G. Collingwood）。前者言“一切历史都是当代史”，后者谓“一切历史都是思想史”；前者的意思是说历史深嵌在当代人的问题和思想中，后者则明确表示，历史逃离不了历史学家的思想樊笼，也就是说，所谓客观的历史是不存在的。[1]这些思辨对历史研究有一定的影响。然而，这些思辨并没有动摇经济史学家的叙述情结，他们似乎更注重行动，不愿意对历史的本体进行无休止并且是看不到结果的争论。众多的资料需要整理，众多的国家经济发展史需要书写。这些经济史学家太需要在史料的浩瀚海洋中遨游，然后练就一身爬梳的本领，进而让这些史料鲜活起来，让人们了解过往，了解自己所赖以生存的国家的经济发展的过去，树立民族自豪感。

从研究过程上看，这一时期经济史研究总体上采用传统经济史研究范式是有其道理的。经济史研究是一个循环往复的过程，总是先描述，然后分析，有了新的分析结论之后，修正以前的错误，再次进行描述，这样不断进行下去，人类对自身过往的认识才会不断深刻和完善，才可以不断接近真理，最终达到马克思所讲的相对真理和绝对真理的统一。这一时期，经济史研究刚刚兴起，自然首要的任务是描述。

总之，经济史这门学科在这一时期总体上呈现出这样一种态势：在研究方法上采用历史方法，即其范式是传统经济史研究范式。这一时期的经济史也更像是历史家族中的一员。在20世纪20年代之前，还有很多

1 后现代主义者走得更远。他们认为，在历史上没有真理，没有客观，没有真实，历史是推论，是意识形态的化身。史学家的语言游戏与文学作品的虚构没有两样。

经济学家从事经济史研究，然而随着越来越多的历史学家加入，经济史与经济学渐行渐远。研究者忙于对史料进行收集、整理、比对、整合，鲜有时间去学习经济学理论，因此对理论越来越不了解。另一方面，经济学理论的日益复杂化和数理化也使其抛弃了经济史研究者。大多数具有一定经济学理论素养的研究者又不愿意将自己的学术移情在经济史研究中，因为，经济史研究数理化较难，不易出成果。受益于物理学的经济学分析范式似乎还不能描绘出历史的复杂性。因此，经济史研究也逐渐被经济学家所遗弃。两个学科在互相排斥的同时，也伤害了各自的发展。经济学家的历史知识逐渐减少，而历史学家的经济学理论水平也越来越不敢恭维。

二、各国表现不同

虽然总体上属于传统经济史研究范畴，但由于各个国家的学术传统不同，在经济史研究的出发点和方法上各国表现不尽相同。

在英国和美国，经济学理论和经济史呈现出一种“和谐共处”的局面。人们认为经济史是一门有用的学问，它可以检验、修正经济学理论，可以为理论发展提供灵感。经济史虽然是一门独立的学科，但经济史学家不否认这门学科与经济学理论是近亲。在经济史研究中也不排斥经济学理论，而且还乐于从理论中获取营养。这种经济学和经济史学科之间的和谐局面与英国的经验主义传统和美国的实用主义传统相关。受到经验主义传统影响的英国人乐于从过去发掘智慧，乐于从总结中看出事物发展的规律，而经济史作为一种手段或工具恰好可堪此任。因此，他们并不排斥经济史研究。经济学理论是从现实的经济发展中抽象出来的，而当下是与历史联系在一起的。因此，适合当下的学问也能在历史研究中找到用武之地。故而，英国人在经济史研究中也不排斥经济学理论。美国人的实用主义传统也有助于经济学理论和经济史相辅相成。实用主义的最高境界就是以"实用"为核心。只要有用，就可以"拿来"。因此，美国人既关注经济史研究，也重视经济学理论的进步。在经济史研究上，他们不拘一格地向国外学习。美国人曾以德为师，比如，美国经济史研究领域的开拓者们很多都有留学或游历德国之经历。同时，美国人也向英国人学习。哈佛大学就延聘了英国的经济史学家阿什利（W. J. Ashley）。在"实用"思想的指导下，各种方法都可以"一试身手"，包括在经济史研究中使用经济学理论。由此可见，美国的经济史研究类似于英国，经济学理论和经济史可以和谐共处，而且，在经济史研究中不排斥经济学理论。当然，这一点还体现在美国经济史学科的早期开拓者的学术研究上。查尔斯·F. 邓巴（Charles Franklin Dunbar）和陶西格（F. W. Taussig）都不是专门的经济史教授，他们只是在研究经济学理论的同时研究经济史。

相比之下，德国的经济史历史味、哲学味就较浓。从历史学派的"历史经济学"[1]梦想看，他们似乎要用历史替代经济学。这也难怪，因

---

1 笔者认为，经济史与历史经济学不同。经济史的重心在于"史"，历史经济学的重心在于"经济学"。历史经济学的含义是运用历史方法研究经济学，或者说以历史方法为主要方法研究经济学。在经济学的发展进程中，这种历史经济学的思路曾经存在。德国历史学派实际上都是历史经济学家。他们反对英国古典经济学的利器也是对历史方法的强调。他们认定，没有"放之四海而皆准"的普遍原理，只有适合本国国情和历史的历史经济学。典型的代表如威廉·罗雪尔（W. Roscher）的《历史方法的国民经济学讲义大纲》。他试图把萨维尼在法学研究中运用的历史方法移植到经济学研究中来，并认为"这条道路是通向特别美丽而又丰饶的领域的"。德国历史学派成就了经济史，这在经济史学史上是公认的事实。今天，还有学者不断讨论历史经济学，认为它是人文研究和经济研究的一个桥梁。借助于历史经济学，人们可以看到经济学分析和视野上的局限，可以重新思考经济学。

为德国的经济学传统远不如它的哲学和历史传统悠久和强大。德国人对经济史的理解不同于英国人和美国人，他们的经济史实际上是“历史经济学”的副产品。由于哲学和历史学影响较重，因此，在德国的经济史研究中，对人类社会发展阶段的宏大概括时而出现。比如，旧历史学派的李斯特（Friedrich List）、希尔德布兰德（B. Hildebrand）、新历史学派的毕歇尔（Karl Bücher）等人的概括。[1]实际上，这种宏大概括从哲学家黑格尔（Hegel）那里就可以找到源头。黑格尔就认为人类社会的发展时序是与太阳的行程一致。太阳从东方升起在西方落下。世界历史也从东方走向西方。亚洲是世界历史的起点，欧洲是世界历史的终点。黑格尔由此概括出人类社会发展的进程是东方王国（包括中国、印度、波斯，埃及在黑格尔眼中是波斯帝国的一个行省）、希腊王国、罗马王国、日耳曼王国。[2]可见，“宏大概括”这种历史观在德国不是无源之水、无本之木。马克思对社会形态的历史把握也是一个证明。

法国呈现了另外一种状态，这种状态不同于英美，但与英美又有相似之处，类似于德国，但也不尽相同。法国的经济史研究所表现出来的核心思想是“历史是唯一的科学”。这种思想在年鉴学派，尤其是在第二代中坚布罗代尔身上体现得最为明显。[3]20世纪下半叶崛起的“世界体系”理论的研究者美国人伊曼纽尔·沃勒斯坦（Immanuel

---

1 李斯特认为各国经济发展的历史都经历五个阶段，即原始未开化时期、畜牧时期、农业时期、农工业时期、农工商业时期。希尔德布兰德提出经济发展阶段的过程是实物经济、货币经济和信用经济。新历史学派的毕歇尔提出经济发展的第一阶段是封闭经济（种族社会和中世纪庄园），第二阶段是城邦经济（指城市兴起以后的西欧），第三阶段是国民经济（工业革命以后）。

2 ［德］黑格尔：《历史哲学》，王造时译，北京三联书店，1956，第148-155页。

3 参见［法］布劳代尔（布罗代尔）《历史科学和社会科学：长时段》，收录于何兆武主编《历史理论与史学理论：近现代西方史学著作选》，商务印书馆，1999，第799-817页。

Wallerstein）的“历史作为统一的社会科学”之思想与布罗代尔直接有关。[1]布罗代尔在史学研究领域卓有成就。在他的著作中，可以看到，他用历史统摄社会学、经济学、人类学等多种社会科学。在他看来，总体史是无所不包的，历史没有专门的经济史、社会史、政治史、文化史之分，有的只是历史。社会科学也不能脱离历史而存在。社会科学是理解历史的钥匙，是解读历史的工具。只有历史是有意义的，是真正的学问，而社会科学都是为历史服务的。当然，法国的经济史研究还表现出与英美国家的某些相似之处，那就是对数据的偏好，对数据统计归纳等定量方法的倚重。这一点体现在法国经济史学家弗朗索瓦·西米昂（François Simiand）和厄内斯特·拉布鲁斯（Ernest Labrousse）的著作[2]中。法国的经济史研究与德国也有类似之处，比如对社会学理论的应用，年鉴学派视经济史为社会-经济史，德国的经济史学家桑巴特（Werner Sombart）对社会学理论也很看重。但也有不同之处，那就是德国似乎不喜欢数据。比起他们的历史哲学思考来说，数据可能比较枯燥和琐碎。桑巴特就反对统计，也很少运用数据来说明问题。德国人更愿意通过创造一些概念来阐述历史。另一位德国经济史学家，也是社会学家的韦伯，数据应用同样不多。因此，倚重数据统计来描述历史，这在德国经济史著作中较少看到。这一点与法国截然不同。

---

1 参见［美］伊曼纽尔·沃勒斯坦《知识的不确定性》，王昺等译，山东大学出版社，2006。

2 西米昂著有《价格总体运动研究》（*Researches on the General Movement of Prices*），拉布鲁斯著有《18世纪法国价格运动与财政论稿》（*Sketch of the Movement of Prices and Revenues in 18th-Century France*）。这两部著作都体现了法国传统经济史研究中对数据和统计的重视。

三、两个方向

欧美各国虽然表现不同，但大致可归为两类：一类是英美国家所代表的经济学理论和经济史研究联系相对密切的研究传统；一类是德国、法国以及比利时等国家所代表的经济学理论和经济史研究不甚相关的研究传统。前者在经济史研究中所运用的理论多源于经济学，后者则不然，多源于历史学、社会学、文化人类学等其他非经济学的社会科学理论。虽然同样把经济史认同于历史学的一种，但在后者那里，这种认同感强，而在前者那里，这种认同感相对较弱，甚至时时都有回归经济学的趋势。事实上，在英国古典经济学那里，经济史和经济学是统一在一起的。[1]即使到了马歇尔时代，尽管马歇尔不喜欢研究经济史的坎宁汉（William Cunningham），但他本人并不缺乏经济史素养，即他并不是看不起经济史，他只是认为经济史不能替代经济学。[2]因此，后来发生的经济史学科向经济学家族的回归也不是没有来由的。相反，德国和法国看不到这种趋势。德国的经济史是历史学派奋战的结果，内嵌在历史学的深厚土壤里，内嵌在德国的历史主义情结之中。方法论之争的落败都

1　英国古典经济学的鼻祖亚当·斯密的《国富论》就体现了经济学理论和经济史研究的统一。

2　马歇尔在其《经济学原理》中保留了对德国历史学派的赞赏态度：人们对历史学派及其别国同僚的工作给予多高的评价也不为过。他们在追溯和解释经济习俗和经济制度的历史方面做了大量工作。这是我们这个时代的伟大成就之一。1899年，马歇尔曾经写信给伦敦经济学院的院长海文思（William A. S. Hewins），讨论学院的经济学课程，海文思是历史主义的支持者。马歇尔说：事实上，我是一个庸俗的人，我认为经济学是一个有机的整体。一方面，我对纯粹的理论缺乏尊重（除了作为数学或者数量科学的分支之外）；另一方面，我对没有高等分析帮助的信息的粗略搜集和整理也缺乏尊重，而这种粗略搜集和整理有时候据称是经济史的一部分。

没有撼动经济史的历史主义倾向。[1]直到“二战”之后，局面才稍有改观，历史主义才逐渐淡出经济史研究中。法国的经济史研究受到社会学影响较深，与经济学也没有什么深厚感情。对历史重要性的强调使得法国人认为历史是唯一的科学。因此，直到今天，法国和德国的经济史研究还深深刻着历史的烙印。全球化的文化传播也并没有抹杀国家学术传统的不同。

第三节　英美传统蕴含的理念

厘清了传统经济史研究的特征后，有必要重点谈谈英美的影响。因为在笔者看来，新经济史革命不是“空穴来风”。它是传统经济史研究早已存在的某种理念的继续，也可以说是一种演化。这种理念由众多学者的思想和行动所构成。正是他们，最终启发了新经济史学家。如陈振汉所言：“由经济学理论来规范或指导经济史研究在英国既然已经早就是经济学家和经济史学家的共同要求，在美国，20世纪60—70年代新经济史学派要出来叫嚷用经济学理论和方法替代经济史研究就不足为怪了。”[2]此处，从三个角度来阐述这种方向蕴含的理念。

1　笔者认为，历史主义是德国文化的一个显著特征，历史主义拒斥理性，认为历史与自然科学不同，而且强调历史是理解人类事务的唯一指南。历史主义的哲学和方法论渗透到德国的所有人文社会科学之中。参见［美］格奥尔格·G. 伊格尔斯《德国的历史观》，彭刚、顾杭译，译林出版社，2006。

2　陈振汉：《步履集》，北京大学出版社，2005，第346页。

一、在经济史研究中不菲薄经济学理论

传统经济史研究虽然强调历史方法，但并不是说没有学者主张或采用经济学理论来研究经济史。事实上，罗德斯（J. E. Thorold Roders）、坎宁汉、阿什利（W. J. Ashley）、赫克谢尔（Eli F. Heckscher）、波斯坦（M. M. Postan）、阿什顿（T. S. Ashton）、熊彼特（Joseph A. Schumpeter）等人都主张运用经济学理论研究经济史，并践行之。英美的早期经济史研究和经济学保持着相对紧密的联系。这一点可以从研究者的身份上体现。在英国，传统经济史研究者大多都在他们学术生涯中的某一时段有过教授经济学的经历。比如，罗德斯在进入牛津大学之前，曾在伦敦国王学院担任过政治经济学教授。阿什利从美国回来之后，在伯明翰担任商业史教授，同时研究贸易学。坎宁汉也曾经是伦敦国王学院的教授，而且与马歇尔竞争过剑桥大学的经济学教职。克拉潘（J. H. Clapham）曾是利兹大学的经济学教授。汤因比（Arnold Toynbee）去世较早，但也讲过经济学。这些人当中，只有昂温（George Unwin）没有教授经济学的职业经历。他在接受了初等教育之后，便做了制帽商人的学徒，到20岁时才靠奖学金接受了高等教育。后来到德国留学，受到新历史学派领军人物施穆勒的影响，回国后为一位议员担任秘书，余暇从事社会经济史研究。在美国也可以从经济史学家的身份上看到经济学和经济史的紧密联系。比如开拓者邓巴、陶西格以及后来的第三代经济史学家厄什（Abbott P. Usher）等人的身份。邓巴本人就是政治经济学教授，他讲授经济史是顺便。他所看重和提携的陶西格更是一位经济学家，只不过是一位具有历史眼光和思维的经济学家。他著述的一半都是关乎国际贸易的，他还和学生讨论计量经济学以及其他各种各样的

理论。熊彼特对陶西格评价较高，在熊彼特将要离开人世时出版的《从马克思到凯恩斯》中，收录了10位经济学家，陶西格便是其中之一。厄什本人也是一位经济学家，擅长计量分析。

这些“双重身份”表明英美的经济史和经济学关系相对密切，同时，也说明英美的经济史学家和经济学家能够和平相处、相互学习。事实的确如此。1891年英国皇家经济学会成立的时候，经济史学家占有一定比重。他们的建议总会引来经济学家的“侧耳聆听”。无论他们做出什么论断，都会得到经济学家的高度尊重。尽管有汤因比对古典政治经济学的批判，尽管有阿什利对经济学理论作为普遍真理的质疑，尽管有马歇尔和坎宁汉的争吵，但在英国缺乏德奥“方法论之争”的那种激情。英国的经济学不断发展，同时，英国的经验主义传统也让经济史具有重要的一席之地。经济学家们明白：经济史是经济学的经验守护者。英国的经济史学家也不刻意靠近历史，他们觉得描述和分析经济史离不开经济学理论。美国也是如此。在那个国家，经济史学科本来就有很多设在经济学系。

经济史和经济学的和谐关系使人们乐于在经济史研究中运用经济学理论。从早期的瑞典经济史学家赫克谢尔，到英美的第二、三代经济史学家都有所体现。赫克谢尔是一位经济史学家，也是一位经济学家。他的经济学理论主要受英国经济学家马歇尔和瑞典经济学家维克塞尔（Knut Wicksell）的影响。赫克谢尔在国际贸易领域非常有名，提出了赫克谢尔-俄林定理。他在经济史研究领域也颇有建树。赫克谢尔在1909年受聘于新成立的斯德哥尔摩大学经济学院时任经济学与统计学教授，并且还担任新成立的经济史研究所所长。他成功地让经济史研究成为瑞典各大学的一门研究生课程。可以说，瑞典的经济史学科从赫克谢尔开始。他最负盛名的著作是1931年出版的两卷本《重商主义》（*Mercantilism*）。除此之外还有：《大陆系统：一个经济学的解释》《古斯塔夫王朝以来的瑞典经济史》《历史的唯物主义解释及其他解释》等。赫克谢尔主张运用经济学理论来研究经济史。早在1926年，赫克谢尔就阐明了自己的这种观点。他在经济史副刊上发表了一篇文章《呼吁运用经济理论来研究经济史》。[1]他认为，经济史研究需要经济学理论，因为，研究、选择问题与搜集资料均离不开理论的设想。他说："没有理论，历史研究只是徒然的劳动，没有用处。"[2]这是第一个旗帜鲜明地表明经济学理论在经济史研究中具有重要作用的人。赫克谢尔认为，共同的经济规律是普遍存在的。经济规律在任何社会均一样。所不同的只是理论的复杂性不同。比如，在古代的无货币社会，只能运用简单的经济学理论，货币理论就派不上用场。但在现代的有货币社会，简单理论就显得不足，需要更复杂的理论。因此，抛弃理论进行历史研究是不对的。《重商主义》是赫克谢尔运用经济学理论进行经济史研究的一个代表作。可以说，赫克谢尔通过经济学理论对史料提出了更广泛的问题和假定，对经济史进行了深入的批判性研究，从而在经济史研究和经济学理论之间架起了桥梁。

英国著名的第二代经济史学家波斯坦主张在经济史研究中利用经济学理论。波斯坦的最大学术成就是以主编的身份编纂了《剑桥欧洲经济史》。虽然波斯坦引领众学者成就了如此伟业，但他始终强调，经济史应该利用经济学理论。他说："承认经济学理论的作用，用其来说

1　欧洲专门研究经济史的刊物最早是英国的《经济史评论》（1927）。在此之前，1926—1929年在英国的《经济学》杂志（Economic Journal）有一个经济史副刊，每年发行一本。

2　转引自陈振汉《步履集》，北京大学出版社，2005，第154页。

明事物的关系，舍此既不能提出问题，也不能取舍材料，不能菲薄理论研究，而经济史反过来可以检验、证明理论。”[1]该观点与其在剑桥的前任克拉潘不同，克拉潘认为经济学理论对于经济史研究来说不过是一个没有什么用的“空盒子”而已。作为受过经济学理论和方法训练而摆脱了历史学家思想习惯的新的一代经济史学家领袖，英国的第三代经济史学家的代表学者阿什顿于1946年就任伦敦经济学院经济史教授时也表达了类似波斯坦的看法。他说：“（历史）资料并不戴着标志内容的袖章……即便是有经验的史学专家，也需用一套大致自成体系的原则作为取舍选择标准……正如渔民需要用一张渔网来区分那些捕去出卖同让它留在海里的鱼一样。但这张网必须成于专门网工之手，而不是随意编制的织物。编织‘经济史学’这个行业的专用网的人就是经济学家。”[2]

美国也有类似的主张。比如，前文提到的厄什就倡导将经济学理论与统计资料相结合。除此之外，还有一个重量级人物对经济学理论和经济史研究之间的关系进行了阐述。此人就是约瑟夫·熊彼特。熊彼特一生著作等身，对经济学的研究方法也倾注了相当多的精力。在各种方法中，熊彼特对经济史研究给予了高度评价。他认为经济分析有多种技术，比如经济史、统计、理论、经济社会学等。在这些技术中，经济史乃是最重要的。他说：“如果我重新开始研究经济学，而在这三门学科中只许任选一种，那么我就选择经济史。”[3]为什么呢？熊彼特列举了三条理由：“首先，经济学的内容，实质上是历史长河中的一个独特的过程。如果一个人不掌握历史事实，不具备适当的历史感或所谓历史经

1 同上书，第117页。
2 转引自陈振汉《步履集》，北京大学出版社，2005，第346页。
3 ［美］约瑟夫·熊彼特：《经济分析史》（第一卷），朱泱等译，商务印书馆，2001，第31页。

验，他就不可能指望理解任何时代（包括当前）的经济现象。其次，历史的叙述不可能是纯经济的，它必然要反映那些不属于纯经济的‘制度方面的’事实：因此历史提供了最好的方法让我们了解经济与非经济的事实是怎样联系在一起的，以及各种社会科学应该怎样联系在一起。第三，我相信目前经济分析中所犯的根本性错误，大部分是由于缺乏历史的经验，而经济学家在其他条件方面的欠缺倒是次要的。当然，历史应该包括科学分工和专业化以来那些采用不同名称的学科，如史前记载与人种学（人类学）在内。”[1]在阐述经济史、理论和统计之间的关系时，他也指出经济史的重要性。他说：在了解人类社会的经济发展过程中，“理论仅仅提供一些工具和图式，统计仅仅是全部资料的一部分。只有历史知识能回答因果关系和机制方面的问题，如果没有历史知识，对时间序列的研究将是毫无结论的，理论的分析也是空泛的”[2]。他强调，在经济学分析中，如果单纯使用理论分析，必然要排除许多对分析经济现象有用的社会、制度和文化因素，这会使分析受到损害。弥补的措施是应用历史方法，即在分析中不忽视社会、制度和文化因素的影响。

熊彼特重视经济史，但绝不菲薄理论，他只是希望将理论方法和历史方法结合起来。他同意琼·罗宾逊理论乃是工具的说法，认为不论是自然现象还是社会现象，都有其隐藏在特殊性中的一般性，即个性之中含有共性。如要对共性进行分析，必须要先有一套概念，还要有描述概念之间联系的假说，这些就是理论。经济学理论和经济史是一个互动的过程。一方面，经济史的经验可以是检验理论正确与否的根据，并进

---

1 ［美］约瑟夫·熊彼特：《经济分析史》（第一卷），朱泱等译，商务印书馆，2001，第31-32页。

2 J. A. Schumpeter, *Business Cycles: A Theoretical, Historical and Statistical Analysis of the Capitalist Process*, Vols. 2 (New York and London: 1939), Vol. 1, p. 220.

而提出新的假说，修正已有的理论，从而深化和引领理论研究。另一方面，理论可以作为方法，为经济史研究提供分析工具，从而深化对历史的认识，并进而发现新的问题指引经济史研究。1947年，熊彼特在美国《经济史杂志》发表了一篇题为《经济史中的创造性反应》的论文。文章的第一句话就是："如果他们愿意，经济史学家和经济理论家可以携手做一次有趣而且有益于社会的旅行，即对经济变革这个许久以来被人忽视的领域进行考察。"[1]熊彼特认为：经济史和统计相结合是重要的。对于经济史实来讲，有两个特征，即历史性和数量性。当历史事实可以用统计的时间序列表示出来时，其表述的清晰性提高。进而，通过统计学中介，可以将经济学理论和经济史研究联系在一起。理论常用数学方程加以表达，数学方程中自变量、因变量就是统计学中的统计量，统计量的数值可以在历史材料中找到。这样，就可以借助于经济计量学完成经济史对经济学理论的检验。

二、数据统计：偶有运用

在传统经济史研究中，语言描述的重要性胜于数据统计。在对待一些数量表现和数量关系时，或者是置若罔闻，或者只是进行一些简单的枚举或说明。传统的经济史学家把主要精力都用在定性的描述上，用在说明事实之间的因果联系上。那么为什么早期的经济史研究会如此呢？有四点原因。

第一，经济史研究关注的现象很庞杂，早期研究中，要把历史事

1 Joseph A. Schumpeter, The Creative Response in Economic History, *The Journal of Economic History,* Vol. 7, No. 2 (Nov., 1947): 149-159.

实描述清楚已属不易，以至于还顾不上深入研究数据。从研究对象上看，经济史的视野比较宽泛，要研究的内容也比较丰富。几乎人类社会的任何现象都可以在经济史研究中找到立足之地，包括政治、制度、组织等。唯有如此，才能描述和解释人类社会发展的路径。这就导致了经济史学家对数据的忽视。从研究深度上看，人类社会的历史现象相对于自然世界来说过于复杂。自然界的物体没有思想，而历史现象中的人是有主观意识的。也正因为如此，梳理出人类社会的发展逻辑、总结出人类社会的发展动力，是一个很有挑战性的任务。要知道，在人类社会的发展逻辑和发展动力中，多种因素相互交错、相互制约、相互联系和相互影响。有些因素是明显的，有些因素则比较隐晦。因此，分析历史现象，给出事件之间的因果联系，梳理出历史发展的逻辑和动力，总结出历史发展的路径，是要花功夫的。所以，经济史学家不得不把主要精力放在定性的描述和分析上，不得不依赖于各种可以找到的理论，甚至要凭借自己的直觉和想象力。数据暂时还不能在他们思维中占据主要位置。

第二，社会科学对历史研究的冲击还不大，即所谓科学的理念还没有完全渗透在历史研究中。历史学在兰克时代成为一门所谓的科学，不过那时的科学含义与历史“社会科学化”的含义还不同。那时候的科学意指历史走出神学和文学的樊笼，即历史不再是神学的婢女，也不再与文学相伴。历史研究要建立在对史料的考证和梳理的基础之上，它的目的就是要正确告知人们过去到底发生了什么。在学者们看来，历史学是人文学科，其特点就是要运用充满文采的生动语言向人们追忆过去，讲述以往发生的故事。历史学家就是讲故事的人，只不过这个故事不能杜撰，必须有史料作为根基。在经济史研究早期，经济史学家就被认为是正确讲述经济发展故事的人。在这种认识下，很难让数据找到用武之地。与语言相比较，数据太死板、太枯燥了。经济史学家除了用数据来证明自己的一些定性说明外，就再也想不起数据的用途了。

第三，数学知识不普及，计量经济学还没有发展起来。在经济史研究早期，数学知识还不普及，学者还不能熟练地把数学工具应用于经济史研究中。当时，计量经济学也没有发展完善。另外，从主观上说，传统经济史学家对定量方法重要性的认识总体上来说也不够，习惯于认为数学方法不过是一些雕虫小技，在治国方略的建言上没有什么大用。彼时，经济史学家都有梳理出人类社会发展规律，并进而使之达到经邦济世、经世济民的目的的宏愿。

第四，计算机技术也不成熟。没有成熟的计算机技术，学者们很难大规模地或者说有效率地处理数据。技术的落后也限制了对数据的使用。"巧妇难为无锅之炊"，没有技术做铺垫，再多的数据也不能进入经济史学家的研究视野，也没有用。借助于人脑和人手，不可能把有效的信息从大量的数据中挖掘出来。

以上四点，说明了为什么在传统经济史研究时期，数据使用较少。但是，是不是在那个时代，一点数据整理工作都没有呢？也不是。实际上，尽管定量方法在当时不占主流，但也有个别经济史学家，尤其是经济学家出身的经济史学家，给予数据相当大的关注。有些经济史学家，致力于数据的时间序列整理，也形成了一定成果。在传统经济史研究时期，定量方法的使用可以分为两个阶段，后一个阶段是前一个阶段的进步。

第一阶段，数量研究主要用来处理新发现的数据。当然那些处理也是比较简单和初级的。这一时期的主要贡献是形成了一些价格和人口统计方面的数据资料。比如，罗德斯的《英国农业及价格史》（1866年发表第1、2卷，1882年发表第3、4卷，1887年发表第5、6卷，他死后的1902年，他的儿子替他出了第7卷）。该书对于今天的研究者来说仍然是一个包含大量有用数据的宝藏。克拉潘虽然讽刺经济学理论是一个空盒子[1]，但却不讨厌数据。相反，他进行了大量的数据整理研究工作。他的《现代英国经济史》即以考证严密、数据精确著称[2]。另一位社会经济史学家托尼（R. H. Tawney）[3]的英国经济史则以人口、土地、价格的深入考察闻名于世。

第二阶段，数量研究有了多方面的进展。首先，数量研究和经济学理论相互促进。一方面，数量研究推动了经济学理论，尤其是经济周期理论；另一方面，宏观经济学理论的进展也为数据应用拓展了空间，并可以将之用于解释某些历史事件之间的因果联系。自资本主义产生和发展以来，经济发展呈现出一定的波动，这种波动被经济学家称之为经济周期。有很多学者对此进行了研究，并且根据不同的标准推定了不同的

---

1 1932年他在英国的经济史杂志上发表了一篇文章《论经济空盒》，用《艾丽丝漫游奇境记》中的童话，来影射经济理论的华而不实。他说，经济理论就像一个好像有什么东西在其中的盒子，但打开一看，什么也没有。转引自陈振汉：《步履集》，北京大学出版社，2005，第116页。

2 在该书中，作者一共运用了27张图表，并且用统计数字纠正了以往错误的两个观点：一是以往历史学家对19世纪人口增长的漠视；二是以往历史学家对1820—1821年物价下跌，工资的购买力相对上升的误读。克拉潘认为“概括结论”往往经不起经济事实的检验，因而他注重经济史实的陈述，并且致力于统计数字的考证分析，而不仅是阐述自己的观点。用他自己的话来说，就是“不是在写一部关于经济意见的历史，而是在写一部关于经济史实的历史”。转引自［英］克拉潘：《现代英国经济史》（上卷：第一分册），姚曾廙译，商务印书馆1997，中译本前言。

3 托尼是英国著名的经济学家、历史学家、社会批评家、教育家。曾经先后任教于格拉斯哥大学、牛津大学，并担任伦敦大学经济史教授。其代表作主要有：《16世纪的土地问题》（1912）、《贪婪的社会》（1920）、《宗教与资本主义的兴起》（1926）、《中国的土地和劳工》（1932）等。其中，《宗教与资本主义的兴起》已经有中文版（上海译文出版社，2006）。

经济周期长度。法国经济学家朱格拉（Clement Juglar）、美国经济学家约瑟夫·基钦（Joseph Kitchin）、西蒙·库兹涅茨和俄国经济学家尼古拉·D. 康德拉季耶夫（Nikolai Kondratieff）分别提出了著名的“朱格拉周期”“基钦周期”“库兹涅茨周期”和“康德拉季耶夫周期”理论。这些经济周期理论的提出都借助于数据研究，比如生产率、物价、就业率等方面数据的研究。库兹涅茨在推动定量方法运用方面作出了巨大贡献。他的著作主要有：《美国零售和批发贸易的周期波动》（1926）、《生产和价格的长期运动》（1930）、《工业和贸易的季节性波动》（1933）、《国民收入及其构成》（1941）等。他在研究资本主义时，一直强调经验统计资料的整理、加工和分析。他认为，统计学是经济学理论研究的重要基础。虽然他不认可自己是一位经济史学家，但他对资本主义经济长期发展的数量研究，对国民生产总值和国民收入的计量，确实推动了定量方法在经济史研究中的应用。凯恩斯革命以来，宏观经济学理论对货币流通、价格与工资变化的集中考察为数据进一步应用创造了前提。美国的经济史学家汉密尔顿（Hamilton）从货币数量说的角度研究了大量统计资料，并写出《美洲财富与西班牙的价格革命：1501—1650》。这本书是“价格革命”研究的杰作。在这本书中，汉密尔顿指出，16世纪金银输入量的增大和商品价格的上升之间有着密切的关系，美洲金银是西班牙“价格革命”的主要原因。其次，定量方法也越来越多地应用于经济史研究中。美国经济史学家罗斯托（W. W. Rostow）的灵感来源于库兹涅茨的早期著作《生产与价格的长期运动》。他认为库兹涅茨后期的总量研究对于理解和解释经济增长的规律是不够的，需要将总量细化到部门和分支部门。罗斯托强调：“没有适当的总量分解。对增长的研究就是没有王子的哈姆雷特，或戴着手套弹钢琴。”[1]美国第三代经济史学家厄什同样在定量方法上作出了贡献。他利用价格资料所作的14—18世纪欧洲农业的研究，显示了“化腐朽为神奇”的技巧。[2]需要说明的是，20世纪二三十年代之所以定量研究不断深化，是与“一战”结束所导致的金融秩序的混乱、物价的大起大落等现象相关的。金融秩序混乱，造成价格波动。人们乐于并试图挖掘这些数据变化之后的意义。总体说来，这一时期的定量研究有了一定的进展。

三、关注长期经济发展演化[3]

在传统经济史研究中，关注长期经济发展演化的情怀一直存在。亚当·斯密试图通过经济史研究来向世人告知交换、分工和专业化对人类福利的增进大有帮助，从而为资本主义的合理性做注脚，为自由市场经济摇旗呐喊。英国经济史学家阿什利曾言，经济史应该尝试发现社会发展的规律，也就是要对社会经济生活所运行的轨迹进行一般归纳。这种提议被英国学者约翰·希克斯（John Hicks）呼应，晚年他写出自己

1 ［美］W. W. 罗斯托:《经济增长的阶段：非共产党宣言》，郭熙保、王松茂译，中国社会科学出版社，2001，第二版序言，第5页。

2 参见吴承明为日本经济史学家斯波义信《宋代江南经济史研究》（江苏人民出版社，2001）所做的序言。

3 这种理念在德法等国家所代表的那种方向中表现更为明显。从德国的马克思到法国的保尔·芒图，从旧历史学派到新历史学派，从年鉴学派的第一代到第二代，都对长期的经济发展演化倾注了感情。布罗代尔提出了“长时段”，而且他认为，马克思本质上也是一位研究长时段的理论家。

最为得意的作品——《经济史理论》(1969)[1]。该作品试图给出一套适用于经济史研究的经济史理论。希克斯认为历史研究不应该像历史主义那样，一味追求特殊性和偶然性。历史本来应该是共性和个性的统一体，一个历史事件的发生，有其偶然性，但也有其必然性，是偶然和必然的统一。历史学家的经济史研究往往追求那种偶然性，而在希克斯看来，其中的必然性才是经济史的研究对象。唯如此，才能揭示经济发展中的必然规律，经济史研究才有意义。美国的罗斯托教授也为经济发展总结了一套理论，并称之为经济增长阶段论。当然，经济史学家的某些概括也不一定正确，也受到质疑。比如，中国经济史学者吴承明认为希克斯的经济史理论主要源于英国经验。他所概括的经济史理论很难说就是人类社会发展的共性。中国的经济发展历史就与英国有很大不同。罗斯托的理论也很难说适用于所有国家。正如他本人所言："增长阶段论是考察现代史发展顺序的一个武断的和有局限性的方法，也不是绝对正确的方法。事实上，增长阶段论的目的不仅是要描述现代化顺序的一致性，也同样要说明每个国家经历的独特性。"[2]然而，这些思考、观点和质疑无疑都显示了经济史学家关注长期经济发展演化的情怀。这种情怀实际上也作为学科的基因遗传到新经济史学家的研究中。

---

1 希克斯是20世纪顶尖的几个最伟大的经济学家之一。1972年，他与肯尼斯·阿罗（Kenneth J. Arrow）共同分享了诺贝尔经济学奖，获奖原因是他们在一般均衡理论和福利理论方面作出了首创性的贡献。希克斯虽然不是经济史学家，但他对经济史早就怀有兴趣。他做研究生时的导师是经济史学家科尔（Cole），到南非讲授英国中世纪经济史时用的是艾琳·鲍威尔（Eileen Power）的笔记，之后在伦敦大学做讲师时也与波斯坦一起讨论问题。后来，他退休之后在英国第三代经济史学家阿什顿的敦促下不断研究经济史，或者与经济史学家沟通讨论，并发表自己的意见，最终成就了1969年的《经济史理论》。

2 ［美］W. W. 罗斯托：《经济增长的阶段：非共产党宣言》，郭熙保、王松茂译，中国社会科学出版社，2001，第1页。

第二章
新经济史革命：学术“场域”和现实条件

第一节　经济史研究发展之学术“场域”

第二次世界大战后，英美研究方向蕴含的理念有了进一步发展的学术空间。主要表现在两方面：一方面是历史学本身求新求变，而求变的指向就是社会科学化。所谓社会科学化是指在历史研究中越来越多地应用社会科学理论和方法。在这样一种演化中，历史学对数学的感情日渐浓厚，定量方法更多地应用于历史研究中，同时，历史学也越来越重视经济学理论。另一方面是经济学理论日益成熟，且逐渐表现出经济学帝国主义之倾向。这种倾向的终点就是试图借助经济学理论来解释人类所有与理性相关的行为。历史是人类社会发展变迁的过程，是人类理性行为在时间进程中的展现，自然也在被解释之列。

一、历史学转轨：社会科学理论和定量方法

首先，第二次世界大战后，历史研究愈来愈趋向运用经济学、社会学等多种社会科学的理论和方法。这种趋势之所以出现是现实所致。当

时社会发展产生了很多新问题，比如城市化、群体行为等，传统的研究理论和方法对这些问题不能给出合理的解释。因此，历史学需要向社会科学理论学习。这种趋势实际上也导致了历史学研究视域从政治、外交转向社会、经济等方面。由于历史学把社会科学理论作为研究工具，历史学就有能力对社会经济等各方面现象进行合理的分析，而不仅仅是像过去那样，仅对重大历史事件（政治、外交、宗教等方面的历史事件）进行因果相连。由于应用了新的理论，历史学家能够把视野从英雄人物的分析上转到对普通民众行为进行研究，转到对社会结构、经济结构进行思考。这种转向实际上也让历史学获得了进一步发展的空间。[1]史学转向出现在法国、德国、美国等国家。倡导美国"新史学"的是詹姆斯·哈维·鲁滨孙（James Harvey Rubinson）。他主张借用社会科学和自然科学的成果研究历史，认为"历史学家始终是社会科学的批评家和领路人，他应该将一切社会科学的研究成果综合起来，用过去人类的实际生活来加以检验"。并且坚信"假使把历史学的新同盟军好好加以利用，那么，不仅历史研究的范围可以大大加强和深化，而且在史学园地里将会取得比自古以来更有价值的成果"。[2]英国历史学家杰弗里·巴勒克拉夫（Geoffrey Barraclough）认为，"如果要使当代史具有永久的价

---

1 当然，对于这种趋势，并不是所有的历史学家都持赞成态度。有些学者认为，依据理论来解释和研究历史是危险的，很可能为了适应理论而歪曲历史。因此，对历史进行模式建构，比如像启蒙时代历史学家和黑格尔追随者所提出的伟大的历史演进框架，是违背历史的。历史学家大卫·汤姆森（David Thomson）言："历史学是敌视体系建构的。"经济学家米塞斯却声称："历史事实既不能证明理论，也不能推翻理论。历史事实必须得借助于理论的洞见才能予以阐释。"理论和历史的关系，似乎是一个永恒的话题。

2 ［美］詹姆斯·哈威·鲁滨孙：《新史学》，齐思和译，商务印书馆，1964，第50、70页。

值，那么对当代各种事件的分析就必须具有‘深度’”[1]。法国历史学家布罗代尔也同样指出：“许多年来，我们一直饶有兴趣地注意所有这些同事们的实验和研究，因为对我们而言，通过紧步他们的后尘或与他们取得联系，似乎就有可能（至今仍然是）使得历史学焕然一新。”[2]

在社会科学理论中，经济学理论和方法对历史学的影响尤其明显。英国历史学家巴勒克拉夫援引美国经济学家戴维斯（R. Davis）的话说明了这种趋势：“在所有社会科学中，对历史学影响最大的是经济学，尤其是计量经济学。这种影响不仅改变了一代经济史学家的研究方向，使他们从叙事式转向分析式，而且还是使各个部门和领域中的历史学家们都深切地感受到统计学和数据资料确实非常重要的一个主要因素。”经济学理论和方法对历史学产生重要影响的原因不仅是因为“自从亚当·斯密、李嘉图和马克思时代以来，历史学家已经充分认识到了经济因素在历史变革的形成中的重要性”，而且是因为“经济学在形成一套完整的理论方面远远走在其他社会科学前面”[3]。事实也确实如此，经济学理论大厦构建得越来越完美，而且在实践中的重要性不断增加，对人类行为提出了指南[4]。

其次，随着统计分析重要性的不断增加，尤其是伴随着数据处理技

---

1 ［英］杰弗里·巴勒克拉夫：《当代史导论》，张宇宏、张广勇译，上海社会科学院出版社，1996，第8页。

2 ［法］布劳代尔（布罗代尔）：《历史科学和社会科学：长时段》，收录于何兆武主编《历史理论与史学理论》，商务印书馆，1999。

3 ［英］杰弗里·巴勒克拉夫：《当代史学主要趋势》，杨豫译，上海译文出版社，1987，第75、14页。

4 参见［美］亨利·威廉·斯皮格尔《经济思想的成长》，晏智杰等译，中国社会科学出版社，1999；［美］斯坦利·L. 布鲁《经济思想史》（原书第6版），焦国华、韩红译，机械工业出版社，2003。

术的发展，历史学家不能忽视定量方法对历史研究的重要性。该时，由于历史学的研究视野从个体转向了群体，研究兴趣从伟人转到了对经济增长、制度变迁和整个社会结构的发展变化，因此，数量和比例在分析中就显得越发重要。没有定量研究，很难准确描述历史现象，解释历史过程，分析历史中的因果关系。正如马克思所言："一门科学只有在成功地运用数学时，才算达到了真正完善的地步。"[1]因此，当时人们都意识到历史需要精确的计量，只有定性分析的历史让人觉得不确切，不够科学和理性，因此，希望能将定性分析和定量分析相结合。虽然此时的计量方法还显得较为初级，但无论如何，定量研究在该时期的历史研究中已经不断出现。1971年，美国哈佛大学的卡尔·多依奇（Karl Deutsch）发表了一项研究报告，在报告中详细列举了1900—1965年间全世界的社会科学方面的62项重大进展，并指出："定量的问题或发现（或者兼有）占全部重大进展的三分之二，占1930年以来重大进展的六分之五。"[2]

定量方法促进了历史学研究视域和研究手段的发展与变化。如上文所述，由于社会科学理论进入历史学领域中，历史学有能力进行研究视域上的转轨。定量方法也发挥了这种功能。它促使历史学研究对象从传统的、以个人和事件为中心的政治史转为以大众和过程为主体的总体

---

1 这是马克思的看法。见保尔·拉法格《摩尔和将军——回忆马克思和恩格斯》，中共中央马克思恩格斯列宁斯大林著作编译局编译，人民出版社，1982，第95页。

2 转引自丹尼尔·贝尔:《第二次世界大战以来的社会科学》，范岱年等译，中国社会科学院情报研究所，1982，第2页。

史或综合史。20世纪30年代出现的法国年鉴学派[1]、60年代中叶在英国出现的人口统计的历史研究以及在联邦德国兴起的“社会历史学派”都是例证。同时，定量方法可以使人们能够更好地利用遗留下来的历史资料。这大大拓展了人们对历史资料的应用能力，在历史研究中更加游刃有余、得心应手。而且，还能使历史研究趋于严谨、精确，不再是大而化之、含糊不清的描述和解释。

定量方法尤其在经济史研究中找到了安身立命之所。那么，为什么定量方法可以在经济史研究上找到英雄用武之地呢？这是因为，经济史的主题——货币与劳动、就业、收入、价格、人口、生产、投资、贸易、信贷等都可以明确计量，而且计量的单位也能标准化[2]，从而可以将这些变量进行跨时比较，在这里，历史时间就简化为变量t。历史上已经有很多经济学家或经济史学家对收集经济数据做出了卓绝的贡献。比如B. R. 米切尔（B. R. Mitchell）和菲利斯·迪恩（Phyllis Deane）构建的《英国历史统计摘要》（*Abstract of British Historical Statistics*，1962）。

总之，20世纪50年代以后，伴随着社会科学迅猛发展，历史学运用社会科学的理论和定量方法进行研究的态势愈加明显。这一时期，诞生了一批反映这种影响的杂志和著作。对于这些变化，巴勒克拉夫总结道：“社会科学在两个层次上对历史研究产生了影响，第一个层次是应用更加广泛的社会科学的思维范畴，这些范畴已经通过了相当长时间的检验，获得了声望，至少使人们不得不加以承认。第二个层次是新的计

1　第一代开创者为M. 布洛赫和L. 费弗尔。他们引领西方史学界率先将研究重心转向以经济-社会为核心的整体史，注重社会和经济活动的宏观过程以及各种较大社会群体的特征和历史演变。第二代的F. 布罗代尔发扬光大。参见［英］彼得·伯克《法国史学革命：年鉴学派，1929—1989》，刘永华译，北京大学出版社，2006。

2　之所以这些变量能够标准化，又在于理论的发展，尤其是宏观经济学理论的出现和完善。

量方法的运用。”而且，这种史学研究思路上的变化，即应用社会科学理论和定量方法研究历史，更是美国历史研究的特点。如巴勒克拉夫所言：“坚定不移地推动历史学和社会科学或行为科学的结合是美国的显著特征。”[1]

二、经济学日益成熟及其帝国主义倾向

经济学理论的日益发展，势必要对经济史研究产生影响。戴维斯曾经在他的《历史学与社会科学》一书中指出，经济学是对历史学做出最大贡献的社会科学[2]。确实如此。意大利经济史学家奇波拉（Carlo M. Cipolla）就是运用当代的经济学理论，尤其是凯恩斯学派的经济学理论完成了《欧洲经济史》。该书于20世纪70年代在英国出版。内容包括从中世纪后期到当代（900—1970）一千多年间欧洲大多数国家的经济发展史。另外，凯恩斯的《就业、利息和货币通论》出版之后，宏观经济学理论和经济增长理论不断得以发展。这种发展促进了经验统计，即对一个国家的国民生产总值、国民收入、资本形成以及促进经济增长的各种因素进行分析和研究。这对于计量学派的新经济史学家来说也有很大启发和帮助。福格尔曾经得到库兹涅茨的指导，而库兹涅茨是美国现代国民收入和国民生产总值计量方法的奠基人、国民经济增长数量研究的

---

1 ［英］杰弗里·巴勒克拉夫：《当代史学主要趋势》，杨豫译，上海译文出版社，1987，第74、45页。

2 转引自［英］杰弗里·巴勒克拉夫：《当代史学主要趋势》，杨豫译，上海译文出版社，1987，第114页。

先驱者、库兹涅茨周期的发现者和收入分配的探索者。[1]福格尔对铁路作用的定量研究也是受到库兹涅茨鼓励的结果。当然，古典经济学理论和新古典经济学理论在这个时候也没被人遗忘。相反，在后来政府干预经济的缺陷日益明显时，这些理论重新被奉为经典，尤其是新古典经济学理论。

20世纪50年代发展经济学的崛起和现代经济增长理论的发展，为经济史研究提供了另一种思路和不一样的问题。于是，在经济史的研究中出现了试图运用经济学理论对生产力的增长做出说明、对生产率的来源进行分析、对具体工业的发展、对科学技术的作用做出合理的解释的需求。理解经济增长的来源，解释发达国家和不发达国家之间的收入差距，以及确定经济发展中的主要决定因素成为经济史研究的重点。人们在经济史研究中渗透着思考：经济发展的长期演化有没有规律？为什么有的国家富有，有的贫穷？什么历史经验对发展中国家的经济发展是有效的？技术、制度在经济发展中的作用有多大？等等。这些问题让经济增长和发展理论与经济史研究找到了共识，并且互相借鉴灵感。

计量经济学在美国的发展促进了数量分析在经济史研究中的进一步运用。计量经济学就是用数学方法，根据实际统计资料，为经济学理论中阐述的经济关系，计量出实际数值，以便用计量结果验证或改进经济学理论的文字阐述，从而解释过去、预测未来和规划政策。50年代后计量经济学取得了进一步的发展。一方面，美国经济社会的稳定以及数据资料的丰富为计量经济学的发展奠定了基础。在稳定的经济发展环境下，模型的解释能力和预测能力都有所增强。这样，学者们增强了对计

1　参见［美］西蒙·库兹涅茨《各国的经济增长：总产值和生产结构》，常勋等译，商务印书馆，1999，中译本序。

量分析的信心，更加倚重定量方法。另一方面，数学在现代经济学理论中的应用越来越广泛，数学成为经济学是否“科学化”的标志。主要表现是在经济分析中运用数学方法的学者越来越多，应用数学方法进行研究的理论领域不断扩大，而且，前人研究过的问题也可以在数学方法的指导下进一步深入。总之，数学让学者们感受到了逻辑严密之美，牛顿经典物理学的梦想不断地在经济分析中得以强化。数学在理论领域中的扩展为计量经济学的发展打开了方便之门，而计量经济学的发展又为新经济史的兴起提供了工具。

经济学理论和工具的发展为经济史研究求新求变提供了基础，但这并不表明经济史研究会“自动更新”，还需要“东风”。东风是什么呢？笔者认为，那就是经济学帝国主义之情怀。经济学作为一种解释人类行为的分析工具，从20世纪60年代开始逐步走出经济学的传统范围。它将婚姻、家庭、歧视、犯罪、司法、选举、宗教和历史，都纳入了自己的分析范围，大有重写社会学、法学以及历史学的势头。这种势头，被学术界称为经济学帝国主义。经济学家普遍有一种优越感，似乎找到了分析人类行为的法宝。他们善于用一把刀，解百样牛，用一种思路，分析众多邻近学科的传统问题。之所以能够有帝国主义倾向，一方面在于经济学理论的不断成熟和经济学分析工具的不断完善；另一方面也在于其他学科的分析对象也牵涉到资源的稀缺，主体之间的竞争、在竞争中主体作为理性人其目标是效用或者收益的最大化。由于研究对象拥有共性，因此，其他学科就似乎应该学习和借鉴经济学的这种分析范式。若不如此，该学科似乎就没有走对路，难以新生。这在60年代之后成为一种学术发展上的情势。历史学不能逃离这个情势，经济史更不能洁身自好，井水不犯河水的局面似乎要结束了，经济学理论要重新打扮这个历史的小姑娘[1]。叙述和描述历史被理论的偏好者认为是非科学的，是不具有内在逻辑的。历史也不能先于理论存在。有了理论才有历史。也难怪，新经济史会登台亮相，因为适合他们演出的舞台背景已经准备好，适合他们发展的“东风”已经到来。

第二节　登高望远：新经济史革命为什么在美国发生？

上文描述了新经济史革命得以诞生的学术“场域”。事实上，这种“场域”深深嵌在美国的政治、经济、文化、技术等多维“环境”之中。也就是说，美国的社会经济发展状况以及技术水平、文化特点共同编制的“环境”决定了新经济史革命在美国发生的概率最大。首先，从社会经济方面看，“二战”之后世界经济政治发展格局发生了变化，形成了和平局面，美国成为世界上经济最为发达的国家。和平的环境和经济的发达为社会科学发展提供了基础。其次，从技术方面看，计算机技术在战后的和平环境下进一步发展，从而使大规模计算和数据处理成为可能。这种发展主要由美国来引领。最后，从文化方面看，多元性、包容性的特点使得各种思潮在美国都有一试身手的舞台，实用主义传统和创新精神也促进了新思想、新方法的产生。中国有句古语：“文变染乎世情，兴废系于时序。”[2]正是美国的多种有利条件，才促使新经济史革命发生。

1　此乃胡适语。他认为，历史乃是任人打扮的小姑娘。

2　语见（中国南北朝）刘勰：《文心雕龙·时序》。

一、社会经济：提供了研究基础

“二战”后，世界格局发生了巨大变化，整体环境趋于和平稳定，人们不再萦绕在战争的恐惧当中。传统的欧洲强国相对衰落，而美国在五六十年代步入其经济发展的黄金时期之后，已经成为世界上经济最为强大的国家。自由女神代表着世界未来的方向。这些为美国的自然科学、社会科学以及人文科学的发展提供了经济基础和制度保障。由于美国能够提供良好的研究条件和优厚的待遇，因此“二战”前后，世界各地曾有大批的优秀人才（包括知识分子）奔赴美国希图实现自己的梦想，其中不仅包括欧洲才俊，还包括第三世界的优秀人才。福格尔的父亲就是从俄罗斯移民到美国。同时，美国本土发达的教育体系也为这个国家培育了大量优秀的具有创新精神的人才。这些有知识的人（人力资本）作为美国经济、科技发展的智力基础，又进一步推动美国向前发展。经济增长、人才培养以及它们之间的互动促进了学术发展。一方面，经济实力的不断强大使得学者们可以获得良好的研究环境，也能让他们安心地研究自己感兴趣的东西，不为稻粱谋，从而进一步推动了美国的学术进步。另一方面，经济发展也使得社会分工越来越细化，包括学术上的分工。学术上的分工导致专业化水平的增进，并进而提升了学术水平。因此，学术研究在战后的美国获得了空前的发展。在这种氛围下，经济史研究自然也有了新的空间和舞台。

上述是从供给角度阐述。从需求上看，经济史学科重新焕发生机也是大势所趋。战后，美国经济虽然遥遥领先，但也面临着如何把这种优势保持下去以及如何把美国经济增长和发展的“福利”“分享”给全世界，尤其是自己的盟国和第三世界贫穷国家等一系列问题。因此，在发达国家内部，就产生了一种学术需求，即要探索经济发展有没有规律和模式，不发达国家可不可以模仿和学习发达国家走过的道路，这是其一。另外还有一种大乱之后要总结过去经验的心态，即反思过去的政策和制度，反思战争对经济的影响，反思欧洲传统强国的兴起和衰落过程，反思世界格局的变化。反思过去自然是历史研究的长项。历史学家对历史的重新审视和解读是历史的本真要义。正如英国史学家卡尔所说："历史是历史学家跟他的事实之间相互作用的连续不断的过程，是现在跟过去之间永无止境的问答交谈。"[1]是"过去的事件跟前进中出现的将来目标之间的谈话"[2]。这种互动有助于对过去历史经验进行总结，这是其二。这两种需求，最终导致经济史研究的发展，因为，经济史研究一直关注和探讨经济增长和发展问题，经济史研究一直是一门反思的学问。人们希望从历史中能够获得社会发展进步的灵感，希望从历史中能够寻求到解决现实问题的思路。

社会有供给，也有需求，自然就赋予了经济史学科发展的机会。那么，为什么经济史研究方法会出现新的局面，而不是建立在过去的基础之上了呢？这当然与诸多客观因素相关，比如技术水平、文化传统以及学科发展的"场域"等。这些都是经济史研究方法出现变化的必要条件。在这里，还要强调一下主观的作用。新经济史革命作为经济史学史上的一个历史事件，实际上是主观和客观、思维和现实互动的结果。客观环境的变化引起了人们主观看法的不同，而这种思维上的变化又会投

---

1 ［英］爱德华·霍列特·卡尔：《历史是什么》，吴柱存译，商务印书馆，1981，第28页。

2 同上书，第135页。

射到现实中。结果就有可能是人们“思维的自我实现”[1]。“二战”后，客观环境的稳定、经济知识的发展为启蒙时代的理性诉求提供了进一步发展的空间。也就是说，当时知识的进步和经济的发展为学者们带来了一种对理性的崇拜和把握世界的自信，也越来越把理性的优越置于思维的中心位置。自然，经济学理论是崇尚理性分析的学术代表，是实现认识社会、改造社会的优秀工具。同时，社会的稳定和经济发展的可预测性，增进了人们对定量研究的兴趣，增加了人们对“数目字管理”的依赖。人们不太愿意像过去的经济史学家那样，从一种宏观的视野来把握人类社会进步的方向，也不太愿意研究制度、法律、组织和风俗甚至于人们的思维、心理等方面对社会经济发展的影响。当前的制度已是最优的制度，当前的结构已是无可挑剔的结构，从数量上入手进行研究就足够了。在这样一种心态下，人们觉得数量研究在历史中的应用还需要深入。另外，简单的历史描述，即重构过去的历史情境也意义有限，富有深度的历史研究应该是重在解释和分析。若要解释好过去，社会科学的理论是必须的。正像布罗代尔所主张的：没有理论就没有历史[2]。当然，在这些理论中，经济学理论被经济史研究者认为是最为有用。这些是经济史研究方法变化的主观条件。

1　这有点类似经济学中所讲的“预期的自我实现”。笔者秉承开放的历史观，认为历史发展充满了不确定性，这种不确定性的来源多样，主观的变化作为历史动力之一可以影响历史发展进程。

2　转引自李伯重:《20世纪初期史学的“清华学派”与“国际前沿”》,《清华大学学报（哲社版》2005年第5期。

二、技术：大规模处理和分析数据成为可能

一种新方法的实施取决于使用该方法的客观条件的成熟。20世纪50—60年代定量方法的使用和普及就与计算机技术的发展有关，与其硬件和软件的不断交错进步有关。正是因为有这样的基础条件，经济史的研究者才可以进一步利用定量方法来整理和分析史料。也就是说，计算机技术的发展是新经济史革命出现的必要条件。

首先，计算机技术的进步使大规模处理和分析数据成为可能。技术是一个硬约束，对于新经济史的计量方法来说，如果没有计算技术的发展，大规模整理数据是不可能的。历史上许多重要信息，或者从未有学者收集，或者早已经散佚。即使有的信息被整理成数据资料保存下来，由于资料浩繁、数量庞大、形式多样等原因，也难以成为重构或者解读经济发展历史的“史料”。计算机技术的进步为改变这种局面提供了技术基础。伴随着软件技术（编程）的进步，也使过去无法完成的计算得以快速实现，使得零散资料的收集和整理变得简单，使得历史学的视野从政治、外交（关注大人物）转向到社会、经济以及日常生活的方方面面（关注普普通通的群体）成为可能。总之，计算机技术的进步，包括硬件和软件，为新经济史革命的出现奠定了技术基础。事实上，新经济史学家们正是借助于计算机技术才更新了经济史研究。难怪，福格尔和艾尔顿（Elton）说，新经济史是由经济学理论和计算机作为伴娘和伴郎，是历史问题和统计分析相互结合而生的产物[1]。

1　Roger Middleton and Peter Wardley, “Information Technology in Economic and Social History: The Computer as Philosopher’s Stone or Pandora’s Box?”, *The Economic History Review*, New Series, Vol. 43, No. 4 (Nov., 1990): 667-696.

其次，计算机技术的进步在美国体现得较为明显。众所周知，计算机技术伴随着电子技术的发展而发展。1906年美国的“收音机之父”德·福雷斯特（Lee De Forest）发明了电子管，为电子计算机的发展奠定了基础。1924年2月国际商用机器公司（IBM）成立，并于1935年推出IBM601机。这是一台能在一秒钟内算出乘法的穿孔卡片计算机。这台机器无论在自然科学还是在商业应用上都具有重要的地位。1946年，ENIAC（ Electronic Numerical Integrator And Computer）诞生，这是第一台真正意义上的数据电子计算机。1947年美国Bell实验室发明了晶体管。1951年在莫奇莱和埃克特的努力下，第一台商用计算机系统诞生，该计算机被美国用于人口普查，标志着计算机进入商业应用时代。之后，随着辅助设备的发展，计算机适于应用的程度越来越高。1958年，集成电路出现[1]。集成电路的发展使人类社会掀开了信息时代新的一页。由于采用了集成电路，计算速度从几十万次提高到上千万次，计算机的体积大大缩小，价格也不断下降。同时，编程语言也不断发展。1963年，DEC公司推出第一台小型计算机。1965年，摩尔定律发表。[2]可见，计算机发展速度非常快。从以上计算机技术的发展历程上看，重大的发明都是美国人完成的，美国在计算机技术方面遥遥领先于其他国家。

---

1 美国仙童公司的诺伊斯（Robert Noyce）和美国德州仪器公司的杰克·基尔比（Jack Kilby）都是集成电路之父，前者发明了基于硅的集成电路，后者发明的是基于锗的集成电路。

2 摩尔在1965年文章中指出，芯片中的晶体管和电阻器的数量每年会翻番，原因是工程师可以不断缩小晶体管的体积。这就意味着，半导体的性能与容量将以指数的形式增长，并且这种增长趋势将继续延续下去。

三、文化：包容性、实用主义和创新精神

美国文化上的包容性体现在其多元文化基础和对外来思想的吸纳上。美国是一个移民国家，也是一个多种族的国家。虽然欧洲白人在美国社会占据着族群的主体，并形成了盎格鲁-萨克逊文化，但其他移民群体和少数民族也保留了自己的文化习俗和群体特征。多元文化的根基使得美国学术具有较强的吸纳能力，不仅善于消化和吸收本土学术思想上的变化，也善于接受其他国家的学术前沿思想，比如，德国历史学派和法国年鉴学派都在美国找到了立足之地。德国历史学派孵化出美国的旧制度学派，而年鉴学派的思想和方法也影响了美国的经济史研究。年鉴学派虽然在主体上还是以历史方法为主，但是已经把社会科学在史学中的应用作为改变传统史学面目的武器。可见，文化上的包容性为经济史研究求新求变提供了一个可能的空间。美国文化还具有实用主义传统，这使得学者们认为历史学与经济学、社会学等社会科学理论一样，是要指导人们的行动。取得实际效果是关键，否则，其学术意义就打折扣。学术优劣的最重要标准不是逻辑上能够自圆其说，不是思辨上有多深刻，不是文字上有多么优美，而是对现实有价值，能够让人们采取有效的行动。这种传统在美国是根深蒂固的。虽然在德国历史主义的影响下曾暂时有所削弱，在30年代大萧条时期人们对这种传统有所怀疑，但在“二战”后美国取得物质巨大进步的同时，这种对传统的自信也迅速地得以恢复。实用主义传统反映到经济史研究上，就是不拘泥于某种框框，本着“有用”之原则，敢于推陈出新。威廉·艾德洛特（William Aydelotte）、默尔·柯蒂（Merle Curti）、J. C. 马林（J. C. Malin）、T. C. 科克伦（T. C. Cochran）等学者正是在这种传统影响下，

在历史研究中抛弃了传统的历史方法，大胆运用社会科学的理论和方法，尤其是计量学方法。从而促进了新经济史革命的产生。

总之，从社会经济、技术、文化等方面看，美国新经济史革命已经具备了发生的现实条件。而且，学术“场域”的变化和现实条件的积累构筑了新经济史革命的序幕，让序幕徐徐拉开。

第三章
新经济史革命：计量学派

新经济史革命的序幕拉开后，这场革命就闪亮登场了。正如“历史学派”和“年鉴学派”分别与德国和法国相连一样，“新经济史”（New Economic history）是与美国联系在一起的。从1957年开始到2024年，“新经济史”已经历了67年的艰苦跋涉。在这半个多世纪里，它走过了风风雨雨，既被人追捧，也被人嘲讽。

“新经济史革命”首先是以计量学派的面目出现的。到20世纪70年代，随着经济史学家诺思等对制度的重视和研究，新制度学派诞生。这个学派所使用的理论超越了计量学派所使用的理论，即提出了用以解释经济发展的制度变迁理论。在新经济史革命刚刚开始时，新经济史又称“历史计量学”（cliometrics）或“计量经济史”（econometric history）[1]。历史计量学的说法始自斯坦利·雷特（Stanley Reiter）和乔纳森·休斯（Jonathan R. T. Hughes）[2]。Clio是历史女神（克里奥），metrics是度量，

1　笔者认为，历史计量学不同于计量史学（Quantitative History，也称定量史学或数量史学）。计量史学是一个更大的范畴。

2　Lance E. Davis, R. Jonathan R. T. Hughes and Stanley Reiter, “Aspects of Quantitative Research in Economic History”, *The Journal of Economic History*, Vol. 20, No. 4 (Dec., 1960): 539-547.

合在一起就是历史计量学。历史计量学的特征是将经济学理论和定量方法运用到经济史研究中。在这一章，一方面说明新经济史革命的总体情况，另一方面详述两位代表人物福格尔和诺思的贡献。

第一节 计量学派的产生和发展

计量学派善于运用经济学理论、计量工具，对历史上曾经发生的现象进行定量研究，以此来检验传统经济史研究中约定俗成的结论，该派代表学者是罗伯特·福格尔（Robert W. Fogel）和道格拉斯·诺思（Douglass C. North），尽管诺思早期在计量经济史方面上的研究没有后期的新制度经济史方面的研究影响大，但不可否认，其定量研究的方法属于计量学派的一部分。

一、革命：新时代来临

20世纪50年代，新经济史学家发起“新经济史革命”，直接原因是他们对当时美国经济史研究状况的不满以及对已有结论的怀疑。美国经济史学会成立于1940年，当时的许多经济史学家都是历史学家出身，因而对经济学理论和数学知之甚少，经济史著作中长于叙述而短于经济分析和数据处理。在新经济史学家看来，这种研究在资料和方法上都存在问题。首先在资料上，运用的数据有限，主要取自政府各个部门；其次，方法上以定性分析为主，对数据的收集和整理也仅仅是简单的分类和归纳，而且与经济学理论脱节。在经济史研究中，讲究的还是史料的考证和罗列，并依靠研究者的历史直觉构建事件之间的有机联系。于是，在1957年9月由美国经济史学会（Economic History Association）和美国国民经济研究局（NBER）联合组织的在马萨诸塞州威廉斯敦举行的经济史研讨会上，就“经济学理论与经济史的结合”问题，两位来自哈佛大学的经济学家约翰·迈耶（John R. Meyer）和阿尔弗雷德·康拉德（Alfred H. Conrad）分别作为第一作者提交了两篇论文[1]。在迈耶为第一作者的论文中，他们提出：经济学应该作为一门科学用以解释历史过程，而且除了考古研究外，经济分析工具在处理解释经济过程的历史资料时应起到一定作用。他们得出三点结论：第一，历史学中的因果说明是可行的；第二，统计推理可以适用于历史事件，定量证据可以用来证实定性的历史假设；第三，从数量上把握历史事件是可行的，并应该把定量方法有意识地运用到经济史研究中去。在康拉德为第一作者的论文中，他们通过运用经济学理论和定量方法，对美国南部的奴隶制赢利性进行了研究，并指出，那种认为美国南部奴隶制利润下降的传统观点证据不足。这篇文章为新方法的应用提供了佐证。

这次会议是经济史学科发展上的一个重大转折点。实际上，早在两年之前，法布利肯特（Solomon Fabricant）就诚邀经济学家和历史学家共同出席这次会议。美国经济史学会欣然接受邀请，而且哈佛大学的亚历山大·格申克龙（Alexander Gerschenkron）还是会议组织者之一。这次会议上迈耶和康拉德提交的两篇文章昭示了经济史学史上一种新潮流

---

1 John R. Meyer and Alfred Conrad, “Economic Theory, Statistical Inference and Economic History”, *The Journal of Economic History*, Vol. 17, No. 4 (Dec., 1957): 524-544; Alfred H. Conrad and John R. Meyer, “The Economics of Slavery in the Ante-Bellum South”, *Journal of Political Economy*, Vol. 66, No. 2 (Apr., 1958): 95-130.

的发端，他们的新方法和新观点堪称经济史学界的燎原之火。纵观经济史学史，不难发现，在这次会议上，迈耶和康拉德对传统经济史的质疑导致了一场声势浩大的运动，也就是诺思所言的一场“革命”。如果以署名顺序揭示二者的贡献，那么可以说，迈耶是认识论和方法论的倡导者，而康拉德则提供了一个实用案例。经济史研究中的新方法和新观点让人震撼，尽管在20年后写给科茨（Coats）的回信中，迈耶说他们本没想推动一场经济史革命，并称自己是熊彼特、库兹涅茨、格申克龙的信徒[1]，然而实际上，当时对经济史研究方法的辩论还是非常激烈的。

在这次会议上，罗斯托也提交了一篇论文：《理论和经济史的相关性》[2]。在这篇论文中，罗斯托认为，传统经济学理论中的静态假设和方法不适用于历史研究[3]，因此历史学家应该予以抵制。但罗斯托没有据理力争方法论问题，相反，他表示了对这一问题的淡漠。罗斯托认为，像小说家的风格一样，历史学家的方法是自己的事情。与罗斯托不同，布朗芬布伦纳（Martin Bronfenbrenner）、卢夫（Raymond de Roover）、诺思、俄林（P. G. Ohlin）等学者参与到罗斯托和迈耶-康拉德方法论之争中来。库兹涅茨对争论进行了概括和总结。根据他的记录，不难发现，当时争论各方分歧多于共识。一个主要的共识是对过分依赖经济学的担心。这个共识认为，经济学理论没有什么用途，因为它们很大程度上主要是从界定分明、相对抽象的市场关系中引申出来的结论，而经济史学家则必须强调影响市场体系运作范围和条件的制度变迁。那种过于理论

1 这些学者代表了美国经济史研究中的计量传统。

2 W. W. Rostow, “The Interrelation of Theory and Economic History”, *The Journal of Economic History*, Vol 17, No. 4 (Dec., 1957): 509-523.

3 罗斯托认为，问题的根源是经济学研究中的“牛顿式方法”。把经济学隐喻成物理学还不如把其隐喻成生物学。物理学的方法自然不适合用于经济学研究。

化和模型化的做法是可怕的，不适用于历史研究。部分历史学家认为新方法是一种简约主义的历史观，对于将经济学理论应用到经济史研究中，尤其是将经济计量模型和统计检验运用到经济史研究中持相当的怀疑态度。然而，也有一些历史学家欣然接受了这种新方法，比如诺思和格申克龙。总之，这个会议标志着一场经济史研究方法上的革命，标志着一种新方法的粉墨登场，而且这种方法还得到了例证。

作为姊妹篇的两份宣言会后出版。1958年，迈耶的方法论文章刊登在《经济史杂志》上，而康拉德的奴隶制文章则刊载在《政治经济学杂志》上。这为计量学派的发展铺平了道路。经济史研究的新方法也得到了更多的新经济史学家的呼应。1960年，美国普渡大学的经济学家戴维斯（Lance E. Davis）说："如果这门学科（经济史）还想完全停留在文字传统方面，那么除了继续把现存的史料拿来改头换面一下，除了延续经济学与经济史之间长达100年的脱节现象之外，很难看出还有什么指望。"[1]1960年12月美国普渡大学发起了"经济史中的定量方法"学术研讨会，讨论了定量方法在经济史研究中的运用。虽然第一届会议没能找到足够感兴趣的资深学者来参加会议，但该会议极大地激发了人们运用计量方法来做经济史研究的兴趣，以至于这一学术研讨会成了年会。在这次大会上，首次使用"历史计量学"和"计量经济史"的说法。除了该大学的研讨班之外，华盛顿大学的经济史讲习班（诺思）、哈佛大学的经济史研究所（格申克龙）、芝加哥大学的经济史研究班（福格尔）、耶鲁大学的经济史研究中心［威廉·帕克（William Parker）］、威斯康星大学的经济史研究生计划、宾夕法尼亚大学的经济史跨学科计划、加

1　Lance E. Davis, Jonathan R. T. Hughes and Stanley Reiter, "Aspects of Quantitative Research in Economic History", *The Journal of Economic History*, Vol. 20, No. 4 (Dec., 1960): 539-547.

立起过去曾经存在但却没有发扬的计量方法，强调重新组合原始资料，使之能以前所未有的方式得到计量处理，强调去发现那些无法直接计量的经济现象”[1]。普渡大学的经济史讨论年会继续举办，1961—1966年间在会议上发表的论文代表了美国经济史研究的部分成就。很多新经济史学家都在会议上提交了论文，比如福格尔、诺思、戴维、帕克、伊斯特林、高尔曼，等等[2]。

对计量学派的反击和质疑是混乱和胆怯的。老一代学者由于畏惧年轻学者所使用的数学工具而不敢贸然提出挑战。事实上，相当于已经自动放弃了挑战。不仅如此，由于投稿问题，传统经济史学家和新经济史学家的正面对抗不可避免。戴维斯向《经济史杂志》投稿遭拒后，为了捍卫自己的利益，他和一些年轻学者四处请愿和组织会议。论文终于在1960年发表。同时，也引发了编辑人员的调整。原来的《经济史杂志》编辑被诺思和帕克替代。而自从诺思1960—1966年成为《经济史杂志》联合主编以来，《经济史杂志》刊登了越来越多的新经济史论文，而由迈耶担任主编的《企业家史探索》（后来更名为《经济史探索》）杂志则完全成了新经济史学家的天下。

总之，通过新经济史学家的奋斗，新经济史研究的阵容大大加强。到60年代中期，新经济史已经占据了美国经济史研究学术阵地的中心。而且，在国际经济史的学术会议上，这些年轻的美国学者开始向世界各地宣讲他们的理论学说。1969年6月，科克伦（Thomas C. Cochran）撰

1 Robert William Fogel, “The Reunification of Economic History with Economic Theory”, *The American Economic Review*, Vol. 55, No. 1/2 (Mar., 1965): 92-98.

2 Purdue University Dept of Economics, *Purdue faculty papers in economic history*, 1956-1966, Homewood, Ⅲ. : R. D. Irwin, 1967.

文说，新经济史研究已经是国际经济史学界一支具有挑战性的力量，它正通过国际经济史学会的会议向美国以外的其他地区和国家扩大其影响。[1]

二、转向：定量方法成为经济史研究的主流

计量学派的出现导致了经济史研究的转向，这种转向以定量方法成为主流为标志。为什么计量学派会取得成功呢？或者说为什么定量方法可以成为主流呢？原因主要有两方面：

第一，定量方法代表了科学化诉求，因而符合了当时一些学者的偏好。自19世纪末以来，通过一种科学化的手段来认知世界和社会，成为学者的普遍偏好。而科学化的标志就是实证主义。实证主义用于经济史研究上，就是计量学派所倡导的那种方法。实际上，在早期的经济学和历史学研究领域，许多学者都抵制实证主义，反对过分重视计量和计算。尽管也有一些学者偏好数据的整理和某些经济学理论的应用。但在整体上，定量方法不是主流。亚当·斯密作为经济学的开创者，他不仅是政治经济学家，也是道德学家和历史学家。他在论证其经济思想的时候，很娴熟地运用了历史。在其著作中，可以观察到其比较分析和历史分析的方法。因此，《国富论》既可以说是一部政治经济学著作，也可以说是一部经济史著作。到了李嘉图时代，经济学的数理化倾向明显。在李嘉图的著作里，历史、制度和事实这些在亚当·斯密的著作里得到

---

1 Thomas C. Cochran, “Economic History: Old and New”, *The American Historical Review*, Vol. 74, No. 5 (Jun., 1969): 1561-1572.

突出的描述的东西都淡化为一种背景。[1]自此，经济学的研究方法发生了变化，实证主义成为一种主导方法。这种方法强调通过对经验现象的归纳和因果推理及对相关变量的必要简化得出理论的前提，然后运用逻辑推理得出假说并依据假说对未来做出预测，再以经验事实来对预测的正确与否做出检验，即为经济学研究中的"假设-演绎模式"。很多学者偏好这种模式，认为其是科学化的象征。当然，这种"科学"模式势必也要影响经济史研究，计量学派的兴起可以看成是这种影响的结果。

第二，新经济史的研究方法得到了年轻学者的偏爱，倡导者也鼓励年轻学者运用复杂的技巧投身到经济史研究中。而且，社会对这种偏好给予了认可。年轻学者认为，传统经济史研究的套路已经过时，也没有什么用处。经济史无需关注政治、社会、组织、制度等大的主题。人类社会的进步不是某些历史规律在主导，也不是制度演化之结果，而是无数原子一样的个体汇集起来的宏观经济故事。基于这样的理念，新古典经济学的理论可用，定量方法可用。而且，据此还可以写出新奇的论文。计量学派出现以后，社会很快就对此现象表示了认可。各个大学的经济史研究机构纷纷关注这种变化，并投身其中。采用新经济史研究方法进行研究的青年学生也很容易找到自己的工作。这些都促进了计量学派的发展，也使得定量方法成为经济史研究的主流。

---

1 李嘉图擅长把复杂的经济现象高度抽象成很少的变量，然后通过对这些变量的解释进而对整个社会经济的运作进行诠释。熊彼特把这种将高度抽象的经济模型直接应用于错综复杂的现实世界的倾向称为"李嘉图恶习"。

三、核心人物：福格尔和诺思

罗伯特·W. 福格尔（Robert W. Fogel）和道格拉斯·诺思（Douglass C. North）是新经济史革命中最有成就的两个人。在计量经济史方面，福格尔的成就更大一些。福格尔被公认为美国计量经济史大师。他开创了计量学派，即用经济学理论及计量方法来解释经济发展和制度变迁。他的《铁路与美国经济增长》（*Railroads and American Economic Growth: Essays in Econometric History*；John Hopkins University Press，1964）代表着"历史计量学"或"新经济史"的成就。他还创造了"反事实度量法"。该法受到很多学者批评，对此他坚决予以维护。他指出，实际上，在以往的历史研究中，都或多或少地使用了"反事实度量法"的思维方式。只不过没有人明确提出或者上升到方法论高度而已。在围绕新经济史方法论而进行的激烈辩论中，福格尔矢志不渝地为自己的方法辩护。他与斯坦利·恩格尔曼（Stanley L. Engerman）合著的《美国经济史的重新解释》（*The Reinterpretation of American Economic history*；Harper Row，1971）和他与埃尔顿（G. R. Elton）合著的《"科学"的历史与传统的历史》（"*Scientific*" *History and Traditional History*；Yale University Press，1982）即为证明。1974年，他在解决了铁路与美国经济增长问题之后，又与恩格尔曼合作，花费了巨大的精力，重新研究了美国黑人奴隶制经济学。《十字架上的岁月：美国黑人奴隶制经济学》（*Time on the Cross: the Economics of American Negro slavery*；Little Brown Co.，1974）或许是美国历史上最富争议的一部著作。该书继续了康拉德和迈耶的研究，反驳了奴隶制经济上无效率的说法。福格尔认为之前的大多数学者都持有种族主义立场，因此，没有仔细推敲便妄下断言。传统观点是错误的，奴隶制不仅是有效率的制度安排，而且如果不借助超经济力量（战争或者政治力量），奴隶制不会自行崩溃。如果说福格尔对经济史的贡献仅仅是以引起争论的方式重新解释过去，那是不全面的。事实上，除了这些研究之外，福格尔还在数据整理和挖掘上做了大量工作[1]。这些数据一方面支撑了他本人的研究，另一方面也为他人研究提供了坚实可靠的基础。福格尔和诺思一起分享了1993年的诺贝尔经济学奖。福格尔的获奖原因是他应用经济学理论和定量方法，更新了经济史研究局面，开创了经济史研究的新时代。福格尔尝试着把经济学、数学与历史资料结合起来，从而更加深刻地观察历史，研究历史。他就像历史研究领域的考古学家，尝试着把可得到的任何蛛丝马迹整合起来，并且借助于理论，把经济发展历史复原出来，他也像历史研究领域的侦探，面对既有重构历史所需的真证据也有混淆视听的假证据，或者是包含了记录着思维定式、思想倾向的伪证据的历史资料现场，希图理顺历史事件之间的有机联系，呈现出一个理性、自然、不包含意识形态的真正历史。对此，后人评价甚高。新经济史学家戴维斯（Lance Davis）在《福格尔教授和新经济史》一文中指出，“什么是新经济史？它想做些什么？它的前途又如何？在福格尔的著作中……我们可以找到对前两个问题哪怕是部分的答案和对第三个问题的若干提示……福格尔教授的著作无疑为这门科学的形成贡献了许多新东西，并贡献了一部分优秀内容。”[2]

---

1 数据收集整理工作需要占用很多的时间、资源，需要大量资金支持。福格尔在芝加哥大学和哈佛大学时，都说服了学校领导给他大笔的研究经费用来做此项工作。

2 Lance Davis, “The New Economic History. Ⅱ Professor Fogel and the New Economic History”, *The Economic History Review*, New Series, Vol. 19, No. 3 (1966): 657-663.

道格拉斯·诺思在“新经济史”（计量学派）方面的贡献集中在他的早期研究生涯中。诺思于1966年出版的《1790—1860年美国的经济增长》（*The Economic Growth of the United States, 1790 to 1860*；Prentice-Hall，1961）和《美国往昔的经济增长与福利：一种新经济史》（*Growth and Welfare in the American Past: A New Economic history*；Prentice-Hall，1966），使他成为计量学派的主要开拓者。他和福格尔一道，反对纯叙述的经济史研究方法，主张经济史学家应当摈弃史学叙述的含糊性，应该用当代的经济学理论以及借助于社会科学对历史重新作出细致的、系统的解释。他认为，以往的经济史研究都属于传统经济史研究范畴，而借助于经济学理论和计量方法的经济史研究则为新经济史研究。诺思在阐明和传播新经济史上起到了主要作用。60年代，他是这个学科的领袖，1960—1966年他参与主编了《经济史杂志》，从而使这本经济史刊物成为自觉应用新古典经济学理论和计量经济学方法研究经济史的一个重要阵地。[1]在此期间，诺思还发表了大量的关于新经济史的论文。比如，《美国经济史的定量研究》（1963）、《经济史现状》（1965）、《经济史》（1968）等。总之，诺思与福格尔一样，也是20世纪60年代推动新经济史革命的主要人物之一。

四、计量学派的成就

计量学派取得了很大成就。主要分为两个大方面：第一个大方面就是对奴隶制的研究。奴隶制之所以成为研究重点，在于其支配着美

1　Roger L. Ransom, Richard Sutch, Gary M. Walton, *Explorations in the New Economic History: Essays in Honor of Douglass* C. *North* (New York: Academic Press, 1982), pp. 14-16.

国历史的许多部分，其是殖民地时代许多繁荣的基石。奴隶制是南北战争前美国南部许多财富和经济增长的源泉，是美国有史以来最大的灾难——南北战争的根本原因。在奴隶制废止后的130年，奴隶制的一个可怕的残余——种族歧视仍然遗留在美国社会。因此，学者们对奴隶制给予相当大的关注。代表学者主要有康拉德、迈耶、福格尔、恩格尔曼、兰塞姆（R. Ransom）、萨奇（Richard Sutch）、保罗·戴维（Paul David）、彼得·特明、加文·赖特（Gavin Wright）、安场保吉（Yasukichi Yasuba）等。

早期对奴隶制赢利性大小的研究得出如下结论：尽管奴隶制产生了正的净收入，但投资收益率却很低。查尔斯·西德诺（Charles Sydnor）以19世纪30年代密西西比州大种植园的账簿为基础，计算出投资奴隶的收益率为2.4%，大大低于当时的债券的收益率。因此，西诺德认为，使用奴隶虽然有利可图，但却不是一项理想的投资。但肯尼斯·斯坦普（Kenneth Stampp）认为西诺德的计算考虑不周，没有考虑土地和奴隶的增值，如果考虑这些，投资收益率应为8.4%，高于5%—6%的债券收益率。[1]数年后，康拉德和迈耶对此又进行了详细的计算。他们把这个问题当作投资经济学中一个简单的分析性问题来解决：奴隶和其他任何有生产力的资产一样，能产生收入，需要保养，并且最终会磨损。运用"资产定价模型"是合适的。该模型断言：一个自愿的买主对一资产所付的价格会正好等于该资产在其预期寿命范围内产生的预期未来净收入流的贴现值。具体方法是，先计算雇佣奴隶的回报，然后扣除雇佣奴隶的费用和其他相关费用来计算净利润，这样就得出了雇佣奴隶的回报

1 两位学者的计算结果转引自［美］杰里米·阿塔克、彼得·帕塞尔:《新美国经济史》，罗涛等译，中国社会科学出版社，2000，第327-328页。

率。康拉德和迈耶把经济分为两个部门：第一个部门是产品生产部门，和男奴相关，生产棉花、糖和谷物；第二部门是生产资本品的部门，与女奴相关，在这一部门，女奴用来生产新的奴隶。然后，估计男女奴隶的回报率。男奴的回报率的计算是简单的。他们首先计算每个奴隶的平均资本支出，包括购买奴隶的所需资本支出和每个奴隶所占用的土地及其他生产资料的所需资本支出。接着通过计算奴隶生产的各类产品的总价值来确定每个奴隶所生产的产品的毛收入，扣除相应的奴隶生命维持成本和监管成本后就可以计算出每个奴隶给奴隶主带来的利润。根据他们的计算，每个男奴的回报率在5%—8%之间，而在贫瘠土地上生产经营的奴隶主可以得到的回报率是在2%—5%之间。计算女奴的回报率不仅要考虑奴隶生产产品的收益，还要考虑她们所生的新一代小奴隶从出生到出售这段时间的生产力、喂养和抚养小奴隶的成本、女奴所生的孩子的平均数量和出售价格。每一个女奴大约能够把5—10个孩子（小奴隶）喂养成活并被奴隶主出售。根据该情况计算，每个女奴的回报率在7.1%—8.1%之间。这样，位于贫穷地区男奴的低回报率可以通过贩卖幼奴得以补偿。这种推断得到了历史史实的支持。[1]当然，也不是没有学者对康拉德和迈耶的计算提出异议。有人认为男奴的收益率应从6%降至1.5%，也有人认为，康拉德和迈耶隐含假设了奴隶人口的年增长率为4%，而人口调查的结果只有其一半。还有一些学者认为康拉德和迈耶低估了奴隶的收益率，比如福格尔和恩格尔曼认为奴隶的收益率大

1 Alfred H. Conrad, John R. Meyer, "The Economics of Slavery in the Ante-Bellum South", *Journal of Political Economy,* Vol. 66, No. 2 (Apr., 1958): 95-130.

约为10%[1]。

南方的奴隶制与棉花种植联系在一起。棉花是一种符合世界需求、而且利润率极高的经济作物。为了获取来自棉花种植的更大收益，奴隶主在契约仆役供给下降的条件下，选择奴隶作为种植园的劳动力供给。种植园也并非仅产棉花，还生产粮食（玉米、白薯）。兰塞姆和萨奇估计，在拥有50个奴隶以上的棉花种植园，食物占作物价值的40%，而在拥有16—50个奴隶的棉花种植园，这个比例为50%。[2]棉花的效益要高于粮食，为什么还要两者都种呢？罗伯特・高尔曼（Robert Gallman）给出了分析：棉花和粮食种植对劳动力的需求在季节间是参差不齐的。玉米在棉花采摘季节只需很少的劳动力，但在棉花几乎不需照料的季节却需要很多劳动力。[3]在传统经济史学家或一般公众看来，奴隶制和种植园经济是一种落后的经济形式。其之所以被取消，在于它无效率。康拉德和迈耶对此结论心存疑惑。他们通过研究指出没有足够的证据来证明奴隶主的利润率是不断下降的。奴隶制度无利可图的观点主要是基于这样一个事实，即奴隶价格不断上升并且其上升速度超过奴隶所生产的产品的价格上升速度。然而，价格的不同变化速度并不意味着利润率一定会下降，因为奴隶主完全可以通过提高奴隶的劳动生产率来维持先前的利润率。康拉德和迈耶通过计算奴隶的收益率，认为奴隶制是有效率的。土地扩张是大种植园不断赢利的关键。康拉德和迈耶对奴隶制的研

1 参见［美］杰里米・阿塔克、彼得・帕塞尔《新美国经济史》，罗涛译，中国社会科学出版社，2000，第330-331页。

2 Ransom, Roger, Richard Sutch, *One Kind of Freedom: The Economic Consequences of Emancipation* (New York: Cambridge University Press, 1977).

3 转引自［美］杰里米・阿塔克、彼得・帕塞尔:《新美国经济史》，罗涛译，中国社会科学出版社，2000，第310-311页。

究激发了更多学者的兴趣，安场保吉是其中一位。他指出，人们在计算奴隶带来的净收益时，不应该单纯考虑市场上奴隶的价格，而应该综合考虑培养这些奴隶的成本，即供养奴隶的净费用。通过他的计算和分析，证明奴隶制是切实可行的。奴隶的消极反抗（假装无能、滥用机器和牲畜、装病）或者是积极反抗（奴隶暴动）有可能降低生产率。但即便如此，也不能让奴隶制的盈余为零。19世纪最后30年和20世纪开始20年南方经济发展的停滞，不是由于奴隶制，而是由于内战所造成的破坏。[1]奴隶制研究中最具震撼效果的著作是福格尔和恩格尔曼的合著。1974年，福格尔和恩格尔曼合著了《十字架上的岁月：美国黑人奴隶制经济学》[2]。该书获得了美国史学界的最高奖——班克罗夫特奖。它的基本结论是："废除奴隶制似乎与道德和平等问题有关，而不是因为奴隶制不能带来很高的经济增长率。"[3]除了这些研究之外，还有萨奇对奴隶制的研究。他重新研究了福格尔和恩格尔曼著作中的数据来源，并提出了一些批评性的意见。[4]

第二个大方面是对技术和生产力问题进行研究。从阿诺德·汤因比的《英国工业革命讲稿》（*Lectures on the Industrial Revolution in England*，1884年出版）到保尔·芒图（Paul Mantoux）的《十八世纪产

---

1 Yasuba, Yasukichi, "The profitability and viability of plantation slavery in the United States", *The Economic Studies Quarterly*, Vol. 12, No.1 (1961): 60-67.

2 Robert William Fogel, Stanley L. Engerman, *Time on the cross: the economics of American Negro slavery* (Boston: Little Brown, l974).

3 R.W. Fogel, "The Economic History. I. Its Findings and Methods", *The Economic History Review*, New Series, Vol. 19, No. 3 (1966): 642-656.

4 Richard Sutch, "The Profitability of Ante Bellum Slavery: Revisited", *Southern Economic Journal*, Vol. 31, No. 4 (Apr., 1965): 365-377.

业革命》(1906年第一版)，都阐述了工业革命中技术的作用。[1]他们的成果使人们认识到纺织机、蒸汽机和铁路这些新技术的产生对英国、法国、德国和美国的工业革命或工业化具有重大意义。然而，他们的分析大都是定性的，通过大量的史实让你认识到技术确实在工业革命中扮演了重要角色。然而，若想确切地知道这些新机器的应用对生产力到底有多大作用以及这些技术是如何在工业化过程中扩散的，还需要进一步的研究。计量学派的经济史学家在这方面做了很多工作。代表学者主要有威廉·帕克、泽文(Robert Brooke Zevin)、彼得·特明、保罗·戴维、福格尔、菲什洛(Albert Fishlow)等，他们的研究大致分为两类。

第一类研究是试图对生产力增长做出解释，即衡量各种要素在生产力增长中所作的贡献。该类研究中最典型的是威廉·帕克和朱迪思·克莱因对小麦、燕麦和玉米劳动生产率的考察。他们以1840—1860年和1900—1910年两个时期为两个基准时期，并分三个大区(北部、中西部和南部)针对三种作物(玉米、燕麦和小麦)来搜集数据。通过研究发现，从1840—1860年到1900—1911年，燕麦生产的劳动生产率增加了363%，小麦增加了417%，玉米增加了365%。帕克和克莱因将劳动生产率的增加归因于三个因素：机械化、西向迁移和"科学"耕种。他们认为，用在犁地、种植、收获和准备将产品运往市场的时间上的变化，反映了机械化的程度，产量的变化反映了"科学"耕种，地区产量份额的变化反映了伴随西向迁移而来的农业活动的地区再分布。根据上述假定，通过因素分析发现，在小麦生产中，增长的60%是由于机械化生

---

1 保尔·芒图是法国历史学家，生于1877年，毕业于法国高等师范学院。《十八世纪产业革命》是一部研究18世纪英国工业革命产生与发展历史的著作，在欧洲享有盛誉，有经济史"经典"之说。

产，17%是因为生产地点的西向迁移，16%是因为机械化和西向迁移的交互作用，而剩余的7%是由于其他因素。机械化在生产期间和生产后期起了较大作用。燕麦和玉米的情况类似。帕克估计，产量增长的70%是由收割机和打谷机引致的。[1]帕克的研究证明了技术确实在生产力增长中起着重要作用。然而，另外一个研究则说明，除了技术之外，其他因素也在生产力增长中发挥着重要作用。这个研究是由诺思完成的。诺思对16世纪到19世纪中叶这250年间海运成本下降50%进行了研究。他在研究中发现，新的机器设备在成本的变化中几乎不起什么作用。下降归因于另外两个因素：海盗的消灭和市场规模的扩大。海盗的消灭使海军的数量下降，从而降低了成本；市场规模的扩大导致若干中心市场的出现，从而降低了运输成本并极大地减少了船舶停港待货时间。[2]对生产力增长的研究还见诸于对特定产业增长的考察。这类研究中的典型是泽文关于1860年以前美国棉纺织业的发展。他指出，1816到1833年这段时间是棉纺织业早期发展中最有趣的一段时间。在该时期内，棉布的生产从840000码增长到231000000码，是原来的275倍。经过研究，泽文发现，这一增长有1/3是由城市发展和西部人口增加引起的，其余的2/3是供给曲线的下移导致的。泽文用纺织机器的改进、棉花原材料价格的下降和熟练技术工人的增长来解释棉布供给量的增长。然而，设备改进是所有因素里最不重要的，它只能解释棉布产量增长的17%，而

---

1 William N. Parker, Judith L. V. Klein, "Productivity Growth in Grain Production in the United States, 1840-60 and 1900-10", In National Bureau of Economic Research, *Output*, *Employment, and Productivity in the United States after 1800*, Studies in Income and Wealth, Vol. 30 (New York: Columbia University Press, 1966), pp. 523-580.

2 Douglass C. North, "Determinants of Productivity in Ocean Shipping", in Robert William Fogel and Stanley L. Engerman, eds., *The Reinterpretation of American Economic History* (New York: Harper & Row, 1971).

棉花原材料价格的下降解释了产量增长中的28%，技术工人数量的增加则解释了22%。[1]泽文和其他许多学者的研究表明，仅仅从或主要从新机器和新设备的角度来解释欧洲和美国主要工业的产量增长是有问题的，即用“技术”来解释欧美的工业革命是不全面的。正如福格尔所言：“如果首先着眼于研究机器，不但会低估需求在促进工业发展中的作用，而且会忽视劳动质量、技术供应、工业组织效率、规模经济等供应方面的决定因素。”[2]

第二类研究是对技术发明的传播和技术发明的净收益做出分析。对技术的作用及其发明传播过程作为研究对象的有保罗·戴维和彼得·特明等学者。比如，戴维对棉纺织业中的生产率变化的研究。他估计：1833—1839年间，棉纺织业的劳动生产率以每年6.67%的速度增长。这一增长之所以发生，主要是因为每个工人能照管更多的机器，并且每小时能加工更多的原棉。在劳动生产率中，技术进步率为2.60%，与“二战”以来现代工业所取得的生产率增长率相等（或更大）。在这一进步率中，0.58%归因于劳动力质量和纺织机器的改进，而剩下的2.02%归因于干中学[3]。戴维还对收割机的传播过程进行了研究。收割机在18世纪30年代发明[4]，然而，在之后的20年里该技术传播较慢，直到50年代，

---

1 Robert Brooke Zevin, “The Growth of Cotton Textile Production after 1815”, in Robert William Fogel and Stanley L. Engerman, eds., *The Reinterpretation of American Economic History* (New York: Harper & Row, 1971).

2 R. W. Fogel, “The Economic History. I. Its Findings and Methods”, *The Economic History Review*, New Series, Vol. 19, No. 3 (1966): 642-656.

3 Paul A. David, “Learning by Doing and Tariff Protection: A Reconsideration of the Case of the Ante-Bellum United States Cotton Textile Industry”, *The Journal of Economic History*, Vol. 30, No.3 (Sep., 1970): 521-601.

4 美国工业家、发明家麦考密克（Cyrus MeCormic 1809-1884），1831年发明收割机。

才出现普遍采用收割机的高潮。为什么会如此呢？很多人的解释是含糊不清的。戴维则根据经济学理论给出了自己的精确分析。他从小麦价格和农场劳动力的数量入手，指出如果劳动力供给曲线比收割机的供给曲线缺乏弹性，那么小麦价格的上升就会导致劳动力价格相对于收割机价格上升，从而引致对收割机的需求。他还从经济学角度分析了为什么收割机是被农民购买而非租用。因为，租用收割机的成本是随着农田数量的多少而变化的，如果土地多，那么租用的成本就高。但如果自有收割机，那么随着农田数量的增多，单位成本将会相应下降，从而导致规模经济。由此，戴维认为存在某种阈函数，这个阈函数把农田数量、收割机价格与劳动力工资的比率相关联。通过他的计算，50年代初期农田面积达到46公顷时，采用收割机有利可图，到50年代中期，农田面积达到35公顷就可以采用收割机。正是采用收割机所要求的农田数量不断降低而且越来越接近现实生活中的状况，才导致50年代收割机的普及。[1]特明对美国水力在工业化中的作用也做了说明。他认为，19世纪的制造商并不是按照经济学家预测的那种逻辑来选择动力来源。实际上，所选择的动力类型（水力或者蒸汽动力）与工厂地理位置有关[2]。另外，特明对无烟煤吹炉和焦炭吹炉的推广过程也进行了解释[3]。试图对个别发明

1　Paul David, “The Mechanization of Reaping in the Ante-Bellum Midwest”, Industrialization in Two Systems: Essays in Honor of Alexander Gerschenkron, Henry Rosovsky (ed.) (New York: John Wiley and Sons, 1966), pp. 3-39.

2　Peter Temin, “Iron and Steel in Nineteenth-Century America: An Economic Inquiry” (PhD diss., MIT Press, 1964), chapter, 3.

3　Peter Temin, “Steam and Waterpower in the Early Nineteenth Century”, *The Journal of Economic History*, Vol. 26, No. 2 (Jun., 1966): 187-205; Peter Temin, “A New Look at Hunter’s Hypothesis about the Antebellum Iron Industry”, *The American Economic Review*, Vol. 54, No. 3, Papers and Proceedings of the Seventy-sixth Annual Meeting of the American Economic Association (May, 1964), pp. 344-35.

的社会净收益做出评估的学者主要有福格尔和菲什洛等人。典型的研究是福格尔对铁路与美国经济增长之间关系的考察[1]。除了福格尔之外，菲什洛也多方面地研究了南北战争之前的美国铁路。菲什洛发现，铁路的社会节省额约为1.75亿美元，或者占国民生产总值的4%左右。这其中，农产品约占1/4，其他货物约占1/3，其余的反映在客运方面[2]。

除了以上两个方面的研究外，还有高尔曼（RobertGallman）对南方农业的研究[3]，来博格特（Stanley Lebergott）对劳动力在19世纪经济增长中的作用研究[4]，以及戴维斯（Lance E. Davis）对资本市场演进过程的研究[5]，等等。随着时间的流逝，计量学派的研究主题越来越广泛。

1971年，福格尔和恩格尔曼合编了《美国经济史的重新解释》。该书包含了36篇文章，有些文章是从以前的出版物中选出来的，不过进行了重新修正和完善，有些文章是新发表的。共分9大主题，分别是：经济增长的类型、增长利益的分配、工业化的解释、新技术的扩散、教育投资、资本市场、奴隶制和内战（南北战争）、移民、城市化和西进运动以及货币和财政政策的影响。作者几乎涵盖了所有在新经济史研究方面有成就的新经济史学家，除了编者之外，还有库兹涅茨、高尔曼、伊斯特林、来博格特、特明、泽文、帕克、诺思、戴维、菲什洛、舒尔

1 R. W. Fogel, *Railroads and American Economic Growth: Essays in Economic History* (Baltimore and London: Johns Hopkins Press, 1964).

2 Fishlow, Albert, *American railroads and the transformation of the Ante-Bellum economy* (Cambridge, Mass. : Harvard University Press, 1965).

3 R. E. Gallman, “Slavery and Southern Economic Growth”, *Southern Economic Journal*, Vol. 45, No. 4 (Apr., 1979): 1007-1022.

4 Stanley Lebergott, “The Shape of the Income Distribution”, *The American Economic Review*, Vol. 49, No. 3 (Jun., 1959): 328-347.

5 Lance Davis, “The Capital Markets and Industrial Concentration: The U. S. and U. K., a Comparative Study”, *The Economic History Review*, New Series, Vol. 19, No. 2 (1966): 255-272.

茨、康拉德、迈耶、安场保吉、威廉姆森等人。可以说，这部著作是学者们运用定量方法重新解读美国经济史的各个方面的研究成果的总汇，代表了新经济史研究的成就。

20世纪70年代中期，苏珊·李（Susan Lee）和彼得·帕塞尔（Peter Passell）出版了第一版的《新美国经济史》，该书包括了当时对美国经济史中有争议的问题的重大研究成果。其中，奴隶制的分析占据了大约三分之一的篇幅。1996年，由杰里米·阿塔克（Jeremy Atack）和彼得·帕塞尔合著的《新美国经济史》第二版出版。第二版是第一版的扩展，把后来的新经济史研究成就尽量纳入，但仍然不是面面俱到。第一版中被保留下来的内容得到了重组和改编。一些第一版没涉及的新的内容，比如美国经济增长的长期视角、殖民地时期的美国经济、南北战争之前的美国货币与银行业、新国家的对外贸易和商业政策、工业化、人口增长与再分布、工业结构的变化、金融市场、劳动力市场的考察、大萧条、政府干预等，被整合到第二版中。第二版中还尽量使用图形来表示数据和理论，这样可以在了解美国经济增长和发展的同时，感受到经济学理论在分析历史问题上的重要性，体味到计量学派研究方法的魅力。

直至今天，计量学派的新经济史学家还保留着其基本法宝，即分析问题时引入经济学理论框架，并进行定量研究。计量学派经历了早期的辉煌和后期的分化。计量学派在将近半个世纪的发展历程中，取得了诸多成就。当然，成就最大的是罗伯特·福格尔。

第二节 福格尔：《铁路与美国经济增长》和“反事实度量法”

铁路在对美国经济增长和发展的解释中占有关键一席。罗斯托认为美国经济起飞与铁路不可分割，铁路起到经济发动机的作用。不仅美国铁路如此，法国、德国、俄国、加拿大等都是如此。罗斯托还解释了铁路对经济增长的三种影响：第一，铁路降低了国内运输成本，扩大了市场规模，增加了商品种类。第二，在许多国家，铁路是发展一个主要的、新的和迅速扩大的出口部门的先决条件；而这个出口部门反过来又为国内发展提供资本。第三，铁路的发展引起了现代采煤业、现代钢铁业和现代机器工业的发展。[1]实际上，罗斯托不是第一个对铁路表示敬意的经济史学家。早在1944年，利兰·詹克斯（Leland Jenks）就认为铁路是一场“革命”，其理由与罗斯托的看法基本一致[2]。奈特（Chester Wright）也认为铁路的革命性作用怎么说都不过分。菲特（Gilbert C. Fite）和瑞斯（Jim E. Reese）也认为铁路决定着美国经济的发展，也决定着城市的兴起和衰落。[3]为了论证这一普遍被认同的观点，经济史学家引用了大量证据，主要如下：铁路对美国西部开发，并在扩大美国国内市场规模方面起到主要作用；铁路对煤、铁、机车、车厢、木材等的需要，是美国工业发展的主要动力；铁路在19世纪决定了美国的投资、

---

1 ［美］W. W. 罗斯托：《经济增长的阶段：非共产党宣言》，郭熙保、王松茂译，中国社会科学出版社，2001，第56-57页。

2 Leland Jenks, “Railroads as an Economic Force in American Development”, *In Views of American Economic Growth*, Vol. 2, The Industrial Era, eds. Thomas Cochran and Thomas Brewer (New York: McGraw-Hill, 1966), pp. 35-49.

3 Robert William Fogel, *Railroads and American Economic Growth: Essays in Econometric History* (Baltimore and London: Johns Hopkins Press, 1964), p. 9.

国民收入和就业水平；铁路所带来的交通网络变化使得一些城市兴起。库兹涅茨也认为促进美国经济增长与发展的重要创新是铁路，不过他也告诉福格尔，这个问题实际上没有人认真研究过。

对此问题感兴趣的福格尔开始着手对铁路进行研究。他认为，原来经济史学家所陈述的那些证据还不足以证明铁路的必要性。19世纪美国经济发展离不开铁路的说法只是一种假设，没有经过审慎的验证。福格尔认为，只有证明采用铁路比采用其他方法所带来的“社会节省”（social saving）占19世纪美国经济产出的大部分，才能说明铁路是不可缺少的。为此，他使用了“反事实度量法”即把没有铁路时的美国经济发展情况与有铁路时做一对比，也就是把实际国民收入水平与假设没有铁路时的国民收入水平加以比较。[1]如果分析证明同其他运输形式相比较，铁路对经济的影响解释了美国经济增长的相当一部分，认为铁路重要的观点才是正确的，否则，美国经济发展离不开铁路的观点就夸大了铁路的作用。

1964年，福格尔推出了其研究成果：《铁路与美国经济增长》。这本书通过搜集、整理大量的数据，利用经济学理论、定量研究方法和“反事实度量法”，得出结论：铁路对美国经济增长和发展并不是不可或缺的。即，如果没有铁路，美国经济也能照样发展。他主要从两个角度考察了铁路的作用：货物运输上的“社会节省”和工业上的影响。货物运输上的“社会节省”主要研究的是农产品。所使用的数据主要是1890年的数据，即主要研究了该年的“社会节省”，然后将结论推广到之前

1　没有铁路的情况在历史上不曾发生，也没有办法在实验室里完成。因此，没有铁路时的状态不能从史料中得到，也不能借助实验得到。为此，福格尔建立了一种假设-演绎模式，也就是借助于蕴含在实际中的知识来推断出各种未发生的情况。

的半个世纪。研究对工业的影响时，所使用的数据主要是1840—1890年的数据。

一、货运上的“社会节省”：到底有多大？

为了计算货运的“社会节省”[1]，福格尔作了一系列简化：第一，不同运输方式所导致的农业生产和市场分布的变化不予考虑，一方面，对这种变化的研究“超越了工具和数据的极限”[2]；另一方面，这种变化所引致的“社会节省”很小，可以忽略。第二，只估算1890年的“社会节省”，进而推广到之前的半个世纪。福格尔认为这是可行的，因为，铁路的运输效率半个世纪以来一直在增加，因此，如果1890年的“社会节省”相对于国民收入来说相当小，那么就可以推算出之前的半个世纪中，这种“社会节省”占国民收入的比例也很小。第三，对铁路运输的替代方式是水路运输，而不是马车。[3]第四，只研究农产品运输的“社会节省”，并且仅基于四种主要农产品：小麦、玉米、牛肉和猪肉。这四种农产品占州际运输的农业总产品吨位的90%以上。棉花虽然占到农业产出的11%，但进入州际贸易的数量很小，而且主要是水路运输，使用铁路运输的数量只占小麦-玉米总吨位的1.8%。因此，可以忽略。奶

1 每一年的“社会节省”是指该年实际运价和同等数量、同种商品在同样距离和地点进行非铁路运输的运价之差。

2 Robert William Fogel, *Railroads and American Economic Growth: Essays in Econometric History* (Baltimore and London: The Johns Hopkins Press, 1964), p. 20.

3 一方面，这是一种可能的替代，因为美国的水系比较发达；另一方面，马车的运费很高，而水运的运费要低于铁路，这样才使得“反事实”假设有比较意义。因为即便是计算上水运的其他一些成本，使得铁路运输的运费相对便宜，在福格尔看来，也不一定构成显著的“社会节省”，这需要计算、比较。

制品和羊毛的情况类似，它们的运输数量相对于小麦和玉米来说比例都很小：奶制品占小麦-玉米总吨位的1.3%，羊毛不足1%。[1]

为了考察铁路在货运中的作用，福格尔根据当时美国农业生产的时代重要性和地理特点，还设定了两个概念："州际运输"和"州内运输"，并分别考察了农产品"州际运输"和"州内运输"的"社会节省"。通过研究美国农产品的流通情况，福格尔发现，1890年中西部农场的农产品集中在该地区的11个主要的初级市场上，然后被转运到东部和南部的90个次级市场上，进而扩散到次级市场的周边地区或者出口。据此，福格尔定义"州际运输"和"州内运输"。"州际运输"是指剩余农产品从中西部的11个初级市场转运到东部、南部的90个次级市场的运输。"州内运输"是指除此之外的运输，包括从农场到初级市场、次级市场到周边地区。

有了上述的简化和思路，福格尔便着手计算州际运输的"社会节省"。首先确定1890年四种农产品的运输模式，然后估计这些模式的实际运输成本和"反事实"条件下的运输成本。这种方法需要如下数据：从每个初级市场运输的每种农产品数量，每个次级市场收到的农产品数量，它们的运输路线以及每种运输工具的运输成本。然而，这些数据不易获得。每一个初级市场的运输总量可以确定，但它们的目的地和运输路线却无法确定。从另一角度看，每个次级市场的运输总量也可以确定，但无法区分这些产品来自于哪个初级市场。福格尔认为，可以利用数学中的线性规划解开这一难题。以小麦为例，1890年，一定数量的小麦从中西部被运到次级市场。第一个线性规划模型找出把小麦从初级市

1 Robert William Fogel, *Railroads and American Economic Growth: Essays in Econometric History* (Baltimore and London: The Johns Hopkins Press, 1964), p. 26.

场运到次级市场的最低成本，对可使用的运输方式不加任何限制，即允许以最便宜的方式运输而不管用什么运输工具。第二个模型强加不用铁路的限制，然后找出把小麦从初级市场运到次级市场的最低成本。这两个最低成本之间的差异，就是小麦“州际运输”的“社会节省”。当然，这个“社会节省”可能被高估。[1]福格尔虽然指出可以运用线性规划来计算，但在著作中却没有使用这一方法（数据不足），而是另辟蹊径，采用了一个更为简便的估计方法。

估计方法如下：

$SS=P_2 \times Q \times D_2-P_1 \times Q \times D_1$

其中：SS为“州际运输”的“社会节省”；

P_1为实际运输的每吨英里的运价；

P_2为水路运输（“反事实”假设下）的每吨英里的运价；

Q为实际承运的总吨位；

D_1为实际的平均运输距离；

D_2为“反事实”条件下的平均运输距离。

根据这一计算方法，需要如下数据：四种产品中的每一种（小麦、玉米、猪肉和牛肉）的每吨英里实际运价（1890年），这些产品在“反事实”条件下的每吨英里运价，每一种产品的实际平均运输距离，“反事实”条件下的相应距离以及运输总吨位数据。这些数据有的能从现有资料提取出来，有的则不能，需要运用统计技术进行推导和估算。福格尔在这里显示了他挖掘数据和整理数据的能力。

---

1 第一个模型没有考虑区域之间生产模式和市场分布等可能会有一个有效率的调整。如果考虑这种调整，运输成本可能更低。另外，所使用的运价可能会偏高，因为“反事实”条件下的运输数量要比现实中的大。

1. 确定运输量。福格尔认为，一种农产品的运输量应该等于该种农产品的区域总需求（包括出口）与区域内该种农产品的供给之间的差额。以小麦为例来说明福格尔的估计步骤。1890年小麦的州际运输量相当于东部和南部各地的购买量。每个地区的购买量实际上就反映了这个地区的区域需求。小麦的区域需求，是小麦的区域总需求（包括出口）与区域内小麦供给量之间的差额。于是，为了估计需求，就需要估计总需求和当地供给。一个给定区域的小麦总需求由两部分组成：当地需求和出口需求。出口需求由财政部提供的出口统计数据直接给出；当地需求需要间接地估计。根据美国农业部的数据，可以发现，小麦的当地需求几乎全是用于人类消费[1]。一个区域内的总的人类消费等于人均消费乘以地区人口。地区人口的统计数据可以从1890年的人口普查中得到。对区域人均消费的尝试性估计，由美国商业署1909年对城市工人的调查计算得到。基于这些数据，估计的人均小麦消费在北部是每年4.80蒲式耳，在南部是每年4.70蒲式耳。一个贸易区内小麦的当地供给，是每年小麦的当地产量和当地存货（或正或负）的供给之和。美国农业部公布的1890年小麦产量的估计是以州而不是以县为单位。然而，要决定一个贸易区的当地产量，需要县的数据。把1889年以县为统计单位的产量数据乘以县所在州的1890年与1889年的产出比，就可以得到1890年的指标。小麦的存货主要由两组人持有：贸易区中心城市的批发商和农民。关于批发商存货变化的数据得不到，但有可能估计农民

1　把全国作为整体，大约10%的年小麦产量被留作种子，大约2%作为动物饲料。然而，由于小麦产量较小，短缺地区小麦种子的需求份额必定要小于国家的平均份额。这在新英格兰州尤为正确，在那里作为种子消费的小麦只是人类消费数量的0.5%。类似用小麦来饲养动物的举动，主要在农产品剩余地区出现。因此，对当地需求的估计，主要是确定人类消费的数量。

存货的变化，而且，作为供给的一部分，这一变化很可能比批发商存货的变化更显著。通过上述一系列操作和计算，1890年的小麦总需求就可以比较准确地被估计出来。然后就可以估计出小麦的运输量。根据福格尔的计算，1890年小麦的运输量为5.015百万吨。同理，福格尔还确定了玉米的运输量为7.735百万吨[1]。肉类（猪肉和牛肉）的运输量大约为3百万吨。

2. 确定运价。1890年，并不是所有的谷物（小麦和玉米）都通过铁路运输从初级市场运往次级市场。通常还有一部分要走水路。例如，在芝加哥到纽约一线，谷物由铁路、铁路-运河、运河-湖泊运输。上述每一种运输方式的数据福格尔都可以从现有的资料中整理出来。根据这些资料，可以进一步计算出谷物的每吨英里的平均运价。同理，也可以估算出肉类的每吨英里的铁路运价。估计的结果是，谷物的每吨英里平均运价为0.434美分[2]，肉类的每吨英里铁路运价为1.07美分。然后，确定"反事实"情势下的平均运价。所谓的"反事实"条件下的平均运价就是水路运输的平均运价。估计的结果是，谷物的每吨英里运价为0.139美分，肉类的每吨英里运价为0.451美分。

3. 确定平均距离。福格尔拥有825对初级市场和次级市场铁路运输线路的里程数和水运线路的里程数。为了简化对平均距离的估计，他从825条线路中随机选取30条线路，然后计算。在这个样本中平均铁路距离是926英里，平均水路距离是1574英里。因为只有一小部分肉类采

---

1 估计玉米需求的方法与估计小麦需求的方法类似。主要的区别是人类消费玉米的比例较小，只有8%，主要是动物消费。

2 这是一个加权的结果。全程铁路运输的运价是每吨英里0.523美分，湖泊和铁路混合运输的运价是每吨英里0.229美分，湖泊和运河混合运输的运价是每吨英里0.186美分。然后，用各自运输的谷物数量进行加权，从而可以得到实际平均运价。

用水路运输，所以1890年肉类的实际运输平均距离为926英里。对谷物而言，需要进行一个加权调整。调整后的数据是1044英里，这是1890年谷物的实际平均运输距离。“反事实”条件下的水运平均运输距离为1574英里。

有了以上数据，可以对“州际运输”的“社会节省”进行初步估计。计算过程和结果参见表3-1。

表3-1　福格尔对“州际运输”的“社会节省”的初步估计

农产品	运输数量/百万吨	水路运输距离/英里	水路运输的百万吨英里数	每吨英里的水运运价/美元	水路运输成本/百万美元	实际平均运输距离/英里	实际运输的百万吨英里数	每吨英里的实际运价/美元	实际运输成本/百万美元	社会储蓄/百万美元
谷物	12.75	1574	20069	0.00139	27.896	1044	13311	0.00434	57.770	-29.874
肉类	3.00	1574	4722	0.00451	21.296	926	2778	0.01071	29.752	-8.456
总计	15.75		24791		49.192		16089		87.522	-38.330

资料来源：Robert William Fogel, *Railroads and American Economic Growth: Essays in Econometric History* (Baltimore and London: Johns Hopkins Press, 1964), p. 42.

从表3-1可见，可得到1890年四种农产品州际运输的实际成本为8750万美元，而水运成本只有4920万美元。也就是说，“社会节省”大约是-3800万美元。这意味着铁路不但没有形成“社会节省”，相反造成了社会损失。福格尔认为，这种奇怪的结果很容易解释，因为估计的实际运输成本包括所有相关变量，而估计的水路运输成本却没有包括所有的相关变量。在计算水路的运输成本时，必须考虑六个被忽视的成本。它们是：运输过程中的货物损失，转运成本，从码头到水路之外的次级市场的马车运输成本，使用较慢的运输方式造成的时间损失所导致的成本，一年中有五个月不能使用水路运输的成本和水路运费中不能反映出来的资金成本。一旦考虑到这六个被忽视的成本，铁路运输所导致的损失将会转变为一种节约。

接着，福格尔计算了六个被忽视的成本。水路运输会比铁路运输造成更大的货物损失，这可以用保险费来估计，因为在一种特定的运输方式下，平均损失的价值大致上等于这种运输方式的保险费用，所以水路运输的货物损失之价值大致等于水路运输时平均的保险费用。经计算，大约为600万美元。一旦把货物从一种运输工具转到另一种运输工具上，转运成本就会产生。在“反事实”情况下，从初级市场到次级市场很可能平均每吨就会有两次转运。如果每吨每次转运需要花费50美分，那么四种产品的转运费用就会达到1600万美元。马车运输成本可以从现有数据中进行计算，这项数据大约是2300万美元。很难计算的成本是使用较慢运输方式造成时间损失所导致的成本和一年中近5个月不能使用水运而造成的成本。这些成本没有直接的数据资料，只能进行间接估计。间接估计的关键在于估计时间与存货之间的关系。如果商家能在货物销售掉的同时实现货物补给，那么就会是零库存。如果不是这样，那么就需要有一定的库存。供应地到需求地之间的时间差越大，库存也就越大。平均来说，如果水运比铁路运输多花一个月，而且每年有5个月要封航的话，那么就很有必要在次级市场保持一定数量的存货来补给水运延时和封航期的商品空缺，这个存货数量等于这些市场每年所需商品数量的一半。所以1890年的水运断航和延时的成本就是为保持这一存货所花的成本。存货成本由两方面构成：把资金投入这些额外存货而丧失其他投资的机会成本（以利率来衡量）和仓储费用。经计算，资金成本大约是1800万美元（利率为6%），仓储费用大约是3000万美元。另外，修缮运河所占用的资金成本大约也有1800万美元。这样，把这些被忽视的成本计入之后，“社会节省”就由-3800万美元变成7300万美元[1]。1890年这四种产品的实际运输成本约为8800万美元[2]，没有铁路，则州际运输成本差不多翻一番。这符合常识，因为，毕竟农产品是成吨地用铁路运往东部，而只有在少数一些适宜水运的路段才采用水运。虽然相对实际运输成本而言，州际运输的“社会节省”还可以，但相对国民生产总值（GNP）而言却非常小，只相当于国民生产总值的0.6%（1890年的GNP大约为120亿美元）。事实上，即便铁路运输的价格被假设为零，“社会节省”也仅仅会升至1.61亿美元或者国民收入的大约1.3个百分点[3]。

计算州内运输的“社会节省”要复杂得多。州际运输只是发生在为数很少的一些地方——即位于中部、西部的11个初级市场和位于东部、南部的90个次级市场。但州内运输却是要把为数众多的地点相互连接起来。如把每一个农场视为一个发货点，那么1890年的发货点就是456.5万个。而且，这些地点不能由26000英里的海路、4000英里的运河、五大湖和海岸线连接起来，甚至不能被1890年的167000英里的

1　Robert William Fogel, *Railroads and American Economic Growth: Essays in Econometric History* (Baltimore and London: The Johns Hopkins Press, 1964), p. 211, Table 6. 1.

2　8750万美元的近似。

3　当然，福格尔注意到，上述估计关注的仅是铁路影响美国经济发展的某一个方面，“州际运输”的“社会节省”数量较小并不足以证明铁路的无足轻重。

铁路连接起来。商品从农场运到初级市场不是只靠铁路或水路，而是要靠铁路加马车或水路加马车这样的组合运输方式。因此，社会节省的多少不仅仅取决于铁路运输和水路运输的相对效率，而且取决于马车运输费用。1890年从一个农场到一个铁路运输点的平均马车运输距离为10英里。如果没有铁路，从一个农场到一个水路运输点的平均运输距离可能要达到30英里甚至更多。这种额外的马车运输费用将增加铁路运输的“社会节省”。到底“州内运输”的“社会节省”有多大呢？

“州内运输”的“社会节省”估计方法有两种。第一种估计方法（α估计）是州际运输计算方法的直接扩展。该估计值是1890年货物从农场运到初级市场的实际运输成本和“反事实”情势下的运输成本之间的差额。该种估计方法不考虑“反事实”条件下的有效率的调整。因此α估计引入了一个不可以忽视的正偏差，即会高估“社会节省”。为了减少这种高估，福格尔还提出了第二种估计方法（β估计）。没有铁路，由于马车运输的运价很高并且超过了产品的市场价值，因此，农业的商业化经营只有在离水路不超过一定距离的耕地上才能继续进行下去。确定这一距离，就能确定用于商业化经营的农产品生产边界，而如果知道了这一边界，就可以把“社会节省”的计算分成两部分：（1）在农业商业化经营的可行区用铁路把农产品从农场运到初级市场所产生的运输成本，与没有铁路时在相同两地运送相同产品所发生的运输成本之差（即可行区的α估计）；（2）因农业商业化生产经营用地供给减少所导致的国民生产总值的损失。即：

$$\beta=\bar{\alpha}+L$$

其中，$\bar{\alpha}$为农业商业化生产经营的可行区的α估计；

L为农业商业化生产经营用地减少而带来的国民生产总值的损失。

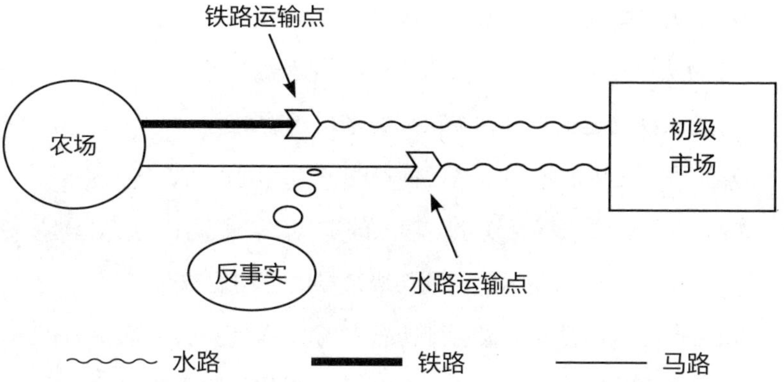

图3-1 “州内运输”的分析示意图

估计α的方法：

$$\alpha=xk=\bar{\alpha}+\alpha^{*}=\bar{x}\bar{k}+x^{*}k^{*}$$

$$=x[w(D_{fb}-D_{fr})+(BD_{bp}-RD_{rp})]$$

$$-\bar{x}[w(\bar{D}_{fb}-\bar{D}_{fr})+(B\bar{D}_{bp}-RD_{rp})]+x^{*}[w(D^{*}_{fb}-D^{*}_{fr})+(BD^{*}_{bp}-RD^{*}_{rp})]$$

其中，x为使用铁路运输州内农产品的吨数；

为使用铁路运输州内农业生产经营可行区中的农产品的吨数；

x^{*}为使用铁路运输州内农业生产经营非可行区中的农产品的吨数；

k为每一吨农产品的社会节省；

$\bar{k}$为每$\bar{x}$一吨可行区农产品的社会节省；

k^{*}为每一吨非可行区农产品的社会节省；

w为每吨英里的平均马车运费；

B为每吨英里的平均水路运费；

R为每吨英里的平均铁路运费；

D_{fb}为从农场到水路运输点的平均运输距离；

D_{fr}为从农场到铁路运输点的平均运输距离；

D_{bp}为从水路运输点到初级市场的平均运输距离；

D_{rp}为从铁路运输点到初级市场的平均运输距离；

$\bar{D}_{fb}$为可行区内农场到水路运输点的平均运输距离；

$\bar{D}_{fr}$为可行区内农场到铁路运输点的平均运输距离；

$\bar{D}_{bp}$为可行区内水路运输点到初级市场的平均运输距离；

$\bar{D}_{rp}$为可行区内铁路运输点到初级市场的平均运输距离；

D^{*}_{fb}为非可行区内农场到水路运输点的平均运输距离；

D^{*}_{fr}为非可行区内农场到铁路运输点的平均运输距离；

D^{*}_{bp}为非可行区内水路运输点到初级市场的平均运输距离；

D^{*}_{rp}为非可行区内铁路运输点到初级市场的平均运输距离。

$w(D_{fb}\text{-}D_{fr})$可以解释为由于马车运输的减少所带来的每一吨的社会节省，$(BD_{bp}\text{-}RD_{rp})$则可以解释为铁路运输替代水路运输所带来的每一吨的社会节省。通过对一系列数据资料进行搜集和整理，并借助于合理的推算（比如对平均距离的推算），福格尔给出了上述有关变量的估计值。分别为：

L=1.54亿美元

D_{fb}=28英里

D_{fr}=8.6英里

$B\bar{D}_{bp}$=2.12美元

$R\bar{D}_{rp}$=2.88美元

$\bar{x}$=2760万吨

w=0.165美元

$\bar{a}$=0.673亿美元

β=2.21亿美元

D^*_{fb}=166.6英里

D^*_{fr}=8.6英里

$BD^*_{bp}-RD^*_{rp}$=0.76美元

x^*=920万吨

α=3亿美元

由上可见，β估计的“州内运输”的“社会节省”大约为2.21亿美元，占国民生产总值的1.8%，α估计的“州内运输”的“社会节省”大约是3亿美元，占国民生产总值的2.5%。值得注意的是，α估计的“社会节省”并不是来源于铁路的运费比水运低，而是来源于铁路的使用减少了对运费昂贵的马车运输的需求量。在α估计中还有必要加上某些间接成本，主要是货物损失、延误成本和航行的季节成本。这三项加起来大概有3700万美元。这样，根据这一方法所计算出来的“社会节省”大约为3.37亿美元，占国民生产总值的2.8%。在β估计中，也存在货物损失、延误成本和航行的季节成本等间接成本，大约为2720万美元。从而，用第二种估计方法算出来的“社会节省”大约为2.48亿美元，占国民生产总值的2.1%。

福格尔虽然设计了α估计和β估计两种方法，并估计出“州内运输”的“社会节省”分别占2.8%和2.1%，但他似乎对这一结果并不满意。他说，“估计是基于以下假设，即没有铁路时技术的其他方面都不改变。然而，似乎很有这种可能，即如果没有铁路的话，很多用于修扩建铁路的资金和才智会转而用于发展其他运输方式。”[1]如果当时没有铁路，也

1　Robert William Fogel, *Railroads and American Economic Growth: Essays in Econometric History* (Baltimore and London: The Johns Hopkins Press, 1964), p. 218.

许运河体系将更加完善。在这种假设下，α估计就减少至2.14亿美元（占国民生产总值的1.8%），β估计就减少至1.75亿美元（占国民生产总值的1.5%）。[1]如果假设美国的公路建设有进一步发展，则α估计值是1.41亿美元，即国民生产总值的1.2%，β估计值是1.17亿美元，即国民生产总值的1%不到。[2]

通过简单的加法运算，可以看出铁路对四种农产品的总的"社会节省"大约占国民生产总值的1.8%+0.6%=2.4%（假设运河体系更加完善）或者1.2%+0.6%=1.8%左右（假设公路建设有进一步发展）。由此可以得出什么结论呢？福格尔认为，根据1890年美国的经济实力水平，国民收入减少1%将使国家的经济发展减慢三个月。因此，"社会节省"占国民收入的2.4%或者1.8%表明，用铁路运输农产品，对美国的经济增长并无太大的促进作用。

当然，福格尔也认识到，只计算四种农产品的"社会节省"，还不足以说明铁路的根本性作用。对"社会节省"的估计应该包括所有商品。利用已有的α估计和β估计，可大概估计出总的"社会节省"分别为国民生产总值的7.1%和6.3%。这种简单的推算方法会导致对"社会节省"的高估。实际上，非农产品的"社会节省"要低一些，这主要是因为在非农产品中矿产品占了很大比重，比如1890年煤炭占非农产品总吨数的35%，铁和其他矿石占50%以上。矿产品的生产和消费地点相对较集中，而且这些地点一般都在水运航线上，存货的贮存成本也

1 Robert William Fogel, *Railroads and American Economic Growth: Essays in Econometric History* (Baltimore and London: The Johns Hopkins Press, 1964), p. 100, Table 3. 13.

2 Robert William Fogel, *Railroads and American Economic Growth: Essays in Econometric History* (Baltimore and London: The Johns Hopkins Press, 1964), p. 110, Table 3. 14.

较低。比如9个州就占了1890年所有煤炭运量的近90%。而且在这些州内，生产还进一步集中在少数几个镇。46个镇的煤炭运送量达7600万吨，占9个州所生产的煤炭量的75%。而且，所有这些城镇都有河道穿过。另外还应注意的是，农产品的2.14亿美元“社会节省”中已经包含了非农产品的“社会节省”中的重要部分。虽然用于改善河道的资金成本都是因为农产品，但这些成本的大部分也应该分摊到非农产品中去，或许2.14亿美元中的35%应该划归到铁路运输矿产品、林产品和工厂产品而带来的“社会节省”中去。如果农产品“社会节省”是1.4亿美元，那么总“社会节省”的α估计值约为5.6亿美元，即国民生产总值的4.7%。加上一些调整，福格尔认为，α估计值应低于国民生产总值的5%，并认为这个数据相当小，与传统的经济史学家所强调的铁路对19世纪美国经济发展具有决定性影响的说法相去甚远。

二、对工业的影响：铁路的作用是否被高估？

很多经济史学家都认为铁路促进了美国工业发展。比如罗斯托，他认为美国的“起飞”就与铁路密切相关。正是19世纪40年代铁路和制造业在东部的发展和50年代建设铁路的热潮向西部的推进，导致了美国产业结构的迅速转变。罗斯托认为，英国工业革命的主导部门是纺织工业，而美国工业化的主导部门则是铁路工业。然而，福格尔认为，美国产业结构在铁路建设时代发生了迅速转变的证据是不足的。从马丁（R. F. Martin）和高尔曼（Robert E. Gallman）所提供的统计资料上看，产业结构的变化是渐进的，制造业增加的趋势也是平缓的。罗斯托提出的美国经济“起飞”始自19世纪40年代值得商榷，因为据福格尔考察，从19世纪20年代美国经济就已经具有一定的增长速度了。另外，福格尔也不同意“起飞”之说。福格尔认为经济变革是渐进的，而不是在某一段时间之内出现了具有“决定性”的变革。技术创新同样不是集中在某一段时间之内的，而且发生技术创新的领域也不是唯一的。数据表明，棉纺织业、制造业都发生了持续不断的技术变革。因此，福格尔对“起飞”“革命”之类的词都非常慎重。[1]

在对工业部门发展影响上，福格尔认为，或许铁路的重要性被高估了。铁路真的像罗斯托所说：“铁路的发展引领了现代煤铁工业和工程的发展，在许多国家，现代基础工业部门的发展大部分源于建筑的需要，特别是维持铁路基础设施的需要”[2]吗？为了证明这个说法正确，福格尔认为，应该调查五个相关行业：煤、钢铁、机器制造、交通运输设备制造和木材。

首先，福格尔对美国的钢铁行业进行了定量研究。他说，在研究铁路对经济增长的贡献时，定量分析是非常必要的。如果由于数据缺失而逃避使用定量分析，同时却宣称铁路在国民经济中有很大影响，这种做法是不慎重的。福格尔说，当然，有些数据可能相当缺乏；但即使如此，也不能仅凭内战之前的一些所谓有识之士的资料和观点来做出判断。福格尔认为，要确定铁路在钢铁市场上的地位必须建立在重组和再现美国钢铁总消费量和铁路部门钢铁总消费量等相关数据的基础上。因为只能获得零散的数据，所以进行这样的重组显得极为重要。只是主观任意地挑选铁路和钢铁部门一个或几个零散项目的资料进行判断，就如

---

1 比如，他虽然不反对“工业革命”这样的提法，但却强调革命并不意味着快速的转变。

2 Robert William Fogel, *Railroads and American Economic Growth: Essays in Econometric History* (Baltimore and London: The Johns Hopkins Press, 1964), p. 129.

同古人类学家随便拿几颗牙齿就想重构出动物的整体形状一样滑稽。当然，在古人类学领域，任何蛛丝马迹即使是很小的一颗牙齿也是不能丢弃的。事实上，根据牙齿和骨骼构造在统计上所显示出来的相关关系，从牙齿结构确实可以很好地推断出额的构造。然而，我们不能由此对动物的整体形状做出可靠的推断。如果有牙齿、头骨局部、脊椎和腿部骨头的话，结合生理知识我们可以足够自信地再现出当时动物的整体形状。

福格尔强调，1840—1860年间铁路在钢铁市场上的地位没能得到系统性再现，并不能由缺乏数据这样的理由来解释。事实上，除了新建铁路的公里数外，其他关于铁轨重量、铁轨寿命、重修铁路的数量、废弃铁路的数量等零散资料是可以获得的。之所以不能系统再现出铁路在钢铁部门发展中的地位，主要是因为缺乏有效的数据重组。进一步地，福格尔指出，重组和再现仅仅基于理论。正如在博物馆看到的史前动物事实上并不是当年的动物本身，而只是根据生物学原理以及化石残骸所模拟出的理论上的动物而已。同样，重组再现也不是当年铁路在钢铁市场上的真实地位，而只是根据经济学原理以及数据资料所推断出的理论上的地位而已。当然可以利用一些标准来评价重组的效果，比如理论的内在一致性和所用数据的拟合优度。[1]

有了以上理论和方法，福格尔对1840—1860年钢铁工业进行了详细研究。他认为，有四种数据需要考虑和确定：铁路在钢铁产品市场上的消费份额指数；生铁（pig iron）产量的确定；铁轨制造所耗钢铁数量

1 福格尔强调，他的数据重组和再现仅仅是一个模型，随着新资料和新数据的发现以及经济理论的发展，这个模型可以被修正。这意味着经济史研究的科学化（可以被证伪），也意味着经济史研究有广阔的空间。

的确定；国内粗铁（crude iron）总产量和总消费量的确定。国内铁路在钢铁市场上的地位指数用I_1表示。

$$I_1=\frac{\text{国内所造铁轨价值总额}}{\text{钢铁行业最终产品价值总额}}$$

其中，分子中不包括从国外进口铁轨的数量。但不巧的是，不能获得计算这一指数的全部数据。即使是内战结束后的几年里，也由于某些产品生产的中断造成数据不够详尽，个别产品的价格无法获得。因此，传统经济史学家采用I_2来计算。

$$I_2=\frac{\text{铁路建设和维护所用铁轨的吨数}}{\text{生铁产量吨数}}$$

这里暗含I_1=I_2的假定。这种假定在以下条件满足时才可以成立：（1）所有铁轨来自国内购买；（2）所有产品生产所用每吨熟铁所需的生铁量是相同的；（3）熟铁的锻造全部利用生铁；（4）钢铁部门最终产品的价值与所用的生铁量直接成比例。事实上，在现实中以上四种情况都难以得到满足，因此$I_2>I_1$，而且是大大超过后者。实际情况是这样的：相当一部分的铁轨从国外进口，1850—1859年间，来自国外的铁轨占铁轨总量近2/3；每吨辗铁、铸铁和锻铁锻造所需要的生铁量是各不相同的；生铁不是生产熟铁的唯一原材料，19世纪50年代后半期铁屑在熟铁锻造上发挥越来越重要的作用；钢铁部门最终产品的价值与所用的生铁量也不是成比例的。因此，用I_2作为铁路在钢铁市场上的地位指数存在明显的高估倾向。

鉴于此，福格尔定义另外两个指数来减少高估问题，即I_3和I_4。

$$I_3=\frac{\text{国内生产铁轨所用的国内粗铁吨数}}{\text{钢铁行业所用的国内粗铁吨数}}$$

$$I_4=\frac{\text{国内生产铁轨所用的国内粗铁总吨数}}{\text{钢铁行业所用的粗铁总吨数}}$$

如果国内生产铁轨和钢铁行业所用的进口粗铁吨数和国内粗铁吨数成比例，则$I_3=I_4$，$I_4<I_2$，但$I_4>I_1$。但是，与I_2相比I_4更接近I_1。福格尔认为I_4是测定铁路对工业发展影响的较好指标。I_4分母中最大的组成部分是国内生铁产量。从1854年起，美国钢铁工业协会定期公布国内生铁产量的年度估计值，这一估计是基于全行业调查而做出的，因而较为可靠。但1854年之前，特别是1840—1849年间的数据存在很多争议。19世纪40年代最广泛引用的数据来自《历史统计数据》(1960年)。该数据受到很多学者的怀疑，福格尔结合其他史料对这些数据进行了独特分析，并得出结论：1845—1847年，生铁生产的空前增加不是因为高炉数量的增加，而是因为1845—1849年美国全部高炉都满负荷运转。当时商业杂志发表的有关黑色冶金状况的各种报告和该部门工厂主的意见，能证明福格尔的猜想。生铁价格变动指数也证实了福格尔的推断。

对福格尔而言，这一结论非常重要。他拥有19世纪40年代宾夕法尼亚所有高炉满负荷运行的相当可靠的数据资料。如果1845、1846、1847年全部的高炉都满负荷运行，那么这就意味着可以用这三年的数据作为同一时期该州生铁生产的数据。当然，仅仅知道该州三年的数据还不够，还需要知道全国和其他时间的生铁产量。这个数据如何估算呢？福格尔认为可行的办法就是掌握美国全部生铁产量是宾夕法尼亚州生铁产量的倍数。如果知道这个倍数，自然就可以通过宾夕法尼亚的数据来进一步确定全国的数据。根据现有资料，福格尔推算出1839—1840、1844、1852、1854、1855、1856年的倍数，它们分别为2.916、2.298、1.973、2.006、1.852、1.812。根据这些倍数和年份的数据，可以得出一个二次回归方程Y=2.9550−0.14259t+0.004696t^2，其中Y代表倍数，t代表年份，t_0=1839。通过这个公式，可以估算出1845、1846、1847年的生铁产量分别为574000、687000、765000吨。同时，也可以估算出1841、1849、1850年的产量数据。接着，福格尔又从各种资料中收集了其他年份的数据资料，并且尽可能地检验可靠性。最终形成了1840—1860年美国生铁产量数据的时间序列。这些数据被用来计算I_4分母。

在计算分子时，福格尔面临同样任务，即整理出1840—1860年的铁轨生产所用的生铁数量的时间序列。可靠的数据也只是从1849年才有，其他的需要估算。办法就是外推法，即知道1849年以后的数据以及方程之后，外推至1840—1849年。这种方法原则上是可行的。每年生产的铁轨用于代替磨损、废弃的铁轨、新建铁路线和扩建老的铁路线。这三种用途的每一种所需要的铁轨数量，都不是任意改变的，而是服从某一种规律。福格尔认为，用如下六个方程可以描述铁轨的需求。

1.$R_t=M_t\times W_t$

2.$R_{dt}=R_t-R_{ft}$

3.$M_t=M_{st}+M_{et}+M_{rt}$

4.$\sum M_{et}/\sum M_{st}=\alpha\times t$

5.$M_{rt}=\beta_1M_{t-1}+\beta_2M_{t-2}+\cdots\cdots+\beta_nM_{t-n}$；$\sum\beta_1=1$

6.$R_{jt}=\lambda_1R_{t-1}+\lambda_2R_{t-2}+\cdots\cdots+\lambda_nR_{t-n}$

其中，R_t为铁路在t年需要的铁轨吨数；

R_{dt}为t年美国生产的铁轨吨数；

R_{ft}为t年进口的铁轨吨数；

R_{jt}为t年磨损的铁轨吨数；

M_t为t年新建的铁路里数；

W_t为半英里铁轨的平均重量；

M_{st}为t年新建的单轨铁路里数；

M_{et}为t年新建的额外轨道里数（所谓额外，指的是线路上的第2根、第3根轨道）；

M_{rt}为t年用以替代旧轨道的铁轨里数；

t为以年为单位的时间；

α、β、λ是系数。

在这些变量当中，W_t、R_{ft}、M_{st}和t是外生变量，可以直接根据现有数据资料确定。M_{rt}大约为M_{st}的二分之一。方程4说明总的额外铁轨长度与总的单轨铁路长度之比与时间成线性关系，即随着时间的推移，增加的额外铁路越来越多。这个方程也说明，铁路建设的总趋势是在原有基础上增加线路数量而不是新建铁路。式中的α是这样确定的。根据所掌握的1876年铺设铁路的第一手数据，福格尔计算出1876年的α值为0.23。他假定1830年的这一系数为0，然后在这两点之间作一直线，并把这条直线倾角的正切作为方程4的α值。福格尔认为，这样估算不影响模型的结果。方程5确定t年中替换的铁轨数量（长度）与之前年份铺设的铁轨数量之间的关系。在这一方程中，每一个系数β_i是t-i年所磨损的铁轨数量的权重，之和等于1。β的值由磨损铁轨的模型决定。有数据表明，一根钢轨的平均寿命大概在10到12年之间，一般不会少于5年或大于20年。其寿命近似服从于期望为10.5年、标准差为3年的正态分布。方程6反映的是某一年的废弃铁轨数是前几年铺设的铁轨数的线性函数。参数人由磨损铁轨量的分布决定。

根据上述模型，福格尔最终确定了铁轨的总需求量、铺设新线路所需要的铁轨数量、替换磨损铁轨所需要的铁轨数量这三个变量的时间序列。在利用所取得的数据时间序列计算指数I_4之前，福格尔还进行了检验。经过检验，他认为该模型是合理的，对现实的模拟是有效的，然后，他就根据这些数据开始计算指数I_4。传统的经济史学家声称，铁路是19世纪50年代生铁的最大消费者，指数I_2也可以佐证这种见解。例如，这个指数表明，19世纪60年代，钢铁部门总产量的60%用于生产铁轨及其他的铁路设备，最大值出现在1851年，这一年，本国的钢铁产量的67%都用于铁轨的生产。但是，福格尔指出，I_2过高估计了铁路对钢铁行业发展的影响。根据他所研究的指数I_4，50年代只有15%的钢铁行业总产量是用来生产铁轨的。1856年达到极限，不过也就是20%，之后该数据不断下降，到1860年变为15%。

福格尔还研究了其他产业和铁路之间的关系。以煤为例，1849—1869年铁路对煤的直接需求是微不足道的。从1840年到1860年铁路部门通过购买铁轨和其他铁制品所消费的煤共计1264.3万吨，只占同期煤的总产量的5.97%(同期煤的总产量为2.1168亿吨)[1]。铁路对木材工业的影响也不是很大。1840—1860年间，由木材加工厂提供的枕木最多不超过4.49亿英尺，还不足木材总产量的0.5%。如果加上车厢制造所需木材，也不过仅仅提高0.5个百分点，总计为0.96%。事实上，即便把所有铁路上的枕木都归为木材加工厂生产，其比例也就是5.43%。因

---

1 福格尔认为，这种估计也有高估的倾向，因为直到1860年，美国国内的30%生铁还以木炭作为燃料生产。

此，铁路部门在木材的消费市场中所占比例不大。铁路所购买的交通运输设备的价值占整个行业的份额也很小。1859年铁路建设所需设备的价值只有1200万美元，约占交通运输设备行业总价值的25.4%。铁路部门对钢铁、煤、木材和交通运输设备的市场影响较小，也意味着在机械产品（不含交通运输设备）的消费上所占份额也较小。1859年，铁路部门直接消费的机械产品不足1%，即使加上其他相关产品的间接消费，铁路部门所消费的机械产品也只占总产量的6%。根据以上估计，铁路部门对交通运输设备、机械、钢铁、木材等产品的购买只有2250万美元，占制造业总值的2.76%（总值约为8.15亿美元）。[1]然而，这可能有遗漏。通过对遗漏项目进行数据估算，最后得出，1859年铁路部门在制造业产业的消费上的价值为3211万美元，占制造业总额的3.94%。当然，这个数值还不能说是铁路创造的净值，因为，如果没有铁路，那么马车和水路运输工具也会对制造业产生需求。因此，铁路消费对制造业的影响比所估计出的数值和比例要小。

据以上研究，福格尔大胆得出自己的结论：1840—1860年间出现的钢铁工业的发展首先不是铁路建设的需求带动的，也就是说，铁路对钢铁工业的发展不起决定性作用，对整个制造业的影响也不像人们想象的那么大。这是本书中福格尔得出的第二个具有震撼力的结论。当然，在全书结束时他曾经有所保留地说，关于铁路对美国经济发展影响的研究还不是很充分，还有很多影响本书都没有涉及。

1　Robert William Fogel, *Railroads and American Economic Growth: Essays in Econometric History* (Baltimore and London: The Johns Hopkins Press, 1964), p. 145, Table 4. 12.

三、一些学者的批评和福格尔的辩护

《铁路与美国经济增长》为经济史研究带来了一个新的观点和一种新的研究方法。诺贝尔经济学奖委员会在获奖理由的公告上说，没有任何一本经济史著作能给人留下像该书那样的影响。计量运动主要人物之一的泽尔纳（Arnold Zellner）提议让福格尔成为经济学会新的特邀会员时，强调：福格尔是将计量经济学方法引入到经济史研究中的公认领袖。他的工作大大推动了经济学理论用于经济史研究。[1]

福格尔的观点和方法就像往平静的湖面投了一个石子，立刻泛起很多涟漪。很多学者不能接受他的观点，而且认为福格尔的计算方法也有问题。在福格尔关于"社会节省"的计算公式中，使用的数据不是资源成本上的数据，而是价格数据。这与社会节省的概念冲突。社会节省应该是指提供既定数量运输服务所需要的真实资源的减少。福格尔公式中运价的低廉也许反映了运输服务质量的低下，因此，与提供优质运输服务的铁路价格没有可比性。斯坦利·来博格特重新构造了典型的铁路运输服务和典型的运河服务每吨英里的平均成本方面的数据，并且估计出：1840年，运河的成本已经是铁路成本的4倍了。[2]这一估计与菲什洛对1859年的计算结果大致相同。而且，来博格特认为自己的估计可能还低估了铁路的真实社会节省，因为铁路技术在1840年以后有相当大的改进，安全性能和速度都得到了较大的提高。[3]保罗·戴

1 转引自［英］克里斯·弗里曼、［葡］弗朗西斯科·卢桑：《光阴似箭：从工业革命到信息革命》，沈宏亮译，中国人民大学出版社，2007，第18页。

2 福格尔对来博格特的基于成本计算社会节省的建议不以为然。

3 Stanley Lebergott, "United States Transport Advance and Externalities", *The Journal of Economic History*, Vol. 26, No. 4, the Tasks of Economic History (Dec., 1966): 437-461.

维（Paul David）认为福格尔的假定有很多问题。比如，水运不可能以不变的单位成本运送1890年的货物量。因为，当水运设施变得日益不够时，次级水道（往往是效率较差的）就会被用作航线。河流由于位置的不同也不是完全一样的。把可航行水道沿岸的所有地点都作为转运点也是不合适的。而且，福格尔还忽略了水上运输因天气而遭中断期间需要大量的紧急储藏设施来处理运输中的存货这一事实。因此，实际上的社会节省一定比福格尔的估计要高得多[1]。杰弗里·威廉森（Jeffrey Williamson）在假定铁路运输成本于1870—1892年不变（实际上，从芝加哥到纽约的铁路运费可能下降了60%）的前提下，得出结论：1892年，如果没有铁路，则GNP将比实际的GNP低18%[2]。威廉森的计算遭到了查尔斯·卡恩（Charles Kahn）的质疑。卡恩采用了另外一种计算方法，结果是：社会节省占1871年GNP的2.3%—3.0%，占1890年GNP的3.2%—4.2%。这个估计值与福格尔的估计值没有很大区别。[3]

关于“社会节省”的计算，福格尔在《新经济史的发现与方法》一文中也作了进一步说明[4]。他假设没有铁路运输会出现三种技术调整，并分别重新计算出社会节省额。他的假设是：一、社会不得不完全依靠1890年已有的运河和公路；二、至少将建造长达5000英里实用而且盈利率很高的新运河；三、对普通公路进行改建。在第一种场合，铁路

1　Paul David, “Transport Innovation and Economic Growth: Professor Fogel on and off the Rails”, *The Economic History Review*, New Series, Vol. 22, No. 3 (Dec., 1969): 506-525.

2　转引自［美］杰里米·阿塔克、彼得·帕塞尔：《新美国经济史》，罗涛等译，中国社会科学出版社，2000，第448页。

3　Charles Kahn, “The Use of Complicated Models as Explanations: A Re-examination of Williamson’s Late Nineteenth Century America”, *Research in Economic History*, Vol. 11 (1988), pp. 185-216.

4　R. W. Fogel, “The New Economic History. I. Its Findings and Methods”, *The Economic History Review*, Series, Vol. 19, No. 3 (1966): 642-656.

带来的社会节省占国民生产总值的3.1%[1]，在后两种场合，铁路的社会节省占国民生产总值的1.8%。并且，他把自己的研究结论和菲什洛的结论作了比较。菲什洛对1859年社会节省额的计算，不仅涉及农产品的运输，而且涉及所有的货运和客运。根据菲什洛的计算，1859年，铁路为货运带来了1.55亿美元的“社会节省”，为客运带来了7000万美元的社会节省。如果对铁路为货运和客运带来的“社会节省”做一个下限估计，这一数字至少为1.5亿美元至1.75亿美元，大约占当年国民生产总值的4%。福格尔认为，他的计算结果与菲什洛的计算结果非常接近。但事实上，如果把菲什洛的计算方法推广到19世纪末，则“社会节省”要比1859年大得多。货运价格若下降约75%，则铁路会在货运上产生15亿美元的社会节省，客运上为5亿美元，加总后的数字大约占GNP的15%[2]。福格尔的估计值只占菲什洛的三分之一不到。之所以差距较大，原因之一是福格尔的计算中没有考虑铁路对客运的影响。根据博伊德（Hayden Boyd）和沃尔顿（Gary Walton）的计算，1890年铁路在客运上产生的社会节省约为3.44亿美元[3]。如果把这一数字与福格尔的计算加总，则可知铁路的全部社会节省的上限估计值占GNP的比例大约为不足9%。这比菲什洛的估计还是要小。

即便福格尔关于“社会节省”的计算基本准确，罗斯托等学者也不认为这个数字很小。从一方面看，这一数字连1890年3个星期的产值都不到，但从另一方面看，这一数字比GNP一年的增长率还要高，并且

1 该文和书中的计算结果并不一致，书中的计算结果是占2.8%。

2 Albert Fishlow, *American Railroads and the Transformation of the Ante-Bellum Economy* (Cambridge: Harvard University Press, 1965).

3 Hayden Boyd and Gary Walton, “The Social Savings from Nineteenth-Century Rail Passenger Services”, *Explorations in Economic History*, Volume 9, 1971-1972，pp. 233-254.

比两年内人均收入的增长率还要高。其他发明中几乎没有像铁路这样对经济造成如此深刻影响的[1]。

由于学者们的质疑，福格尔本人曾经在美国《经济史学报》1979年3月号发表《关于社会节省量争论的笔记》，除了澄清和回答有关社会节省量计算方面的一些问题之外，还阐述了自己研究铁路与美国经济增长的真正用意。他说，这一研究仅仅是想证明铁路在19世纪后半叶美国的特定环境下，其对经济增长的促进作用并非必不可少，因为假如当初没有铁路，那么可以有运河系统和公路运输等方式进行替代。他重申他的研究不是想对铁路对经济发展的贡献进行否定，铁路在整个交通运输系统中实际上仍居重要地位。比如，福格尔承认1860—1870年以后，铁路网络由于更加密集，具有比水运更低的边际运输成本。对于其他国家，福格尔也说类似于美国的替代假设不一定有效，因为美国的运河系统较为发达，而其他国家的地理环境不一定具有这样的有利条件。例如，在多山的墨西哥，几乎就没有运河和河流可以替代铁路；而在英国，由于运输距离的限制，水运对铁路的替代性也大大小于美国。另外，谷物、木材、煤炭等产品适于长距离水运，而当时美国的运输产品也主要是这些。故而，他的结论只是针对美国的，而且是针对19世纪的美国。

关于“反事实度量法”，福格尔认为，当人们试图找出某种发明、制度对经济发展的确切影响时，计量和理论之间的关系最为密切，此时，也就需要把实际发生的状况与不具备某种条件时可能发生的状况进行比较。但是，由于后一种情况从未发生过，因此，不可能有人见

1　转引自［美］杰里米·阿塔克、彼得·帕塞尔：《新美国经济史》，罗涛等译，中国社会科学出版社，2000，第449页。

过，也不可能载入历史文献。这样，经济史学家就需要一套理论或一种模式，以便从实际存在的各种制度和关系中，推断出这种“反事实”的情况。这种“反事实度量法”在康拉德和迈耶提交给威廉斯敦会议上的论文中也有使用。他们通过对“美国南北战争前南方奴隶制没有赢利性”这一命题进行适当的“反事实”检验，指出了“如果不发生国内战争，在不出一代人的时间内，南部可能已经按部就班地废除了奴隶制”这一不能直接检验的命题的不正确。尽管如此，但很多学者不赞同“反事实度量法”。美国的经济史学家弗里茨·雷德利克（Fritz Redlich）认为“反事实度量法”是新经济史研究方法论中最令人莫测的。他认为那是“准历史”。雷德利克仔细区分了“假设”和“虚构”。假设与虚构不同，假设是依据现实中有某种相应物而产生的设想，而虚构则是没有这类相应物的设想，或者至少已知是不现实的设想。假设反映现实，并且来自现实，而虚构仅仅是“假如”思维的产物，在现实中没有相应的东西。假设迫切需要证实或者证伪，而虚构作为智力思维的产物，既不能证实，也不能证伪。借助于假设，可以获得知识，而借助于虚构可以得到获得知识的工具。在雷德利克看来，福格尔的研究就是以虚构为基础。因此，福格尔的著作没有提供历史知识，而只是揭露一些令人感兴趣的新观点，但不能证明它们，也不能断言新观点能够驳斥传统观点。雷德利克认为，福格尔的分析从头至尾都是由虚构组成，为了充实这种虚构，还依赖经济学理论和计量方法确定一些变量数值和另外一些变量数值之间的关系。这种分析是有问题的，假设的理论在现实中可能并不成立，因此，所构造的数据成了与现实无关的一种虚构。传统的经济史学家也会大量使用假设，但他们不运用虚构方法。使用虚构方法对于历史研究是没有意义的[1]。克莱默（T. A. Climo）和豪威尔斯（P. G. Howells）认为，“反事实”因果逻辑提供给我们的不过是因果相关的先发事件和后续结果，它要么是一种武断的决定，要么是一种我们理论基础的直接表达。由于假设是虚假的，因此，“反事实”不能提供任何有实际意义的推论。“反事实”假设与现实无关，实际上是牺牲了现实主义换取工具主义。[2]德赛（Meghnad Desai）则强调，历史模式实际上很难制定，因为其过于复杂，所包含的因素也太多。[3]

福格尔对此进行了辩驳。他说，如果把根据“反事实”命题而进行的研究拒之于历史门外，那么要清理的就不仅仅是新经济史学家的著作，也包括以往的历史著作。新经济史和传统经济史研究之间的区别，不是有多少个“反事实”命题，而是在何种程度上阐明了这些命题。在传统的经济史研究中，“反事实”的命题比比皆是。福格尔强调，几乎在所有把法律、社会、技术和政治等方面的革新作为经济活动变化之原因的讨论中，都有类似的命题，都隐隐约约地把国家的实际状况，同假设不具备某种条件而可能发生的状况加以比较。也就是说，“反事实”假设早已存在于传统的经济史研究中，只是没有学者明确提出该方法。事实上，新经济史学家并不只是埋头于提出新的“反事实”命题，他们还对传统史学中存在的“反事实”论点加以阐明和检验。由于“反事实”命题仅仅是来自假设-演绎模式的某些推论，因此，至少可以从两

1　Fritz Redlich, "'New' and Traditional Approaches to Economic History and Their Interdependence", *The Journal of Economic History*, Vol. 25, No. 4 (Dec., 1965): 480-495.

2　T. A. Climo and P. G. Howells, "Cause and Counterfactuals", *The Economic History Review*, New Series, Vol. 27, No. 3 (Aug., 1974), pp. 461-468.

3　Meghnad Desai, "Some Issues in Econometric History", *The Economic History Review*, New Series, Vol 21, No. 1 (Apr., 1968): 1-16.

方面加以验证，一个是立论和前提之间有无逻辑性，另一个是模式的假设经验上是否有效。新经济史学家在重新研究以往的著作时，大半是要说明这些著作违背了上述一条或者两条。福格尔认为，“反事实”的假定性陈述是历史学家论述中的一个绝对不可缺少的特征。历史学要成为真正的科学，正需要经济计量的介入，需要“假设-模型-检验”的方法，“经济学帝国主义”不是要消灭其他的学科，而是要给那些学科带来新生，就像数学给其他自然科学带来丰富营养一样[1]。

四、结论和方法：创新和不足

历史是常书常新的。正如历史学家卡尔（Edward H. Carr）所言：“历史是历史学家和历史事实之间连续不断的、互为作用的过程，就是现在与过去之间永无休止的对话。”[2]经济史的任务也是要不断根据新材料、新方法来认识过去。福格尔在1993年能够获得诺贝尔经济学奖，也主要是因为他在老问题的分析中采用了新方法。福格尔通过深入挖掘当时的历史事实——各种各样的历史数据，敢于突破前人的习惯性思维，并借助于构建一种可行的定量方法，将这些历史数据富有意义地串联起来，从而得出不同于以往的新结论。这是非常难能可贵的。这对重新认识铁路在美国经济发展中的作用是一个贡献，同时，对经济史研究空间的拓展和经济史的自身发展也是一个重要贡献。

1　笔者认为，持有不同的历史观是承认“反事实度量法”可用与否的关键。如果认为人类社会发展是遵循统计规律的，那么可用“反事实度量法”，相反，如果认为人类社会发展具有独特性，没有普遍规律，那么“反事实度量法”就是没有意义的。

2　［英］E. H. 卡尔：《历史是什么？》，陈恒译，商务印书馆，2007，第115页。

福格尔能够推导出这样的新结论反映了他本人对经济发展的一些看法。第一，19世纪没有一个单一的技术革新对经济增长是最重要的。[1]尽管铁路已经有超过半个世纪的快速增长，尽管铁路对资本的需求非常巨大，尽管铁路改变了以往的运输方式，加速了产品的流动，扩大了市场规模，但铁路并不像人们想象的那样，对经济发展起到了举足轻重的作用。没有铁路，美国经济可能只是以另外一种方式发展，就像福格尔所说的，可能建造了非常完善和发达的运河网络，可能建造了技术非常先进的公路运输系统。铁路，就像蒸汽机的改进、纺织工业的技术创新、化学工业的进步、冶金工业的发展一样，只是工业革命的一部分。经济增长也不是一个或少数几个幸运发现的结果。第二，自由市场强于国家干预。铁路由于投资量巨大，资金回收期较长等原因，私人是不愿意投资的。在这种情况下，需要国家进行支持。19世纪美国的铁路建设正是这样一个过程。当时，铁路能够迅速取代运河系统，其中政府对铁路投资的鼓励和支持（比如大量赠送土地、巨额贷款的担保、税收的大量减免）起了很大作用，这种全面支持是任何金融机构所不能替代的。[2]如果承认铁路作用巨大，也就等于承认国家干预经济的合理性，这虽与凯恩斯理论相符，但却不一定符合深受芝加哥学派影响的福格尔的思想。

通过在研究中使用定量方法和“反事实度量法”，福格尔成为一位方法论的创新者。定量方法在传统经济史中也有学者应用，但那时应

1　霍克（Hawke）借助于福格尔的方法，研究了英国铁路对世界经济的影响，主要是客运上的影响。他发现：如果没有铁路，1865年的国民收入中的7%—10%将用于补偿其他运输方式的成本。这似乎说明：单一创新对整个经济的影响不容忽视，与福格尔的看法相左。

2　到19世纪60年代，美国铁路总长超过3万英里，占世界铁路总长的一半，为修建这些铁路，美国花了大约10亿美元，是运河投资的5倍。

用的范围和程度都远远没有福格尔那样广和深。福格尔就像一个运用数据的太极高手，他能够不费力地把各种数据重组，并使之富有逻辑和意义。福格尔认为，仅靠定性不能分析经济生活中的细微变化，也不能对某些看似正确的结论进行证明。一个可靠的观点，一定能够经得起数据检验。福格尔为定量方法赢得了荣誉。为了论证铁路的经济作用，福格尔还使用了“反事实度量法”。他觉得这种方法实际上已经被很多历史学家不自觉地在行文过程中使用了。而且，这种方法是一个有用而且可行的方法。当然，很多学者反对这种方法，并试图从他的方法入手，否定其假设和方法，进而维护铁路重要性的观点。他本人对这些批评做出了回应，他对他的方法进行了捍卫。

在新经济史学家看来，传统经济史学家的历史方法是非科学的。科学的方法是什么呢？福格尔认为是经济学的研究方法，即在经济史研究中应用假设-演绎模式。应用这种模式，必然要依赖大量的经济学理论，否则，“反事实”的情况难以推导出来。新经济史学家还重视数据资料，从该书的论证过程看，福格尔运用了大量的可以收集到的数据资料，而且尽量根据现有的数据，可靠地推断出他所需要的数据。以往的经济史学家也会在论著中运用数据，但运用数据的程度不深，仅仅是为佐证而已；比如，当阐述土地的产量增加时，可以通过适当的数据来说明此言不虚，但是，事件依然是论著中描述过程和因果关系的主体。而在新经济史学家那里，事件退后了，退出了舞台的中心位置。表演者变成了数据，闪亮在舞台中心的是数据。在新经济史学家的论著中，可以发现大量的数据应用，福格尔的《铁路与美国经济增长》是典型代表。为了让数据更好地发挥其作用，福格尔利用数据构建了各种图表，从中发现数据所蕴含的趋势和规律。没有数据，新经济史学家是不做任何断言的，这既体现了新经济史学家的严谨，也体现了新经济史家的科学追求。

新经济史学家永远面临两个问题：一个是获得必要的数据，一个是对必要的数据进行处理，也就是对数据进行计量分析。福格尔在该书中运用了计量方法。比如，他在计算铁轨的需求量时就构建了一组方程，他在说明不同时期一州产量和全国产量之间的关系时，运用了回归分析。书中还大量应用了统计学，比如，抽样方法。实际上，此时的计量方法相对来说还很简单，因此，福格尔的模型中事实上还有很多可以商榷之处，但对统计和计量的重视已经可见一斑了。不仅如此，福格尔也没有放弃对数学中简单方法之运用，比如，百分比的计算、平均数和指数等，都成为他的分析工具。

当然，“大行不顾细谨”[1]，福格尔在进行严密定量分析的同时，也难免有照顾不到的地方。首先，福格尔在测算水运的时间损耗等成本时，用库存来间接估计。然而，库存不能够完全衡量水运的时间损耗等成本。众所周知，铁路替代运河成为主要运输方式是历史事实。铁路能够替代运河不仅仅是因为铁路减少了库存，也因为铁路的快捷为人们的行动带来了效率，而效率的好处体现在很多方面。比如，效率就意味着可以首先抓住市场，效率就意味着可以赶在完全竞争之前把商品卖一个好价钱。铁路运输的这种迅速、准时、可靠的特点，是运河不能比拟的。尽管这些很难量化，但确实是在历史事实中可以观察到的影响。其次，用库存来间接估计水运成本，还存在另外一个问题，那就是有些产品，比如肉类，在长距离运输时，它很容易变质。因此，不是库存、可以解决的，只有时间能够解决。也就是说，如果仅仅衡量这个产品，水运是

1　语出（汉）司马迁：《史记 · 项羽本纪》。

没有办法替代铁路的。事实上，钱德勒（Alfred D. Chandler）认为，铁路与运河相比，可以提供更直接的交通，可以不受条件限制直接连接两个城市，不受气候干扰，等等，优势非常明显。[1]再者，福格尔计算“社会节省”仅仅计算的是产品，而没有把人员运输包含在内。人员运输也非常重要。因为，人员的流动意味着市场的迅速扩大，意味着文化的广泛传播，意味着技术进步会加速，意味着城市化进程会加快等。而这些影响对经济增长来说不能说不重要。

总之，尽管福格尔进行了严谨的推导，但其中也有不少难以令人信服的地方。仅举几例：（1）变量遗漏的问题。模型设计上或许存在问题，铁路对货运和工业本身的影响或许不大，但不能保证与铁路相关的自变量，比如铁路的市场效应、文化效应，对经济发展（因变量）的影响不大。吴承明认为，铁路的社会文化效益没有进入福格尔的模型。[2]钱德勒认为，铁路在美国经济发展史上作用也体现在多个方面。比如，作为一个“支柱部门”的铁路，推动了经济系统质的变化和结构性变化，促进了管理进步，推动了组织和技术创新，促进了市场规模扩大，等等。[3]马赛厄斯（P. Mathias）认为，铁路的重要性在于推动所有经济部门扩张。[4]许多观察家认为，铁路也是美国经济向西推进的原因。[5]铁路

---

1 ［美］小艾尔弗雷德·D. 钱德勒：《看得见的手：美国企业的管理革命》，重武译，商务印书馆，1987，第96页。

2 吴承明：《经济史：历史观和方法论》，《中国经济史研究》2001年第3期。

3 参见［美］小艾尔弗雷德·D. 钱德勒《看得见的手：美国企业的管理革命》，重武译，商务印书馆，1987，第三、四、五章。

4 P, Mathias (ed.), *The First Industrial Nation*: *An Economic History of Britain*, 1700-1914 (Cambridge: Cambridge University Press, 1969).

5 一些经济学家也赞同这种观点，包括熊彼特。

的影响还体现在艺术和文学中，体现在人们的社会生活中[1]。而且，从铁路的货运量上也可以看出，铁路对货物交换的重要性。根据英国经济史学家B. R. 米切尔主编的《帕尔格雷夫世界历史统计：美洲卷，1750—1993》中的铁路货运量的数据，1865年和1890年的铁路货运量差别就很大，1865年为31.50亿吨公里，而1890年为1160亿吨公里。[2]总之，福格尔的分析是抽象和简化的。简化分析是一种手段，因为，任何一种分析都很难将所有的情况考虑周全，尤其是历史分析，必然要舍弃很多因素、很多变量。然而，这种简化分析也不能代替全面分析，简化分析的结论也不一定能够代表全面分析的结果。很多经济史学家不接受福格尔的结论，其理由也在此。（2）数据代表性的问题。比如，在重组铁路运价的数据时，由于数据资料的限制，福格尔没有办法知道那个时期的所有铁路的运价。因此，他只能借助于部分数据和理论来解决这一问题。他用某一地区或者某几条铁路的运价来代表全美国的铁路运价，即以某一地区和某些铁路为典型。这种方法从数学上和理论上是可行的，但从实际上看，这种代表是否真的有效还有待于进一步考察和核实。类似的问题他处也有。（3）"反事实度量法"有其应用价值，但其局限也是明显的。吴承明认为，历史研究不能假设，假设是没有意义的。历史事物的存在有其社会的、文化的条件和价值，是不能随便否定的。

1　比如，特纳（Turner）的名画"雨、蒸汽和速度"的创造灵感就来源于对新火车的观察。转引自［英］克里斯·弗里曼、［葡］弗朗西斯科·卢桑：《光阴似箭：从工业革命到信息革命》，沈宏亮译，中国人民大学出版社，2007，第200页。

2　［英］B. R. 米切尔：《帕尔格雷夫世界历史统计：美洲卷，1750-1993》，贺力平译，经济科学出版社，2002，第561页。

第三节 福格尔和恩格尔曼：《十字架上的岁月：美国黑人奴隶制经济学》

奴隶制问题一直是美国史学界的热点。20世纪初，当时的南方史学家乌尔里克·菲利普（Ulrich B. Philips）认为，奴隶制是一种父家长温情主义的、非营利的、保持白人至上的制度。奴隶主是和善的，他们追求的不是利润，而是一种生活方式。黑人是天生懒散的、漫不经心的、有点狡黠的。种植园是把黑人从非洲野蛮制度下解放出来，使他们日后得以享受文明生活的预备学校。[1]这种解释主要是基于种族主义的。从20世纪40年代后半期开始到50年代，种族主义说受到了批判，黑人是残酷的奴隶制的受害者之说开始占上风。斯坦普（Kenneth M. Stampp）认为，虽然对于奴隶主来说奴隶制是营利的经济制度，但对奴隶来说，该制度是野蛮的、具有压迫和剥削性质的。种植园绝不是什么所谓的"预备学校"，而是建立在囚犯劳动基础上的工厂。[2]埃尔金斯（Stanley M. Elkins）也拒绝了奴隶制种植园的慈善说法。他认为，那是一种封闭性的压迫制度，与拉丁美洲相比，它不仅没有更向善，反而更为残酷。[3]20世纪60年代，随着美国民权运动的高涨，随着黑人史学家进入史学界，黑人奴隶制的研究开始又有一种乐观的倾向。他们普遍地强调奴隶制的光明一面，在分析思路上，也不再把黑人仅仅当成一些被

---

1 菲利普出版了两本书：《美国黑人奴隶制》（1918）和《旧南方的生活和劳工》（1929）。这是美国研究黑人奴隶制的开始。

2 Kenneth M. Stampp, *The Peculiar Institution*: *Slavery in the Ante-Bellum South*, New York: Alfred A. Knopf, 1956.

3 Stanley M. Elkins, *Slavery: a problem in American institutional and intellectual life* (Chicago: University of Chicago Press, 1968).

动的、没有文化的、没有组织纪律的个体，而是认为黑人奴隶同样是心理正常、精神健康的主体。然而，当时史学界的流行观点仍是：奴隶制是不光彩的、没有效率的，它应该被推翻。

1971年，在编辑《美国经济史的重新解释》一书过程中，福格尔和恩格尔曼发现奴隶制问题值得深入研究。于是，他们便着手此项任务。研究的结果令他们吃惊。他们竟然发现奴隶制是有效率的，这与流行观点并不相同。他们害怕自己的研究不够严谨，还推迟发表自己的研究成果。然而，经过审慎的计算和检验，他们觉得没错。1974年，罗伯特·福格尔与斯坦利·恩格尔曼推出了其成果：《十字架上的岁月：美国黑人奴隶制经济学》。作为新经济史学家，他们的结论到底有哪些震撼之处呢？

一、奴隶制在美国南部的成长以及奴隶的地位

契约仆役的供给下降之后[1]，奴隶便成为劳动力的最佳来源。从1500年到1870年的三个半世纪里，有超过950万的奴隶被贩卖。被贩卖到英属或者法属加勒比海地区的大部分奴隶，都与糖业生产直接或间接相关。由于美国糖业发展较为滞后，因此美国的奴隶数量小于英属和法属加勒比地区，黑人占总人口的比例也远小于这两个地区。到1780年，在加勒比海地区，黑人占总人口的比例已经达到90%左右，而美国南部为40%左右，北部则不到5%。1808年美国国会禁止奴隶贸易之前，总共约有66.1万的奴隶输入到美国。这一数字不过是横渡大西洋的非洲

1　随着外来移民到美国来不需要以未来的收入作为抵押来换取路费，大多数移民选择了自由。

人的7%。与古巴的78.7万、巴西的400多万相比不算多。然而，到了1825年，美国境内的奴隶人数约占西半球奴隶总数的约36%，而巴西只有31%。其原因在于尽管美国通过奴隶贸易来获得的奴隶数量呈现越来越少之趋势，但美国奴隶人口的自然增长率很高。1620年，美国的奴隶来源基本上都是通过贸易得来，很少是本地出生的。到美国独立革命后，这一比例缩小至20%，1860年时，该比例仅有1%。但奴隶贸易规模的减少并不等于奴隶数量的下降，相反，由于奴隶人口的高自然增长，到1860年，已经有大约384万的黑人奴隶生活在美国南部，超过南方总人口的一半。1830年，一个已经度过育龄期的美国黑人女奴一般会生育9.24个孩子。而特立尼达岛的黑人女奴在1813年仅生育4.44个小孩。奴隶制对南部奴隶主的投资策略有明显影响。在亚拉巴马、佐治亚、路易斯安那、密西西比和南卡罗来纳，将近60%的财富为奴隶，而土地和农用建筑所占比例不到三分之一。

内战前，奴隶遍布南方的农村和城市。这些奴隶不仅是农夫，也是熟练的手工业者。在城市中，他们中的很多人从事手工技术，包括木工和石工，一些奴隶甚至还成为建筑师和工程师。在农村，奴隶也在熟练工种中占有很大比例。在大种植园里，奴隶从事着手工劳动和低水平的管理，然而，他们也拥有高级管理职位。[1]男奴之所以不能选择法律、政治和教育等高级职位，主要障碍是奴隶没有土地所有权。奴隶虽然不能进入职位顶端，但地位也在不断改善。通常所说的“所有奴隶都是仆人一样的体力劳动者”也是不正确的。奴隶不是一个无差别的群体。相反，他们形成了一个与职位金字塔密切相关的复杂的社会等级制度。奴

1 男奴在一些农业部门中，大约有7%的从事管理，11.9%是熟练工匠（铁匠、木匠、制桶匠等）。女奴有80%的比例工作在各行业，余下的20%从事家庭仆人工作，如裁缝师等。

隶管理者和工匠引导、建立和巩固奴隶阶层的行为规范，比如塑造黑人文化。他们也代表奴隶群体与奴隶主进行谈判。

认为奴隶在种植园中主要从事采摘或者收割棉花也没有事实基础。1850年美国人口调查表明：农业部门中有280万个奴隶分布于各个农场，其中从事棉花种植的占73%，烟草占14%，糖业占6%，水稻占5%，大麻占2%。棉花种植园中的200万（0.73×280万）个奴隶也不是用他们所有劳动时间来种植和收割棉花。首先，棉花种植园中大概有三分之一的奴隶是不到十岁的儿童，他们一般不用做常规的田间劳动，剩下的140万个奴隶中，大概有20%是工匠、半熟练工人或者不从事田间劳作。而且，剩下的115万个田间劳工也不是把所有时间都用来生产棉花，甚至在那些以生产棉花为主的农场，奴隶们的大多数劳动时间也不是生产棉花。当然，棉花是大种植园中非常重要的作物，需要奴隶们大约34%的劳动时间。

1790—1860年，共有83.5万个奴隶流动。[1]主要流出地区包括马里兰、弗吉尼亚和卡罗来纳，这些地区共提供了85%的流动者。四个最大的流入地为亚拉巴马、密西西比、路易斯安那和得克萨斯，这些地区共吸收了75%的移民。奴隶们是怎样从东向西流动的呢？是被他们旧南方的主人出售的吗？还是伴随着西进运动跟随他们的主人流动的？这问题至关紧要。传统观点认为，奴隶种植园的无效率导致旧南方土地枯竭，不能有效地支持基于奴隶的农业生产。区域间奴隶贸易使旧南方奴隶制

1　促使奴隶流动有两个因素：第一，是世界棉花需求的急剧上升。期望获得巨额利润的种植园主纷纷涌向新南方，如佐治亚、亚拉巴马、密西西比、路易斯安那和得克萨斯，因为这些地区远比马里兰、弗吉尼亚和卡罗来纳更适合生产棉花；第二，是交通工具的改进，轮船和铁路的发展减少了运输成本，并使曾经认为因距离太远而不适合商业生产的地区变得适宜。

度的生命得以延续。然而，可获得的证据表明：大约84%的奴隶是跟随他们的主人移到了新南方。1810—1860年的50年间只有12.7万个奴隶是被卖到了新南方，平均每年只有2500个多一些。奴隶主之所以带领奴隶去新南方，是因为新南方更适宜种植棉花。这不能证明旧南方的土地枯竭。1860年，从旧南方卖到新南方的所有奴隶的总价值大约为300万美元，不到流出地区农业产出总价值的百分之一。因此也不能证明，旧南方的种植园主把出售奴隶作为营利之道。

在短期租赁市场上，城市相对于农村来说，临时雇佣率要高一些，农村一般是6%，而城市大约为31%。租借契约一般是一年。在合约中，详细说明了租用人的义务：租用人必须为奴隶提供足够的食物、衣服和医疗保健，必须在租借期满时为奴隶提供一身新衣服和一双新鞋。

福格尔和恩格尔曼的研究表明，黑人的职业分布是多样化的，黑人可以习得现代社会所需的技能。没有人身自由和土地所有权的奴隶不仅不能获得企业家的经验，并且无法从事法律、教育等高等职业。奴隶的跨区域流动和农场的西迁并不是旧南方土地地力衰竭之结果，而是由于农作物需求的变化。新南方土地恰好适合生产新作物。西迁还受到技术进步的影响：一是蒸汽船于19世纪20—30年代在南方的普及；二是19世纪50年代以后铁路在南方的大规模建设。种植园主既不乐于把出售奴隶当作生财之道，也不偏好在奴隶市场上进行投机买卖。作为临时雇佣者，奴隶主乐于善待奴隶。奴隶的基本权益可以在合约中得到保障。

二、奴隶制的赢利性和可行性

对奴隶制的赢利性和可行性，总体上有两种观点。一种是悲观的，主要代表学者是南方史学家乌尔里克·菲利普以及属于“菲利普学派”的瑞姆斯戴尔（Charles W. Ramsdell）；一种是乐观的，主要代表学者为历史学家格雷（Lewis C. Gray）和肯尼斯·斯坦普（Kenneth Stampp）。

在悲观学者菲利普看来，缺乏效率的奴隶劳动使得投资仅仅满足以下三个条件时才能获利：1. 自由劳动极度缺乏；2. 存在能够严格监控奴隶劳动的农业组织体系和耕作方式；3. 价格低廉的奴隶。他说这些条件在美国独立革命前的南部殖民地中存在，因此，奴隶制能在那里生根发芽并繁荣壮大。这些条件在1783年《和平条约》后的十年里开始慢慢地不存在了。从奴隶价格来看，棉花世界市场的兴起刺激了美国对奴隶的需求也使得奴隶价格暴涨，而且，菲利普认为奴隶价格上涨速度要快于棉花价格。他收集的数据显示1805—1926年间奴隶与棉花的价格比上涨了6倍多。什么导致奴隶价格的攀升呢？他认为是投机所致。由于奴隶贸易限制，奴隶供给不足，因此奴隶价格不可避免地会被抬高。这种投机的压力又被另外两种因素加强：其一是棉花生产中的规模经济，种植园主们为了获得规模经济而不断地想增加奴隶数量；其二是拥有更多奴隶也是社会地位和财富的象征。由于奴隶价格的上涨速度快于棉花价格，因此，不可避免地，奴隶制的利润水平要不断降低，这也就暗示着，该制度最终将瓦解。但菲利普没有提供诸如投机、规模经济这些现象的证据以及奴隶棉花-价格比上涨的证据。[1]

人们把继承和发展菲利普观点的历史学家群体称作“菲利普学派”。这些学者试图找出导致奴隶制最终自我崩溃的经济力量。共有三种论调：第一，认为南方种植园主们被棉花过量生产这一趋势所困扰，

1　Ulrich B. Philips, “The Economic Cost of Slaveholding in the Cotton Belt”, *Political Science Quarterly*, Vol. 20, No. 2 (Jun., 1905): 257-275.

持这一观点的主要代表是瑞姆斯戴尔。他强调1850—1860年棉花生产的规模扩大了两倍。使棉花产量突然上升的原因是什么呢？他认为是19世纪50年代后期修建的穿越南方的铁路和得克萨斯开拓的新土地，但他没有提供任何证据来支撑他的分析。第二，“自然极限”会导致奴隶制自我崩溃，主要代表学者也是瑞姆斯戴尔。他认为，奴隶制加速了土地的枯竭，要想使奴隶的生产率维持在适度水平，只有不断地开发新土地并将其用于生产。如果这种扩张受到土地和天气的自然限制，那么奴隶制的生产率就会下降到难以维持该体制存在的程度。[1]第三，奴隶制和城市社会不兼容，持此论点的学者很多[2]。一些学者从种族主义立场出发，认为奴隶“太原始”以至于不能很好地适应复杂的城市生产和生活；另一些学者认为城市的环境使得控制奴隶成本增加，以至于难以兼容。

乐观学者认为奴隶主能得到高额回报，奴隶制是一个具有经济效率的制度。然而，他们在奴隶劳动效率或者奴隶主所获得的收入上有不同的认识。历史学家格雷反对奴隶在生产上无效率的说法。他认为：虽然奴隶在制造业中的生产率不高，但他们在农业生产上表现了相当的技巧和更强的责任心。在大宗商品的生产中，奴隶比自由劳动者更有效率，这种优越性可以用来解释棉花、糖、大米和烟草生产中奴隶劳动代替自由劳动的趋势。斯坦普认为奴隶之所以为奴隶主带来了利润不仅是因为他们比自由劳动者更有效率还因为他们的成本低。班克罗夫特（Frederic Bancroft）则强调奴隶买卖为种植园主带来了很大收益。

1　Charles Ramsdell, “The Natural Limits of Slavery Expansion”, *The Mississippi Valley Historical Review*, Vol. 16, No. 2 (Sep., 1929): 151-171.

2　包括John Cairnes，Frederick Douglass，Charles H. Wesley，Lewis C. Gray，Ramsdell等。

究竟奴隶制的赢利性和可行性如何呢？福格尔和恩格尔曼在其著作中分两个大方面进行了讨论。在第一个大方面，他们研究了奴隶生产的利润水平、奴隶制的资本主义性质以及繁育奴隶所获得的收入占奴隶主净收入的比例。他们认为康拉德和迈耶大大地低估了18到30岁之间健康奴隶的平均生产率以及女奴相对于男奴的生产率。[1]与此同时，他们高估了孕妇成本以及奴隶所需要的土地数量、设备和牲口。重新估计的最终结果是抬高了康拉德和迈耶的回报率估计值，认为出卖奴隶平均可以得到10%的回报率。男奴和女奴的回报率差不多，在不同地域也差不多。投资奴隶可以得到较高且持续的利润率这一发现说明奴隶价格高是有其内在原因的。同时，也说明奴隶主是理性的，因为奴隶能够为其带来利润，所以他们乐于拥有更多的奴隶。之前学者声称的“大量拥有奴隶是为了显示奴隶主的社会地位和财富”的说法难以成立。并且，福格尔认为如果奴隶主拥有奴隶不是因为“摆阔”，那么，说“南方的奴隶主是前资本主义的、非商业性质的”也将站不住脚。

福格尔和恩格尔曼认为，家长式的统治在本质上并不对抗资本主义企业，也不一定是利润最大化的障碍。相反，借助于人性化的关怀可以使劳动者变得更有效率从而获得更多的利润。奴隶主当然也可以这样做。另外，有很多证据证明奴隶主对奴隶和其他资产的定价能力与北方的任何一位资本家相比并不差。奴隶的价格随着年龄的增加不断上涨直至超过25岁，之后开始下跌，直到老年。年龄-价格的变化可由奴隶生命周期中的收人来解释。正是奴隶所带来的收入的不断变化才导致其价

1　康拉德和迈耶的估计结果是：男奴回报率在5%到8%之间波动。女奴回报率在7.1%到8.1%之间波动。男奴回报率低的南方可以通过出售女奴的后代来得到补偿，从而达至7%到8%的回报率。

格不断变化。[1]

关于繁育奴隶有这样一种说法：通过繁育和出售所获得的收入占奴隶主净收入的很大一部分，这种情况在旧南方尤为常见。这种说法暗示着奴隶主经常干预女奴的性生活。证据也有，除了康拉德和迈耶的计算外，还有人口统计学上的数据：（1）与新南方相比，在旧南方15—25岁奴隶的拥有数量少，而小奴和老奴多；（2）旧南方的生育率要高于新南方。然而，福格尔认为，这不足以证明上述说法。因为，第一点证据在自由劳动者身上也有体现。至于第二点证据中所说的旧南方略高的生育率，福格尔认为，那是单身女奴的地区间移民造成的。如果旧南方的移民数量大于新南方，那么所计算的生育率就会高一些。事实上正是如此。繁育奴隶之说法的更为根本性错误在于认为通过干预奴隶生育使奴隶数量增加有助于经济效益提高。然而，这种逻辑在数据上得不到支持。这之中有两个错误命题：（1）生育率提高将导致种植园收入增加；（2）干预奴隶性生活是没有成本的。实际上，净收入中由生育孩子所带来的那部分比例很小，仅为10%左右。因此，生育率提高25%也就只能提高收入2.5%，这是不足道的。另外，大谈奴隶的生育率也是一种忽略人和动物区别的举动。福格尔对此很不赞赏。他强调，乱交是一种不好的行为，它会导致疾病的传播，会导致一种不良的情绪。这些都会妨碍工作，是有成本的。

在第二个大方面，福格尔和恩格尔曼研究了美国独立革命后到南北战争前的奴隶制的状态，并进而指出奴隶制的可行性。首先，他们重点批判了菲利普和瑞姆斯戴尔关于奴隶制即将衰亡的说法。菲利普说美国

---

1 Robert William Fogel, Stanley L. Engerman, *Time on the Cross*: *The Economics of American Negro Slavery* (Boston: Little Brown, 1974), p. 72.

独立战争后奴隶制处于崩溃的边缘，理由是奴隶的价格走低。然而，福格尔发现，奴隶价格只是在战争的最后时段有个突然的下降，到18世纪80年代中期已经迅速反弹到战前水平，并且保持高位到年代末。价格的波动不是需求不足导致，而是供给的增长快于需求的增长所引发的。从奴隶的需求看，1785年后一直处于增长状态。个别年份的需求波动是奴隶反抗所造成的，奴隶主不敢雇佣要反叛的奴隶。奴隶价格长期内并没有走低，相反，由于需求的旺盛，价格实际上是保持在高位上的。因此，说美国奴隶制处于死亡边缘是没有道理的。

瑞姆斯戴尔的分析不是基于奴隶价格，而是基于棉花的生产率和价格。奴隶价格在19世纪50年代后确实是上升的。然而，他认为，种植园主的过量生产棉花将导致奴隶制灭亡。1850—1860年间，棉花生产的确有突然的繁荣。这十年的产量甚至大于以往一个世纪的产量，而且生产率增长相当快。在瑞姆斯戴尔看来，这种过量生产将导致棉花价格的下跌，并进而导致利润减少。在这种情形下，奴隶制将不能久存。福格尔则认为，棉花生产有一个特别的增长确实很难否定，然而据此得出奴隶制衰亡之结论还为时过早。比如，棉衣的生产在1822—1827年间曾经翻了三倍，价格也降低了35%，然而，没有人认为北方的棉衣制造商出现了过量生产趋势。相反，需要加强生产以适应市场的蓬勃发展的需求。而且，制造商使得市场价格降低的能力代表了工厂制度的勃勃生机。棉花价格的降低与棉衣一样，是原棉价格从1802年开始持续走低的反映。价格走低的原因在于原棉生产率的提高。生产率提高的推动力包括种子改良、生产工具的改进以及交通运输成本的降低等。而且，棉花价格虽然下降，但棉花生产量的增加不一定会使利润减少。经过数据分析，福格尔和恩格尔曼发现，棉花利润的波动状态与棉花价格的波动状态一致。而棉花价格尽管长期呈下降趋势，但在19世纪50年代后是高于均值的，即有一个正方差的波动。棉业的利润也是如此，1850年后，棉业出现了一个为期十年的繁荣，这让棉花种植园的主人获得了利润。[1]那么为什么在此期间会出现棉业的繁荣呢？棉花的供给和需求规律使然。从1846年，棉花的需求就呈增长趋势，大约每年7%，直到1860年。供给滞后于需求。这也就是为什么棉花价格和利润都呈现好局面的原因所在。总而言之，世界棉花市场快速增长的需求导致1857年以来美国棉业的繁荣，同时带来了好的价格水平和利润水平。因此，那些预言过量生产导致奴隶主利润滑坡最终导致奴隶制崩溃的说法是不正确的。

其次，福格尔和恩格尔曼讨论了关于奴隶制的“自然极限”的观点。有些学者认为，即使没有南北战争，棉花种植所带来的自然地理极限以及扩大的城市化也会导致奴隶制的消亡。或许就在1860年后的10年或20年之内。看起来确实如此，奴隶人口不断增长，而适宜奴隶耕种的土地供给有限。同时，奴隶不能适应城市生产和生活，不能和城市化融为一体。[2]福格尔对此进行了批评。他说，这种论调的前提假设是奴隶只能从事棉花生产，而不能从事其他职业。这显然有悖事实。有些奴隶生活在城市，而且从事着建筑师等职业。对于人地比例高导致奴隶制不会久存的说法，福格尔仔细地进行了分析。结果发现，瑞姆斯戴尔的论断有误，土地和劳动力的比例不是降低，而是升高。适宜棉花种植

---

1 Robert William Fogel, Stanley L. Engerman, *Time on the Cross: The Economics of American Negro Slavery* (Boston: Little Brown, 1974), p.92.

2 比如瑞姆斯戴尔的观点。

的土地数量的增长速度（2.06%）超过了奴隶的增长速度。[1]

再次，福格尔和恩格尔曼讨论了奴隶能否适应城市生活的问题。关于奴隶不能适应城市生活的证据是：美国南方十个大城市的奴隶人口统计显示，1820—1860年间，虽然奴隶总人口增加了，但这十个城市的奴隶人口增长的数量只是原来人口的80%不到。南北战争期间，这种下降还不是相对的，而是绝对的。十个城市的奴隶人口数量减少了9000个（12%）。这些证据支持了奴隶和城市不兼容的论点，也是对先前的各种说法的回应，比如说奴隶不能适应城市中的工厂体制，在城市中监管奴隶的成本高昂等。福格尔认为，乍看之下，不兼容的说法似乎有道理。然而，细究起来，此说法有谬。奴隶数量的变化情况远比传统观点所认为的复杂。从经济学角度看，按照传统观点，城市对奴隶的需求应该是降低的，然而，事实却相反。城市对奴隶的需求不仅没有降低，反而不断提升。[2]仅有个别城市，比如圣路易斯、新奥尔良、巴尔的摩以及查尔斯顿，在个别时段有过下降的表现。但总体来看，需求是上升的。那为什么需求上升还导致奴隶人口的减少呢？福格尔给出了解释：那个时期，城市和乡村都对奴隶有显著的需求，二者呈现竞争局面。城市中因为有白人移民的存在，奴隶有了替代品。一旦奴隶价格上升到一定程度，城市会大量雇佣白人移民，而不是黑人奴隶，即城市的需求弹性较强。农村相反，不论价格如何变化，都有对黑人奴隶的需求，即弹性较差。这就是为什么城市奴隶数量减少的原因。从这个原因看，断言奴隶

1　Robert William Fogel, Stanley L. Engerman, *Time on the Cross: The Economics of American Negro Slavery* (Boston: Little Brown, 1974), p. 97.

2　Robert William Fogel, Stanley L. Engerman, *Time on the Cross: The Economics of American Negro Slavery* (Boston: Little Brown, 1974), p. 100.

不适应城市生活也为时过早。

最后，福格尔和恩格尔曼描述了奴隶主对经济繁荣的乐观情绪。经常有一种说法，认为奴隶主对奴隶制的前途并不看好，充满了悲观。事实是这样吗？福格尔用这样一个指标来衡量奴隶主的信心，即购买奴隶的平均价格与他们的年雇佣率之比。年雇佣率反映当年的奴隶生产能力，购买奴隶的价格衡量未来一段时间内的奴隶生产能力。因此，如果投资者对未来充满信心，则奴隶购买价格相对年雇佣率增长，反之则年雇佣率相对平均购买价格增长。通过实证检验，发现在1856—1860年，普遍的情绪是乐观的。这与通常的说法不一致，即并不是奴隶主感觉前途不好而希图通过政治方式改变他们的经济命运。

综上，福格尔和恩格尔曼认为奴隶制的赢利性和可行性都是值得肯定的。如果没有1860年的南北战争，南方的奴隶制不会自动瓦解，因为，该制度的经济效率并不差，奴隶主对该制度的发展前景充满了信心。

三、剥削率和奴隶的生活状况

为什么要讨论奴隶被剥削的程度呢？因为福格尔认为，之前的讨论和描述并不能清楚地告知人们奴隶主对奴隶到底剥削到什么程度。根据新古典经济学理论的信条，剥削率可定义为雇主对竞争性工资的侵占部分占竞争性工资的百分比。对于奴隶来说，被奴隶主侵占部分等于奴隶一生创造收入与奴隶一生所得收入（即奴隶主给奴隶的生活费用），二者贴现后（贴现到该奴隶出生时）的贴现值之差一定为正，否则奴隶主没有动力把奴隶抚养成人。根据这种方法计算，福格尔发现，在奴隶所赚的收入中，大约有12%要被奴隶主征收掉（32美元/265美元），并且如果不是按照批发价格而是按照市场价格计算奴隶主提供给奴隶的生活用品和服务，则剥削率更低。戴维和特明认为福格尔他们高估了奴隶在开始工作以前所积累起来的债务，从而低估了剥削率。原因在于：第一，活到老的奴隶必须为那些短命的奴隶还债；第二，与奴隶主日后从奴隶身上获得的收入相比，奴隶主在奴隶出生之后所付出的抚养费用要值钱，因为其贴现值大；第三，福格尔和恩格尔曼归到年轻奴隶头上的生活费用可能过高。[1]

估计一生的剥削率并不是衡量奴隶受剥削的唯一标准，事实上，还可以通过计算奴隶主借助于对奴隶的所有权，能从奴隶的当期收入中攫取多少（即剥削率）。福格尔和恩格尔曼以及其他学者都做了计算，结果为50%—65%（见表3-2）。奴隶也并不是当时的唯一受剥削者。事实上，工人和佃农也遭受着一定程度的剥削。[2]然而，并不能因此而忽视奴隶所受的剥削，他们在付出一定收入的同时，还忍受着自由选择权利的丧失。

福格尔和恩格尔曼还估计出：一个头等奴隶从奴隶主那里得到的消费品价值，比自由农场主耕种自己的土地时发给自己的工资大约要多15%。其原因是，这样做能给正面激励奴隶努力工作。而奴隶主之所以可以采用这种激励，在于种植园的农业效率要比小规模的家庭农业高得多。尽管在大种植园农场组织下，大约有五分之一的增加值可以归奴隶

1　Paul David and Peter Temin, “Slavery: The Progressive Institution?” *The Journal of Economic History*, Vol. 34, No. 3 (Sep., 1974), pp. 739-783.

2　参见［美］杰里米・阿塔克、彼得・帕塞尔《新美国经济史》，罗涛等译，中国社会科学出版社，2000，第336页。

所有，但奴隶制这种农场组织的形式还是非常令人厌恶的。因为，奴隶无形的“非金钱”损失要远大于奴隶所得到的有形物质奖励。

表3-2 学者们对剥削率的估计

	福格尔和恩格尔曼		兰塞姆和萨奇（R. L. Ransom and R. Sutch）		维德（R. K. Vedder）
	所有使用奴隶的农场	大种植园	所有使用奴隶的农场	大种植园	
奴隶的边际产品价值/美元	73.98	85.80	62.46	78.78	85.76
减去奴隶的生活费用/美元	34.13	42.99	28.95	32.12	30.00
等于奴隶被侵占的收入/美元	39.85	42.81	33.51	46.66	55.76
剥削率/%	54	50	54	59	65

资料来源：转引自［美］杰里米·阿塔克、彼得·帕塞尔：《新美国经济史》，罗涛译，中国社会科学出版社，2000，第336页。

忍受着无形的“非金钱”损失和一定剥削率的奴隶，其生活状况如何呢？是刚好满足自己的基本生存需要还是活得很好呢？福格尔和恩格尔曼对奴隶的饮食、住所和衣服状况进行了研究。

一般学者认为，奴隶的食物只有玉米和猪肉，但事实上不是这样。如果仔细地研究种植园的规章文件，会发现奴隶的食谱除了玉米和猪肉以外还包括牛、羊、鸡肉、牛奶、芜菁、豆类、南瓜、甜马铃薯、苹果、橘子、桃子、盐、糖、蜜等。有时候，当然并不经常，还会有一些鱼、咖啡和威士忌。他们摄取的热量比1879年所有民众消费的平均值还要多10%。所消费的肉类也是较为充足的，平均每天六盎司，仅仅比民众的平均消费量低一盎司。牛奶的消费量要低，但每个奴隶平均每天也可以消费一杯牛奶。谷类和马铃薯在自由劳动者和奴隶的饮食结构中占主要部分。其中，奴隶以玉米为主，自由劳动者以小麦为主。从营养的标准看，这两种作物都是很好的食物。小麦的钙、铁含量较丰富，而玉米则含有更多的维生素A。奴隶和自由劳动者都吃大量的马铃薯。奴隶只吃甜马铃薯，而自由劳动者主要吃白马铃薯。甜马铃薯比白马铃薯更富含维生素A和C，而且钙的含量很高。这样看来，奴隶的食物种类不仅是丰富的，而且营养摄取量已经超过日常所需。理查德·萨奇（Richard Sutch）与福格尔和恩格尔曼的看法不尽相同。[1]萨奇认为，玉米和猪肉在奴隶饮食中所占的比例要远远大于福格尔他们所提出的比例（分别多出25%和70%）。而牛奶、牛肉、白薯、豇豆要少一些。因此，尽管提供了足够的热量，但食品的多样性和营养价值要差一些。萨奇也承认，奴隶每年所消费的肉量达到179磅，几乎与美国1879年人均肉类消费量（186磅）差不多，而且高过很多其他人口。[2]

分析奴隶住所的信息来自人口普查的数据。1860年的人口普查显示大种植园平均5.2个奴隶居住在一栋房屋之中，而自由劳动者家庭的

1　Richard Sutch, "The treatment received by American slaves: A critical review of the evidence presented in Time on the Cross", *Explorations in Economic History*, Volume 12, Issue 4, October 1975, pp. 335-438.

2　巴黎人1850年每年平均消费159磅，英国人1890年每年平均消费105磅，意大利人1890年每年平均才23磅。

平均人口数是5.3。因此，像自由劳动者一样，大多数的奴隶是以一家一户的形式居住的，几个家庭挤在一起居住的情况并不常见。根据种植园的记录和旅行者的描述，住所的条件也不是很糟。相对于自由劳动者来说，居住环境已经算好了。南北战争后期的奴隶人均卧室面积比半个世纪后大多数纽约工人平均占有的居室面积还要多。衣服信息来自于大种植园纪录。这些信息显示一个成年男奴的标准衣服供应是四件衬衣（棉质），四条裤子（两条棉质两条毛料）和一到两双鞋。而成年女奴每年发放四件衣服，或者提供可做四件衣服的面料。毯子是每两到三年发一次。而袜子和内衣的发放不规律。奴隶的服装通常由粗糙而耐用的材料制成。可见，奴隶的住所简单但不差。

福格尔和恩格尔曼还研究了奴隶的医疗保障状况。虽然以现在的标准衡量奴隶的医疗保障水平很差，但并不能表明奴隶主忽视了奴隶的健康。他们很担心由于疾病而失去奴隶。因此，所有生病的奴隶都可以得到护士很好的护理。医疗设备的配置和种植园的规模相关。较大的种植园通常会有自己的医院。该医院一般会有男女分开的病房、产房以及门诊部。在小种植园中，医院设备比较简陋。大种植园还会有专职的护士及助产婆。专业的医生会定期到种植园来解决一些护士和产婆解决不了的问题。当然，虽然奴隶主有动力为奴隶提供医疗保障，但现实中的医疗效果并不好。事实上，由于错误的医疗知识和一些不当的救助方法，医疗事故频繁出现，本来可以医治的病人结果却是死亡。种植园对怀孕妇女的健康格外重视。根据已有资料，妇女在怀孕期间一般只从事一些轻松的工作。在大种植园中，妇女会在医院的产房中分娩，然后会有四个星期的产假，护士或产婆照看。对产妇的护理一般来说是不错的。根据1850年的调查数据计算，结果表明，20—29岁妇女由分娩造成的平均死亡率仅为千分之一，这个比例好于南方白人妇女。尽管1850年黑奴的平均寿命比同期的美国自由劳动者低12%，但从19世纪世界范围来看，这一数值仍在自由劳动者平均寿命的波动范围之内。例如，这一数值和当时比较发达的法国和意大利的平均寿命数值基本持平（见图3-2）。

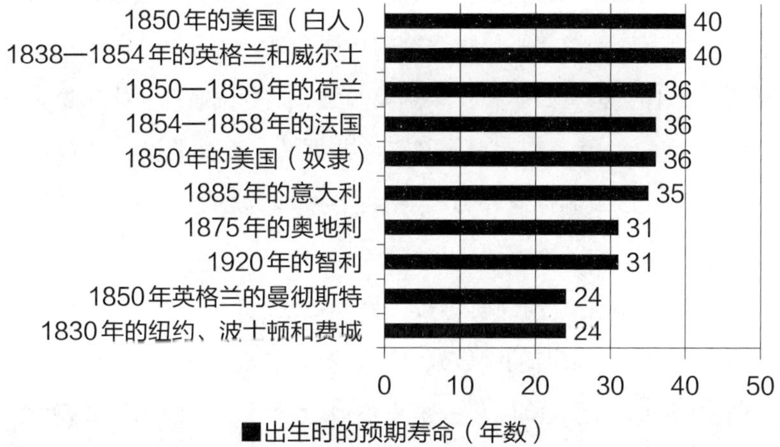

图3-2 1830—1920年各种人口在出生时的预期寿命

资料来源：Robert William Fogel, Stanley L. Engerman, *Time on the Cross: The Economics of American Negro Slavery* (Boston: Little Brown, 1974), p. l25.

斯特克尔（Richard H. Steckel）估计出的奴隶婴儿死亡率为每1000人中平均有350人，是白人婴儿的2倍多，这个估计值大大高于福格尔和恩格尔曼的计算。斯特克尔认为，之所以奴隶婴儿死亡率高，在于其出生时体重较轻。而体重较轻的原因又主要在于女奴在怀孕期间还要承担繁重的工作。分娩前的最后一个月，怀孕女奴所采摘的棉花也至少有未怀孕女奴的76%多，分娩前的一个星期，怀孕女奴的工作量仍是每天正常工作量的36%。另外，奴隶婴儿出生后也缺乏足够的蛋白质和足够的关爱。[1]斯特克尔的这些看法与福格尔和恩格尔曼的乐观有所不同。

奴隶的家庭怎样呢？福格尔和恩格尔曼也进行了研究。对于种植园主来说，家庭完成三种主要功能：其一，家庭是分发食品、衣服和住所的基本单位。其二，家庭是维持劳动纪律的重要工具。通过鼓励建立家庭，奴隶主有效地改善了奴隶逃跑的局面。其三，家庭还是增加奴隶人口的重要载体。种植园主相信家庭关系的和谐稳固有助于人口增长。为了增进家庭的稳固，奴隶主创制了一些办法，比如奖励、举行正规庄严的结婚仪式以及制裁通奸和离婚的行为。奴隶的婚姻不受国家法律保护，但在种植园内部被承认，并且受到保护。

跨地区的奴隶流动确实导致了婚姻破裂，但程度没有传统观点所认为的那样深。从那时的区域奴隶贸易最大市场——新奥尔良市场的交易记录中可知：大于14周岁的被出售奴隶中有超过84%是未婚的，而那些已经结婚的或者曾经结过婚的奴隶当中，有6%与配偶同时被出售，在剩余之中还至少有四分之一是寡妇或者自愿分开。因此，可能只有13%或者更少的跨地区奴隶买卖导致了婚姻破裂。由于只有16%的奴隶流动通过市场，因此，可能只有大约2%的奴隶婚姻被移民所破坏。迈克尔·泰德曼（Michael Tadman）认为，60%—70%的奴隶流动是通过奴隶贩子进行的，而不是通过种植园。因此，奴隶家庭因为奴隶买卖而

1　Richard H. Steckel, "Dimensions and Determinants of Early Childhood Health and Mortality among American Slaves", *Social Science History* 10 (1986), pp. 427-465.

遭破坏的比例大约为12%。[1]这一数字是福格尔和恩格尔曼估计的6倍。

奴隶主希图奴隶家庭稳固并不一定是把奴隶当作生产资料。在奴隶主眼里，他们从事和经营的是道德而又健康的事业。当然，这也不是说所有的奴隶主和监工都能约束自己的行为。在这里，问题的关键并不在于是否存在奴隶主和监工对女奴的性侵犯，而在于这种性侵犯是否严重到破坏和拆散奴隶家庭的程度。南北战争时期的评论家对这一问题做出了肯定的回答，并谴责奴隶主和监工把种植园变成了自己寻欢作乐的后宫。他们认为由于当时的法律允许奴隶主占有女奴，因此这种行为肯定是相当普遍的。他们还认为较之白人妇女黑人女性更加的放肆和乱交，她们很少拒绝男人的引诱，不管对方是黑人还是白人。福格尔批评那些评论家没有统计学意识，只知道用个别案例来替代整个事实。他从混血儿的分布来考察奴隶主性侵犯的真实情况。根据1860年的调查，南部城市中39%的自由人口是混血儿，而城市奴隶中混血儿的比例则是20%。1860年占奴隶总人口95%的农村奴隶中只有9.9%的比例是混血儿。因此，对于全部的奴隶人口来说，混血儿所占的比重在1860年是10.4%。而且，经过分析，混血儿中以白人为父亲的比例很小。因此，奴隶主和监工并没有大规模地对女奴进行性侵犯。从奴隶主和监工的收入上，也可以理解这一结论。他们的收入水平很高，完全可以通过包养白人情妇的方式满足自己的欲望，况且，或许是由于种族方面的原因，白人实际上并不喜欢黑人。同时，可获得的证据也表明奴隶的家庭生活与传统的论断不同。传统的论断说黑人母亲对自己的孩子漠不关心，弑婴现象严重。但实际上黑人婴儿的死亡率与白人没有什么区别。传统的

1　Michael Tadman, *Speculators and Slaves: Masters, Traders and Slaves in the Old South* (Madison: University of Wisconsin Press, 1989).

论断说黑人女孩在十二三岁就成为母亲，但实际上，在十几岁做母亲的很少，黑人女孩平均生孩子的年龄为22.5岁。[1]这很难说明奴隶的高生育率是不谙世事的黑人女孩子被诱奸的结果。相反，可以说明奴隶的孩子生育与白人没有什么区别。传统观点的谬误还包括认为奴隶的婚姻是被奴隶主任意指定的，但实际上，大部分的黑人婚姻是在年龄比较相近的青年男女之间完成的，丈夫和妻子的年龄差距大约为3岁左右。[2]福格尔和恩格尔曼认为，或许是种族主义的根深蒂固立场，使得传统学者忽视了很多因素，使得他们对奴隶制持有偏见，看不到奴隶的真实生活。真实奴隶生活也许并不是像通常所说的那样糟。

为了最大化奴隶所创造的收入与奴隶所得的差额，奴隶主有动力使用暴力。因此，鞭打、当众凌辱以及剥夺权利可能一道构成奴隶主的主要惩罚手段。福格尔和恩格尔曼对此进行了审慎研究。结论是：鞭打奴隶并不像想象的那么严重。比如，在路易斯安那的一个种植园，200名奴隶两年内共遭受106次鞭打，平均每个奴隶每年受鞭刑0.7次。大约一半的奴隶在此期间并未受到鞭打。大多数奴隶主并不是很残忍的，他们有的拒绝使用鞭打，有的则赞成有限度使用。不过，赫伯特·古特曼（Herbert Gutman）与萨奇认为，鞭打的频率可能高于福格尔和恩格尔曼的计算。根据古特曼和萨奇的计算，巴罗种植园中奴隶只有22%未遭鞭打，而且每个奴隶每年遭鞭打的平均次数为1.2次。[3]

1　Robert William Fogel, Stanley L. Engerman, *Time on the Cross: The Economics of American Negro Slavery* (Boston: Little Brown, 1974), p. 138.

2　Robert William Fogel, Stanley L. Engerman, *Time on the cross: The Economics of American Negro slavery* (Boston: LittleBrown, 1974), p. 140.

3　转引自［美］杰里米·阿塔克、彼得·帕塞尔：《新美国经济史》，罗涛等译，中国社会科学出版社，2000，第339页。

为了激励奴隶们勤奋工作，奴隶主还运用经济力量管教他们的奴隶，比如解雇黑人奴隶而代之以雇佣自由的白人。除了惩罚措施之外，还有奖励措施盛行于种植园内。一些奖励是针对奴隶们的短期表现的，奖励的物品是一些衣物、土豆和威士忌之类的东西，有时候也有现金和休假。还有一些奖励是针对奴隶们的长期表现的。这种奖励一般会在年底以现金形式或者实物形式发放。而且，有的还包含“自由”奖励。为了激励奴隶，类似于佃农的分成制在种植园内也有所使用。

四、一些学者对奴隶制的指控和福格尔的观点

福格尔和恩格尔曼主要考察了四位学者对奴隶制的指控。废奴主义者克莱（Cassius Marcellus Clay）从道德角度出发声称奴隶制是世界上最深的原罪，是人间地狱。观点包括：第一，奴隶制是一个无效率的经济组织形式。原因在于奴隶制“使土地资源枯竭”；与白人相比，奴隶工作不熟练，也没有干劲，工作的质量和数量都不高；奴隶制是惰性的根源并且对所有行业都具有破坏性，该制度使大量的奴隶主变为懒人。第二，奴隶制阻碍了经济增长。但克莱没有给出证据。黑尔珀（Hinton Rowan Helper）为了证明奴隶制阻碍了经济增长，对3个州1790—1850年的经济表现进行了比较。通过比较，他发现南方州不仅产值低，而且土地价值与北方相比也较低。南方气候温和、土壤肥沃、水力资源充沛，为什么土地价值还低呢？黑尔珀认为原因在于奴隶制。在福格尔看来，黑尔珀的估计有问题。首先，产出估计不够准确，高估了北方，而低估了南方。其次，所使用的衡量标准不准确。福格尔认为应当用真实的国民收入或者真实的人均国民收入来衡量经济发展水平，而不是农业

产出。最后，黑尔珀假设南方比北方拥有更好的资源禀赋是错误的。北方拥有矿产和水力资源方面的优势。南方尽管也有水，但可供航行和适宜发电的不多。说南方的气候和土壤更适合农业种植也有问题。有些南方土地确实好过北方，但总体来说，北方的土壤条件优于南方。黑尔珀预言奴隶制的崩溃将会使南方的土地价值上升四倍。然而事实却是，奴隶制的崩溃导致南方的土地价值大跌。因此，黑尔珀的论点难以立足。

奥姆斯特德（Frederick Law Olmsted）认为，奴隶制使所有的人都遭受饥饿。为了达到中等生活水平，一个种植园主必须拥有至少50名奴隶。从事农业生产时，四个弗吉尼亚的奴隶不能完成新泽西一个普通自由劳动者的任务。南方奴隶的低效率还降低了劳动力的整体标准，南方白人的工作效率在奴隶制的影响下更低，只及奴隶的三分之二。南方劳动力的低质量造成资源浪费、土地自然肥力被破坏、工具被损坏、劳动力技巧退化、管理水平低下。那么为什么奴隶制还能在南方存在呢？奥姆斯特德认为这既有经济学，也有社会学的原因，即奴隶使白人懒惰导致奴隶制不得不存在。福格尔研究了奥姆斯特德的分析过程，认为，他和黑尔珀一样，进行数据估计时完全错了。比如，基于生产而不是销售来对奴隶主收入进行计算；忽略了糖、米、烟草等其他经济作物的收入等。如果按照奥姆斯特德的计算，那么南方的种植园是奴隶剥削奴隶主，而不是奴隶主剥削奴隶，显然，这是不符合事实的。

实际上，这些学者，包括克莱、黑尔珀、奥姆斯特德等，之所以能够得出关于奴隶制的种种错误断言，在于他们和其他学者一样，都持有或多或少的种族主义立场。他们普遍认为，黑人奴隶天然地比白人劣等，而且从来不反省自己的错误立场，因此，种族主义就像一条红线穿越了所有这些批判者的著作。福格尔和恩格尔曼还讨论了19世纪中期最负盛名的英国经济学家凯尔恩斯（John Elliot Cairnes）的论点。凯尔恩斯依赖于他人证据写过一本专著：《奴隶力量》。他主要的引证对象是奥姆斯特德的著作，也接受了奥姆斯特德的观点，即奴隶是低级的劳动力，奴隶所导致的土地枯竭说明奴隶制是无效的制度安排。然而，他不能接受仅有2%的奴隶主可以从奴隶制获益的说法。他认为，奴隶制在南部扎根，自有其道理，并不是完全无利可图的。当然，有利可图并不能佐证奴隶制是有效制度的说法，毕竟，奴隶制给种植园主带来利润的同时没有使南方资源得到更好的配置。凯尔恩斯修正了奥姆斯特德的一些观点，但他也没有花时间检验自己的观点。总之，福格尔和恩格尔曼认为，这些学者的论证过程和观点都失之偏颇。

到底如何看待奴隶和奴隶制呢？福格尔和恩格尔曼指出如下要点：第一，奴隶并不是无能、懒散的代表，而是具有同白人一样的能力，甚至比白人做得更好。奴隶为种植园带来了规模经济。南方农业具有典型的规模经济特征。而且，农场越大，规模经济的贡献越显著：在小种植园（1—15个奴隶），规模经济为效率贡献了6%，在中等种植园（16—50个奴隶），规模经济贡献了15%，而在大种植园（50个奴隶以上），规模经济的贡献则达到23%以上。使用奴隶的农业生产与使用自由劳动者的农业生产相比是有效率的。南方种植园的规模经济、有效的管理使得南方种植园的生产效率高出北方35%。[1]南方规模经济的出现在于管理方法和技术的进步。分工和专业化在种植园内部有高度体现。奴隶能够适应这种体制，并且适应得很好。他们不像之前学者所说的，是懒散

1　不论是使用自由劳动者还是使用奴隶的南方农场都比北方农场的效率高。相较而言，使用奴隶的南方农场比使用自由劳动者的南方农场效率还要高28%。与北方的农场效率相比，南方的自由劳动者农场和使用奴隶的农场分别高9%和40%。

的、愚蠢的、生产效率低下和充满痛苦的。相反，与从事种植业的白人相比，黑人更为勤奋，生产效率更高。这不仅体现在劳动上，也体现在管理上。因为在大种植园中，实际上担任主要管理职责的是黑人。黑人的素质之所以被普遍地低估，主要原因在于学者们的种族主义偏见。

第二，为了种植园的利益，奴隶主对奴隶有一定的剥削，但不是很大。奴隶的生活状况也不是很糟。战前南方的种植园经济是种植园主的理性选择。南方之所以制造业远没有种植业发达，是因为对于种植园主来说，投资奴隶种植园的收益大大高于投资于制造业。种植园主并不是衣冠楚楚的花花公子，而是一群高度敬业的企业家。他们关心自己的奴隶、农场，并且具有奋斗精神。奴隶收入的一部分被奴隶主占有，但是占有的比例低于一般人所认为的那样。在奴隶的一生中，他所生产的90%归自己所有。奴隶的生活条件同自由劳动者相比是好的。这不是说以现代标准衡量他们的生活不错，而是强调19世纪上半叶时奴隶和自由劳动者的生活都差不多艰难。在后来的一篇文章[1]中，福格尔和恩格尔曼又为他们的结论提供了一些经验材料。他们测算出南北战争以前南方奴隶的平均生产率大约比自由劳动者高70%，在其他条件不变的情况下，前者的生活水平归根到底要比后者高30%（而且闲暇也多）。[2]另外，认为奴隶生育率高、性乱交和家庭不和谐的想法也是错误的。

第三，奴隶制是有效率的，不会自然消失。南北战争前夜的奴隶制不是垂死的。没有证据表明奴隶制会在不借助政治力量或战争的情况

1 Robert W. Fogel, Stanley L. Engerman, “Explaining the Relative Efficiency of Slave Agriculture in the Ante-Bellum South”, *The American Economic Review*, Vol. 67, No. 3 (Jun., 1977): 275-296.

2 之所以会如此，一方面在于奴隶的劳动工具由于奴隶主资本充足而较自由劳动者的先进，另一方面在于大农场的组织具有管理成本上的优势，即相对于分散的自由劳动者来说，更具有规模经济。

下仅凭经济力量而自行瓦解。战前的南方经济并未衰退，相反，增长迅速。1840—1860年，人均收入的年均变化率为1.7%，高于国家平均值。如果将南方和北方算作两个国家，那么南方在1860年属于世界上第四富裕国家。事实上，像意大利这样发达国家的人均收入也只是到“二战”期间才达到南方的水平。1860年南方的工业化水平也并不落后，南方人均的铁路里程在世界范围内仅次于北方，人均的棉纺织产量也居世界前列，钢铁的人均产量似乎落后一些，但也比俄罗斯和意大利强。因此，从这些数据看，很难说南方是落后的，贫瘠的，没有任何优势的。城市中的奴隶状况不能证明奴隶制是不适应工业化的。而且，奴隶主在战争期间对奴隶制未来也不悲观。[1]因此，很难证明奴隶制是没有经济效率的，是即将灭亡的。

五、争论和全面理解

《十字架上的岁月：美国黑人奴隶制经济学》一书在出版前搜集了最为全面的资料，尤其是数据资料，进行了大量的计算。它试图对黑人奴隶制作一个最客观、最科学的描述和分析。该书问世以后，“引爆了一个重要的史学争论”[2]，引发了美国奴隶制研究领域的一场“地震”。该书被译成多种文字出版，在不到10年的时间，众多美国、欧洲学者对它进行了评论，对它评论的文章已经大大超过该书本身的篇幅。哥伦比亚大学的彼得·帕塞尔（Peter Passell）认为近十年来没有哪本书比它

1　与这种乐观情绪对应的是分离运动的高涨。

2　Peter Kolchin, “More Time on the Cross? An Evaluation of Robert William Fogel’s Without Consent or Contract”, *The Journal of Southern History*, Vol. 58, No. 3 (Aug., 1992), pp. 491-502.

重要。福格尔和恩格尔曼对奴隶制的一击使得整个传统解释天翻地覆，揭示了脱离科学范式进行历史研究的弱点。[1]耶鲁大学的伍德华德认为，《十字架上的岁月：美国黑人奴隶制经济学》是一本充满了革命性发现的书，很有可能开辟了一个奴隶制研究的新时期。在一片赞扬声中，也有学者对该书提出了批评。赫伯特·阿普特克（Herbert Aptheker）指责这本书是维护美国奴隶制的最热烈的辩护词。并且，他对福格尔和恩格尔曼所使用的数据表示了怀疑，认为这些数据是种族主义者记录的，不一定公正。继阿普特克之后，学者们的批评越来越尖锐。有的对福格尔和恩格尔曼的计算细节提出问题，有的对假设表示怀疑。而且，他们很快发现福格尔和恩格尔曼的许多论据都是非常不足的，并有很多错误。比如，奴隶买卖的次数、奴隶的工作效率、奴隶的食品和医疗状况等。[2]古特曼认为，《十字架上的岁月：美国黑人奴隶制经济学》所树立的"模范奴隶"是错误的，其错误在于只看到奴隶制度塑造的典型奴隶，而不能看到奴隶对奴隶制的反作用，即不能看到奴隶制的变化。这本书不过是一本用一堆不同时期、不同地方搜集来的资料和数据堆砌起来的书。[3]斯坦普认为，该书剥夺了黑人的声音、动机和人性，福格尔的分析是用一个从未存在过的理性世界来代替杂乱无章的现实世界。[4]戴维（Paul A. David）和萨奇（Richard Sutch）在1975年也撰文批评《十字架上的岁月：美国黑人奴隶制经济学》。他们认为，该书"既没有证明

1 *New York Times Book Review*, 1974-4-28, p. 4.

2 详细介绍参见［美］菲利普·S. 丰纳《美国史学家论美国南部黑奴制度》（节译），《东北师大学报》，1981年第5期。

3 Herbert G. Gutman, *Slavery and the Numbers Game* (Urbana: University of Illinois Press, 1975).

4 Kenneth M. Stampp, *The imperiled union: essays on the background of the Civil War* (Oxford: Oxford University Press, 1981), pp. 101-102.

美国奴隶受了远比一般人所相信的更好的待遇，也没能为新经济史学的力量和效用提供一个实例”，它是一部失败的著作。[1]戴维说，福格尔和恩格尔曼用来支持他们的理论的事实根据已经大部分被推翻，因此，该书已经像处于倒塌危险之中的房屋一样站不住脚了。[2]然而，不论争论的结果如何，都不得不承认，该书在新经济史研究的征途上具有重大意义，尤其是对计量学派来说。它再一次证明了定量方法的震撼性。对于历史学界有很大的启发意义——没有严谨的定量分析，任何定性分析可能都有武断的可能。凭借个案而不是统计学知识来描述总体确实存在以偏概全的可能。对于整个美国社会也有显著意义。因为，通过对奴隶制问题的论战，让人们已经在不知不觉中不再把美国当今存在的黑人问题归因于奴隶制——因为把黑人和白人之间很深的社会经济差别归咎于一些早已死去而且道德败坏的奴隶主和那个已经不存在的奴隶制，确实比着手解决当今问题要便利和容易得多。

对于那些在心目中已经习惯于把奴隶制等同于低效制度、已经习惯于把奴隶等同于下等人的学者来说，福格尔和恩格尔曼的结论确实是冷冰冰的。但也不能不被两位学者的严谨和审慎所折服。福格尔和恩格尔曼的结论渗透着两个观点。第一个是黑人是正常人，他们不是“萨姆保”(Sambo)[3]，不是劣等民族，他们可以胜任多种工作；奴隶主不是温情的家长，而是具有商业头脑和企业家精神的理性人。福格尔和恩格尔曼试图把奴隶主和奴隶都还原成正常人，从而为奴隶主和奴隶正名。第二

1　转引自陈振汉：《社会经济史学论文集》，经济科学出版社，1999，第684-685页。

2　Paul A, David, *Reckoning with slavery: a critical study in the quantitative history of American Negro slavery* (New York: Oxford University Press, 1976).

3　源于西班牙语单词“Zambo”，意思是非洲人和美洲原住民混血的人，带有贬义。

个是奴隶制并非像流行观点所说的那样是垂死的，恰恰相反，该制度是有效率的，奴隶主可以借助这个制度获得可观的利润，奴隶可以在这个体制下生存并获得收入，经济上的剥削没有想象的那样严重。据此，福格尔和恩格尔曼认为，假如没有南北战争，奴隶制不会自动消亡。很多学者对福格尔的结论持批评态度，认为他是为奴隶制辩护，是把奴隶当作了劳动机器，不关心奴隶的生活。事实上，福格尔的本意并非如此，他并不想为奴隶主做辩护，也不愿意通过夸大奴隶生活的悲惨来赢得一个批判奴隶制的好名声。事实上，作为经济史学家，福格尔和恩格尔曼仅仅是要努力还原出黑人的真实生活，还原出他们的总体生活状态。他们认为，这种研究与那些激情的废奴主义者的呼号相比更有意义，更是对黑人的尊重。他们努力批判传统历史解释中的种族主义立场，实际上就是要维护一个黑人与白人一样的信念。他们认为，黑人不是劣等民族，他们各个方面并不比白人差。[1]如果看不到福格尔和恩格尔曼在这方面的努力，那就是没有全面理解他们以及他们的研究结论。

《十字架上的岁月：美国黑人奴隶制经济学》与《铁路与美国经济增长》相隔十年，但同样反映了福格尔的学术思想。这部著作实际上隐含了福格尔的自由主义思想，这与芝加哥学术传统一脉相承。福格尔把奴隶主还原成“精明的资本主义商人”，能够“进行有效管理的种植园主”，把奴隶还原成“勤勉而富有效率的劳动者”，把奴隶制还原成奴隶主和奴隶的共同的理性选择。在理性的支配下，奴隶制是有效率的。这种理性选择是市场自由主义思想的表达。在《十字架上的岁月：美国黑人奴隶制经济学》这部著作中，福格尔同样显示了其研究方法和技

1 一个更有力的注脚是福格尔的妻子本身就是黑人。

巧，展示了数据分析在历史研究中的重要作用。正是基于理论，福格尔把大量曾经被人们忽视的数据整合起来，并且生发出意义。正是基于数据和理论的结合，福格尔提出了与传统经济史研究者不同的观点。而且，这种观点的提出是具有科学逻辑的，而不是激情释放的产物。作为一名经济史学家，他更多地显示了其经济学家的一面，而不像传统的经济史学家那样更类似于一个历史学家。另外，福格尔和恩格尔曼的结论是根据已经掌握的经济方面数据，并借助于一定的理论推理和计量方法得出来的。他们并不否认这种研究的局限性。比如，在论述奴隶所受的剥削时，他们就坦陈，对奴隶的征收率虽然并不高，但征收并不是剥削的唯一形式。奴隶还有其他的负担，这种负担远大于征收。但在该著作中，他们仅仅详细研究了对奴隶的征收率。他们的结论也是根据征收率来推出的。然而，很多学者忽略了福格尔的自我反思，他们仅愿意根据福格尔的结论误读和批判福格尔，而不是对福格尔的观点进行证伪。

从证伪的角度看，福格尔和恩格尔曼的研究结论存在缺陷：第一，从研究所涉及的因素看，他们所得出的结论仅关涉经济层面，因而是一个片面的结论。陈振汉批评福格尔的研究“不涉及社会伦理道德，不涉及社会群众心理，不涉及作为人的、有知觉、有感情的奴隶”[1]，切中了要害。福格尔和恩格尔曼的研究确实主要是从经济角度出发的，而没有从奴隶的感情、伦理道德等角度出发。因此，他们的结论确实片面。片面的结论就不是全面的结论，片面正确也不等于全面正确。也就是说，他们的结论不是最终的结论。显然，福格尔和恩格尔曼也意识到了这一点。比如，福格尔承认，奴隶虽然“货币收入”不低，但如果加上“非

1　陈振汉：《社会经济史学论文集》，经济科学出版社，1999，第685页。

货币收入"，结果就很低了。所谓"非货币收入"就是指社会地位、名声等非经济因素。奴隶的"非货币收入"远远低于自由劳动者。这也就是为什么自由劳动者不愿意把自己变成奴隶的原因。至于如何把奴隶的"非货币收入"也纳入对奴隶制的分析中来，他们并没有论述。事实上，这种"非货币收入"上的差异与奴隶制相关。正是由于福格尔排除了大量的不可计量的文化和社会因素，他们的结论才与传统经济史学家的研究结论相去甚远。实际上，由于他们研究方法上的局限，他们也难以否定传统经济史学家的研究。

第二，从研究时段上看，他们的结论是一个短期的结论。从对奴隶制赢利性的研究过程中看，福格尔和恩格尔曼认为棉花的价格尽管长期的趋势是走低（这一点与瑞姆斯戴尔的研究相同），但在1850年之后棉业发展有过十年的繁荣，即在此期间，棉花的价格不是降低，而是提高。正是由于棉花价格的走高以及生产量的增大，棉花种植园才有可观的利润。之所以棉花价格和产量有这样的态势，是因为世界市场对棉花有大量的需求。但是，世界市场的需求会不会一直持续呢？如果不持续，奴隶制还会有高效率吗？这个问题福格尔和恩格尔曼没有回答。他们的结论是建立在1850—1860年这个时段上的，因此，该结论或许是一个短期结论。也就是说，假定他们的研究是正确的，也只能说明，如果没有南北战争，南方的奴隶制由于其高效率不会自动瓦解。然而，这个结论不能证实，奴隶制的高效率会一直持续下去，也许在世界市场需求降低之时，奴隶制会像瑞姆斯戴尔所解释的那样自动衰亡。

对于方法，也有两点需要强调：第一，福格尔和恩格尔曼的分析是依赖于经济学理论和数据的。这一方面体现在书中所包含的大量图表上，另一方面也体现在他们的论证过程上。书中运用了大量的间接计量法，而要运用间接计量法，就必须借助于理论和数据。借助于理论，建立相应的模型，该模型把相关的经济变量联系在一起；借助于数据（经济变量的数值）和计量方法，把模型的参数确定出来。参数确定之后，自然就可以说明变量之间的真正联系。也就是说，可以对历史事实进行相应的解释。没有数据怎么办？没有数据时首先要做的就是借助理论把数据复原或重组出来，如果可以做到，那么这个数据就是有效的，就是可以用于模型分析的。如果复原和重组不可能，那么论证就不能继续下去。福格尔和恩格尔曼不主张根据只言片语或者个案的描述就对整体做出武断的定性分析。这也正是新经济史学家研究经济史的特点。他们不轻易下结论，如果下结论，那就必须建立在严格的数据分析基础之上。他们相信方法，相信正确方法得出的结论也是正确的。这本书反映了福格尔和恩格尔曼对新经济史研究方法的自信。他们通过对大量数据进行分析，发现奴隶制并不像流行观点所说的那样，相反，该制度是高效的、活力极大的。他们在推迟一段时间之后，勇敢地公布了自己的研究发现，一任他人评说。面对学术界的争论和批评，福格尔相信这种争论有益于新经济史研究的发展。因为，反对者如果要推翻结论，那么就必须寻找新证据，或者指出研究方法上的局限和理论上的不足。然而，要达此目的，反对者就要学习新的经济学理论和数理工具。

第二，福格尔和恩格尔曼所运用的方法有值得商榷的地方。兹举二例。第一个关于南北比较之问题。为了证明南方奴隶制是高效率的，福格尔将其与北方的工厂进行了比较，并且得出结论：南方种植园的生产效率比北方要高出35%。但这能否证明奴隶制一定优于使用自由劳动者的工厂制度呢？笔者认为不一定。因为，南北的禀赋存在差异，很难说明它们之间效率的差异不是由外生变量，即禀赋差异造成的。正确的方法应是，比较南北战争之后与之前的生产效率。如果战后的生产效率高，那么就能说明奴隶制不是高效率的经济制度，反之亦反。第二个例子关于奴隶制运行的成本。在福格尔和恩格尔曼那里，成本等同于原材料的花费，即主要是供养奴隶的成本。然而，这不能概括成本的全部，制度运行成本也应该计算在内。如果要计算制度运行成本，奴隶制还会是一个高效率的经济制度吗？这有待于进一步讨论。值得参考的一个研究由巴泽尔（Y. Barzel）给出[1]。他认为，在奴隶制度下监督生产和维持奴隶制的成本都非常高。一方面，奴隶不同于自由人没有所有权，因此，一般情况下，奴隶不可能有自己的财产，对自己的劳动成果也没有占有权。这会导致奴隶“出工不出力”，能偷懒就偷懒，劳动没有积极性。于是，奴隶主对于奴隶劳动的监督成本自然会变得十分高昂。另一方面，奴隶为了获得自由而进行逃亡导致国家要付出巨大成本进行追捕。显然，这个成本也是正的，也应该被分摊到每一个奴隶主头上。但福格尔和恩格尔曼计算时忽略了上述成本。因此，他们的方法或许还有进一步完善的地方。

第四节　福格尔：新经济史研究方法的推动者

在躬行己说的研究过程中，福格尔并没有忽视对新经济史研究对象和方法的讨论。事实上，他发表了很多文章来探讨新经济史的研究对象、成就、方法和局限性。这些文章既是对新经济史研究的审视和总

1 ［美］巴泽尔：《产权的经济分析》，费方域、段毅才译，上海三联书店、上海人民出版社，1997。

结，也是对有关学者非议新经济史研究的回应。福格尔从两个方面阐述了他对新经济史研究（计量学派）的看法：新经济史研究的方法论以及历史研究中的定量方法。

一、新经济史研究（计量学派）的方法论

有学者说，新经济史的特点在于强调经济过程中的数量方面。福格尔不完全同意这种说法。他认为，如果此说系指新经济史研究把主要精力用于发掘和阐明与历史过程相关的数据资料，那它就无所谓新。因为在传统经济史研究中，包含数据资料的著作比比皆是。比如格雷（L. C. Gray）的《美国南部农业史》、克拉克（L. C. Clark）的《制造业史》等。因此，从使用数据这一角度，新经济史和传统经济史是一脉相承的。只不过，传统的经济史学家主要阐述从标准史料中发现的数据，并且或多或少地保留了原来的形式，很少进一步改造这些数据，因而无法阐明严格意义上的经济分析概念。[1]这种局面，一直到出现国民收入账户概念时才有所改观。然而，经济史学家虽然大量运用了国民收入账户数据，但他们不能进一步把这种复原的技巧应用于本领域其他问题的研究中。也就是说，这些传统的经济史学家还不能充分地利用数据资料，并且进一步揭示出数据背后所蕴含的历史真相。因此，他们的讨论也往往停留在定性层面上，对于数据的使用，也仅仅是佐证定性论点而已。这些经济史学家在用材料证明自己的论点时，使用较多的方法就是例证。事实上，这种证明有很多问题。因为，偌大的历史空间中，有这

1　Simon Kuznets, "Summary of Discussion and Postscript", *The Journal* of *Economic History*, Vol. 17, No. 4 (Dec., 1957): 545-553.

样的例证，也同时会存有那样的例证。个案很难代表总体。在福格尔看来，这些传统经济史的研究之所以如此，就是因为传统的经济史学家不能有效地运用经济学理论和数学工具研究经济史。福格尔认为新经济史与之不同，在方法上有许多区别于传统经济史研究的新特点。

第一，计量对象发生了变化。诚然，新经济史和传统经济史学家都大力挖掘被忽视的经济数据，并予以简单分类，但这并不是新经济史研究的主要目标。在福格尔看来，新经济史研究的首要职责是复原那些曾经有过但现在已经不存在的数据。复原要借助经济学理论和一些数理方法。比如，在美国经济史的重构过程中，令人苦恼的问题就是缺乏数据资料。有时虽然有丰富的数据资料，但由于其过于庞大，而且标准和形式都不统一，因此很难产生有效的信息。如果不采用现代统计方法，数据的复原工作成本非常高，而且仅凭手工似乎是不可能完成的。正因为如此，新经济史学家普遍地运用了统计学和数学方法，其中常用的是回归分析法。当然，也有其他方法，比如线性规划、超几何分布、投入产出分析、方差分析、因子分析以及马尔科夫链等。有些学者认为，由于可资利用的数据资料有限，因此，很难运用这些复杂的统计方法来研究经济史。但事实上并非如此。福格尔认为，“当资料十分完备时，通常用简单的统计方法就够了；数据越少，就越要运用上述行之有效的方法。”[1]另外，新经济史特别注重重新组合原始数据，以便计量前人从未计量过的东西。因此，新经济史学家不仅注重唾手可得的资料，也十分关注已经失踪的数据，以便运用计量得出新的有用的结论。组合数据需要经济学理论的支撑，也需要借助于数理工具，否则，将得不到能够分

1 Robert William Fogel, “The New Economic History. I. Its Findings and Methods”, *The Economic History Review*, New Series, Vol. 19, No. 3 (1966): 642-656.

析历史真相的有效信息。实际上，找寻计量对象也是整理和挖掘数据的过程，主要有两个方面：一、运用经济学理论和数学模型，根据残存下来的零星数据来重构经济结构或过程的面貌。二、把原始数据重新组合成为有着经济学含义的数据。比如，国民收入账户。有了这些新的计量对象，计量方法就有用武之地了。总之，新经济史研究和传统的经济史研究的第一个区别就是计量对象发生了变化。过去的研究，主要计量那些直接可以得到的数据，而新经济史研究，则要计量那些复原和组合出来的新数据。

第二，计量方法发生了变化。新经济史研究要设法计量不能直接计量的东西。康拉德和迈耶合著的《南北战争前南方的奴隶制经济学》[1]采用了间接计量的方法。兰塞姆在评价运河是否带来社会利益时，也以间接计量法为基础。[2]福格尔在估算使用轮船等运输工具导致的时间损失时，也采用了间接计量法：将时间损失和存货联系在一起。在采用间接计量法来计量不能直接计量的东西时，理论显得很重要，因为必须预先假定，能够直接计量的东西和不能计量的东西之间存在着某种必然的联系。比如，兰塞姆用土地价格、各市场之间的距离、运费、运价和运量等可以直接确定的东西，来计算运河的未来效益，而价格理论和租金理论，就是他把能够得到的资料与无法观察到的“反事实”联系起来的桥梁。由此也可以看出，新经济史最重要的特点，并不是更为强调计量，而是强调依靠理论来计量那些过去认为无法计量的东西。正因为新经济

1　Alfred H. Conrad and John R. Meyer, “The Economics of Slavery in the Ante Bellum South”, *The Journal of Political* Economy, Vol. 66, No. *2* (Apr., 1958): 95-130.

2　Robert William Fogel, “Discussion: Papers and Proceedings of the Seventy-sixth Annual Meeting of the American Economic Association”, *The American Economic Review*, Vol. 54, No. 3, (May, 1964): 377-389.

史研究通过运用理论成功地解决了统计数据的复原问题和间接计量的问题，一度因为资料的局限性而造成的困难得以克服，无法计量的也变得可以计量，以往认为无法确定的问题现在也变得能够确定了。[1]方法对于新经济史研究有着异乎寻常的重要性。没有合适的方法，就不可能弥补数据缺失所带来的困难。福格尔说："可资利用的资料常常不能满足某种标准统计过程的最低需要，这时，研究者能否设计出利用现存数据的最有效方法，就成为成败的关键，换言之，研究者必须找到能利用手头有限的数据来解决问题的方法。"[2]

第三，运用假设-演绎模式进行分析。福格尔认为，"新经济史方法论的根本特点是试图根据行之有效的假设-演绎模式，来全面归纳对经济发展过程的解释"[3]。当人们试图找出某种技术发明或者某种制度创新对经济发展的确切影响时，计量和理论就需要紧密地结合在一起。比如，通过实际上达到的国民收入水平和没有铁路时所能达到的国民收入水平之间的差额，可以测定铁路的"社会节省"。而如果要知道没有铁路时的国民收入水平状况，则需要借助于理论和计量。只有当某些经济特征可以用函数关系来描述，而那些函数关系使我们能够预测在没有铁路的经济中有关变量可能会有什么样的数值时，才能判断出没有铁路时的国民收入水平是多少。这种方法就是假设-演绎模式。尽管很多学者批评这种方法，福格尔也没有动摇自己的信念，而且还对该方法进行了

1 Robert William Fogel, "Discussion: Papers and Proceedings of the Seventy-sixth Annual Meeting of the American Economic Association", *The American Economic Review*, Vol. 54, No. 3, (May, 1964): 377-389.

2 Robert William Fogel, "The New Economic History. I. Its Finding and Methods", *The Economic History Review*, *New* Series, Vol. 19, No. 3 (1966): 642-656.

3 同上。

辩护。反对该方法的学者雷德利克也不得不说，“试图用假设-演绎模式来解决反事实问题，正是新经济史方法论中最引人入胜和最令人莫测的方面。”[1]当然，他不赞同这种方法。他认为，新经济史的研究成果不属于历史范畴，顶多是个“准历史”。也有学者赞同这种方法，比如墨菲（Brien Murphy）认为，雷德利克反对的地方，正是新经济史研究之精华。他说，新经济史学家严密地提出并发展了假设-演绎模式，不但使经济史研究有了一套真正起到辩护作用的方法，而且使计量经济史本身日益接近现代经验论者的要求。[2]采用假设-演绎模式进行分析，要注意作为计量基础的理论在逻辑和经验上能否得到验证。因此，制定合适的模型、拥有合意的假定对于问题分析非常重要。没有正确的模型和假定，会导致错误的结论。福格尔举了两个例子：一个是兰塞姆关于运河收益的估算。对运河收益率计算方法的假定不同，会对收回运河投资的年限产生影响；另一个是菲什洛对南北战争前地区贸易额的计算。菲什洛假定新南方和旧南方的贸易都通过新奥尔良进行，这个假定与事实不符。因此，菲什洛的结论有局限性。从菲什洛的研究上看，福格尔认为新经济史学家在模型设计上要注意两大问题：第一，模型所依据的假设在经验上的正确性如何。如果复原的事实与经验相冲突，可能导致模型的不正确和结论的偏颇。第二，模型必须可以检验。

1　Robert William Fogel, “The New Economic History. I. Its Finding and Methods”, *The Economic History Review*, *New* Series, Vol. 19, No. 3 (1966): 642-656.

2　同上。

二、定量方法在历史研究中的应用

新经济史研究强调计量，而计量又和数学以及统计学有根深蒂固的联系。因此，新经济史给人的印象就是大规模地应用数理工具。应用的程度可以从连篇累牍的公式和图表上看出。翻开新经济史学家的论著，都或多或少地存在表格、计量模型和趋势图。这种局面与新经济史学家的兴趣吻合。在新经济史学家那里，数学代表着严密，代表着科学。如果没有统计学做基础，就仅凭直觉得出某些结论，那么就会被新经济史学家认为这不是历史研究的科学态度。相反，传统的经济史学家往往认为数学在经济史研究中的作用十分有限，只有小范围的问题并且通常是不重要的问题可以用数学方法来研究。

在福格尔看来，数学实际上在经济史研究中一直被运用。在过去，数学只是隐蔽地、潜意识地出现在经济史研究中。计量学派只不过是把这种应用明朗化、规范化了。为了说明在过去的历史研究中也有数学的潜意识应用，福格尔举了两个例子来加以说明：一个取自论述美国经济早期工业化的文献；一个出自论述美国黑人奴隶制的著作（菲利普的论文）。福格尔认为，争论历史研究中是否应该采用定量方法没有意义。他说："争论历史叙述应否允许使用数量方法是浪费时间，因为驱逐这一幽灵是不可能的。真正的问题是怎样最有效地使用数量方法。"[1]那么，历史研究应该使用哪种类型的定量方法呢？福格尔区分了两种类型的定量方法：一种是非规范的、凭印象的计量方法；一种是规范的、严密的计量方法。历史研究中多是非规范的计量方法。对很多历史问题来说，

---

1 Robert William Fogel, "The Limits of Quantitative Methods in History", *The American Historical Review*, Vol. 80, No. 2 (Apr., 1975): 329-350.

使用非规范的计量法是适宜的，此时，运用规范的分析反而不好，会妨碍历史研究。当然，非规范也有弊端，那就是不精确，而且有可能使结论误入歧途。严格的、规范的计量方法可分为直接计量法和间接计量法。直接计量中用的最普遍的是计数。比如，从历史档案中得出女奴首次分娩并能养活孩子时的年龄分布。使用直接计量有时候会进行不下去，原因是数据缺失。这时候，就需要运用方程式进行间接计量，方程式代表着一种函数关系。也正是因为函数关系的侵入，历史学运用定量方法才大受反对。实际上，方程式进入历史不应当受到指责，因为，传统历史研究中也或多或少有方程式的影子，只不过没有用数学符号表达出来而已。福格尔说，各种定量方法就像管子工的工具箱，只要有用武之地，就是有用的工具。对历史学家来说，最能契合所要分析的历史实际的工具，最能从现有资料中取得更多信息的工具，就是好工具。定量方法在分析群体行为时特别有用。不借助规范的统计方法，不可能充分地描述出较大群体的特征，也不可能解释这些群体的历史演变。如果历史学家把关注对象从杰出人物转移到普通百姓身上来，那么定量方法就是至关重要的。这也就是为什么数学方法首先在经济史研究中有了用武之地的原因。因为经济史研究关注更多的是小人物，是群体行为，而不像政治史，其目光盯在伟大人物身上。福格尔言行一致，在《十字架上的岁月：美国黑人奴隶制经济学》中，他就引入了定量方法。当然，他对定量方法也有冷静的认识：并非历史研究中的每一个问题都适于运用定量方法；在原则上适于运用定量方法的所有问题在实际上也不一定都能用定量方法恰当地处理。这是因为一些问题包含着现在的数学所不能解决的一些关系，或者即使这些关系可以用数学来表达，但描述某种既定事实所需要的方程组可能无解；或者虽然有解，但估计模型参数所需要的数据却是得不到的，等等。这些情况都使定量方法在历史研究中有一定的局限性。

定量方法能否使历史学成为科学呢？福格尔的回答是不能。这似乎是出乎一些学者的预料，因为，从其新经济史研究成果看，福格尔似乎正在努力将历史学的人文性质转化为科学性质，然而，从《铁路与美国经济增长》到《十字架上的岁月：美国黑人奴隶制经济学》，福格尔并没有唯定量方法至上，而是秉承了历史学的人文精神。他在写作《十字架上的岁月：美国黑人奴隶制经济学》一书时认识到，历史学基本上是一门人文学科，将来也很可能如此。历史学家不可能单单通过社会科学方法来完成自己提出的任务。这是因为，历史学家渴望认识人类行为的整体，他们的注意力超出了社会科学课题进入了道德和美学范畴。即使是属于社会科学范围内的东西，历史学家也常常想得到比社会科学家所能提供的更多的东西。历史学家习惯于把社会科学家关注的经济、政治、文化、社会以及心理等人类行为的各方面综合成解释人类社会发展演变的“无缝之网”。社会科学无法编制这种无缝之网，它只能产生各种门类的具体知识。经济学理论和定量化从属于历史分析，社会科学最终是为历史学服务的。

第五节　诺思：三轨制和间接计量法

道格拉斯·诺思是推动美国新经济史革命的重要人物之一。在早期的研究中，他应用新古典经济学理论对美国经济增长作出解释。同时，还撰写文章讨论新经济史的研究方法。作为学者，他看到了制度在经济增长中的作用，从而引领研究者进入一个新领域；作为主编，他通过大量刊登应用新经济史研究方法进行研究的文章推动了新经济史研究；作为老师，他还培育了大量新经济史研究学者。无怪乎，在诺思60岁生日时，他的学生要为庆祝其生日出版一套文集：《新经济史的探索》（*Explorations in the New Economic History*，1982）。

一、“三轨制”经济：《1790—1860年美国经济增长》

从20世纪50年代末到60年代初，道格拉斯·诺思致力于运用理论和计量工具，研究美国的经济增长。首先，他对1790—1860年间美国国际收支状况进行了经验性研究，形成论文《1790—1860年美国的收支平衡》[1]。之后，他进一步分析了同期的美国经济增长，成果为1961年出版的《1790—1860年美国经济增长》[2]一书。在这本书中，诺思设想了一种具有美国特色的三轨制经济发展模式。该模式成为当时大多数教科书论述这段时期美国经济发展时所采用的标准分析模式。诺思认为，1815年刚刚起步的美国经济不是一个整体，而是由独立的三部分组成。由于山水相隔和交通不便，最初这三个地区的经济发展是不相关的。这三个地区分别是：（一）“北部”，从新英格兰和大西洋中部各州沿岸地区到宾夕法尼亚和北特拉华；（二）“南部”，包括使用奴隶的各个州；（三）横贯阿巴拉契亚山脉的“西部”。

---

1 Douglass C. North, “The United States Balance of Payments, 1790-1860”, In National Bureau of Economic Research, Trends in the American Economy in the Nineteenth Century, Studies in Income and Wealth Series, Vol. 24 (Princeton: Princeton University Press, 1960).

2 Douglass C. North, *The Economic Growth of the United States*, 1790-1860 (Englewood Cliffs. N. J. Prentice-Hall, 1961).

19世纪初期，由于交通运输业的发展，这三个地区的经济联系才逐渐密切。在诺思看来，新形成的交通运输网络的主要作用不仅仅是把三部分连成一体，还使每一个地区可以发挥各自的比较优势。通过取长补短，地区的经济特色可以充分地显示出来。北部纺织工业的发展增大了对南部棉花的需求，而生产的棉布又在南部找到了市场。新英格兰制鞋厂用西部生产的牛皮，为南部和西部农民大量生产皮鞋和皮靴。与此同时，北部工人可以购买到价廉物美的西部地区的农产品。西部和南部则通过购买北部的工业品，减少对欧洲工业品的依赖，并促进北部工业的进一步发展。北部和南部依靠西部丰富的农产品弥补了本地区农业产量的不足。各自具有比较优势的三个地区好似三条轨道共同运载着美国经济向前发展，三条轨道缺一不可，相互依赖，即每一个地区都依赖另外两个地区。这是美国独特的经济发展模式。

诺思的“三轨制”分析模式把以前经济史研究中未加联系的论点和论据整合到一起，成为一个融会贯通的整体。《1790—1860年美国经济增长》从泰勒（G. R. Taylor）与施密特（L. Schmidt）有关交通运输改善的论著中，从克拉克、科尔（A. Cole）等人关于制造业发展的研究中，以及从格雷的《美国南部农业史》和贝里（T. Berry）关于辛辛那提市场对西部农业发展的影响的研究中，进行了大量的借鉴，同时又赋予这些研究以新的意义。三轨制经济模式既强调了三个地区经济的相互依赖，又强调了它们之间的巨大差异。该模式为从经济上解释日益增长的最终导致内战的地区间矛盾提供了一个理论框架。而且，它第一次对美国经济增长做出令人满意的、有逻辑力量的解释。他使用的理论并不复杂，仅仅是古典经济学中的分工和贸易原理：三个地区发挥各自的比较优势，专业化生产各自最擅长的产品，并与其他地区进行贸易，从而使各方受益。三轨制经济模式的提出被认为是新经济史学家运用经济学理论改写美国经济史的一项杰出成就，也是重新编写美国经济史的开端。根据诺思的观点，1815—1860年美国人均收入开始增长，这一时期也是罗斯托经济增长理论中的“从起飞进入经济持续增长的阶段”[1]。对棉花的需求是提高生产率、促进资本形成以及促使越来越多的土地投入生产的一个重要力量。在此条件下，美国经济的发展速度不仅超越了本土的较高的人口增长率，也足以消化“新国家”的外来人口。

解释国家经济增长的理论很多，比如，60年代较为著名的就是罗斯托的《经济增长阶段论》。但罗斯托的理论在取得重大影响的同时，也受到越来越多学者的批评，然而，诺思的理论站稳了脚跟。这主要在于诺思的理论相比罗斯托的“宏论”来说更加中肯和富有逻辑。当然，诺思的观点也并非无人批评。新经济史学家菲什洛就对诺思的结论提出质疑。诺思说，南部进口食品对西部的发展起了很大作用，菲什洛通过研究则认为，1839年之后的一段时间里地区间的贸易量极小，不可能产生像诺思所说的那种影响。尽管后来的研究表明，菲什洛对贸易量的估计量是正确的，诺思夸大了南部依赖从西部进口食品的程度，但是这些讨论并没有击中诺思论点的要害。诺思借助于古典经济学理论（分工、专业化和交换）的分析所形成的“三轨制”经济概念经受住了时间的考验。

1　1960年底，国际经济学会在康斯坦茨湖（Lake Constance）召开了关于“从起飞进入持续增长的经济学”会议。会后，将会议成果结集出版，即罗斯托主编的《从起飞进入持续增长的经济学》（*The Economics of Take-off into Sustained Growth*）。其中，罗斯托和库兹涅茨对起飞的优缺点进行了讨论。之后，是对六个国家起飞的研究，由六位经济史学家执笔。诺思描述了美国的起飞过程；哈巴库克和迪恩（H. J. Habakkuk and Phyllis Deane）则描述了英国情况；费希尔（W. Fischer）和霍夫曼论述了德国的起飞；马尔切夫斯基（Jean Marczewski）则讨论了法国；都留重人回顾了日本情况，格申克龙则描述了俄国的经济起飞。

二、推动新经济史研究

人们常把1961年发表的《1790—1860年美国经济增长》一书作为新经济史的开拓性著作，尽管这本书没有提到新经济史方法论的问题，也没有使用“新经济史”这个词。“新经济史”一词最早见诸于戴维斯（Lance Davis）、休斯（J. Hughes）和麦克杜格尔（D. McDougall）三人在1961年合写的教科书，但后来休斯说：诺思创造了这个词。不论这是否属实，都不影响诺思在新经济史上的贡献。而且，诺思曾在1963年鲜明地指出美国正在发生一场新经济史“革命”。

诺思反对传统经济史的研究方法。他认为，传统的经济史研究是为历史叙述而叙述。他建议，经济史学家应当用现代经济学的理论和方法来提出问题，进而通过史料和数据对之进行实证。任何假设都应当通过收集有关数据资料，并运用统计学和计量的方法进行分析，严格地加以检验。他反对直觉上的推论和综合。在1957年9月标志着新经济史诞生那次会议上，康拉德和迈耶宣读了著名的论文。威廉·帕克、高尔曼、伊斯特林、诺思等学者也出席了这次研讨会。诺思向大会提交了《1790—1860年美国的收支平衡》一文。

诺思在新经济史革命中的主要作用是阐明和传播新经济史的研究方法。1960—1966年，他与帕克合编《经济史杂志》，使得经济史研究领域内这本最为权威的刊物，为自觉应用新古典经济学理论和计量方法的新经济史论文敞开了大门。在这个时期，诺思发表了三篇有分量的论文：《美国经济史的定量研究》（Quantitative Research in American Economic History，1963）、《经济史现状》（The State of Economic History，1965）、《经济史》（Economic History，1968）。他于1974年出版的《美国历史上的增长与福利：一种新经济史》[1]向人们显示了新经济史研究的巨大威力，引起了诸多争论。这本书是一本阐述美国经济史研究中几个重大问题的论文集。在每篇论文中，诺思都运用经济学理论和表格式的数据资料向当时流行的观点提出挑战。这是第一本，也是多年来唯一的一本适用于美国大学本科教学的新经济史教材。不仅仅是学生，还包括众多的老师，都是通过这本书来了解新经济史。这本书充满了创见，很多观点过去完全没有提出过。例如在第三章，诺思对哈珀（L. Harper）关于英国航海法对殖民地时期美国经济的发展的副作用分析提出了质疑。之后的几年，这个问题发展成一场重要的论战。在第六章，诺思简明扼要地评述了奴隶制，同样引起了广泛的关注。在第七章，诺思引用伊斯特林对南部各地区人均收入的估计，说明1840—1860年南部经济大体上是按照美国的全国平均速度在发展，而不是像某些政治家和学者所宣称的那样停滞不前。这个观点与福格尔和恩格尔曼的观点一致。在第十一章，诺思认为不能用农业收入的下降来解释19世纪末期农民不满的原因，因为他提供的论据显示农民在该时期收入不是降低，而是提高。不久，新经济史学家围绕着这个问题展开了积极的探讨。

伴随着诺思和福格尔的努力，新经济史研究的影响日益增大，结果导致社会上对新经济史学家的需求剧增。诺思所在的华盛顿大学部分地满足了这一需求。60年代，沃尔顿（G. Walton）、谢泼德（J. Shepard）、兰塞姆、默塞尔（L. Mercer）、冈德森（G. Gunderson）都是从华盛顿大学获得博士学位的。另一部分需求由另一个新经济史研究重镇哈佛

1　Douglass C. North, *Growth and Welfare in the American Past: A New Economic History* (Englewood Cliffs, N. J. : Prentice-Hall, 1974).

大学经济系满足。该系培养出了菲什洛、戴维、特明、麦克莱兰（P. McClelland）、麦克洛斯基（D. McCloskey）等著名新经济史学家。他们都曾在格申克龙主持的讨论班上切磋经济史研究的新方法。格申克龙本人非常支持新经济史研究的观念。新经济史研究的成就确实是卓著的。在短短几年的时间里，新经济史学家就在这一学科占据了重要位置。一大批第二代的新经济史学家在美国各个大学的经济系中担任着经济史研究和教学的任务。这应当归功于诺思和格申克龙的培养和鼓励。

三、间接计量法

诺思对计量经济史的贡献还在于与福格尔一样使用一种新的计量方法来研究历史问题，即间接计量法。这一方法体现在1968年《政治经济学杂志》上发表的《1600—1850年海洋运输生产率变化的原因》[1]一文中。该文的结论是，美国海洋运输业在1600—1850年，虽然技术没有产生重大变化，但船运制度与市场制度的变化，使得航运成本降低，并提高了生产率。这是新经济史学家诺思运用“间接计量法”分析经济史的一次成功尝试，也是他开始超越单纯数据计量分析，进入制度分析的过渡环节。1600—1850年，海洋运输生产率的提高是显著事实。为什么会提高呢？传统的解释归结为技术进步，但是，海洋运输技术进步发生在19世纪后半期，因为从那时起，在海洋运输中才普遍使用轮船代替帆船，而在1600—1850年帆船并没有重大改进，所以，传统的解释暴露了问题。为了厘清这个问题，诺思运用了间接计量法。他认为海洋运

1　Douglass C. North, “Sources of Productivity Change in Ocean Shipping: 1600-1850”, *Journal of Political Economy*, Vol. 76, No. 5 (Sep.-Oct., 1968): 953-970.

输生产率可用航运成本作为间接衡量的指标。航运成本等于海上航运期间的成本与港口停泊期间的成本之和。海上航运成本等于海上航行期间的劳动成本加上船舶折旧费、保险费等；港口停泊船舶成本等于港口停泊期间的劳动成本加上船舶折旧费等。据此，可以计算出不同时期平均每吨货物所担负的航运成本。计算结果表明，在1600—1850年平均每吨货物所担负的成本是下降的。这符合生产率提高的事实。那么，为什么航运成本会下降呢？诺思对每项成本因素进行了分析，结果发现是航运安全性加强和市场经济规模扩大等因素的作用使成本降低：一方面，由于海上运输变得比较安全，因此保险费减少，船上装备的武装人员减少，从而使每个船员所担负的实际货运吨位提高了，而且船上武器装备的减少还有助于提高船舶航行速度；另一方面，由于市场经济规模扩大，船舶可以减少空驶时间，减少港口停泊的时间，而且由于可以在港口随时雇佣搬运装卸的劳动力，因此船员数量也大大减少，减少了劳动成本，提高了航运效率。这样，诺思通过间接计量法，算出了缺乏直接可比数据的海洋运输生产率的变化，并解释了航运生产率增长的原因。

更重要的是，诺思超越了单纯的量化分析，因为他考察了数据背后更深层次的制度因素，即市场扩大、市场规则趋向完善、交易活动安全性提高等。诺思把成本收益等计量目标视为制度变量的函数，从而把制度因素在经济史的分析中内生化了。这一时期，他对新经济史研究的缺陷的认识有所发展。一方面，新经济史研究只针对一些具体问题，而忽视了为什么有的国家富裕、有的国家贫穷等宏观历史问题。另一方面，新经济史研究所使用的经济学理论过于狭隘。他认识到，不考虑制度因素在经济增长中的作用的经济学理论在历史研究中有局限性。正是在这种局面下，新经济史革命进入第二阶段，在第二阶段中，诞生了新经济史研究中的另一派：新制度学派。

第六节 争论、影响以及计量学派的后期分化

一、计量学派研究方法的争论

新经济史学家开创了一种新的经济史研究方法。这种方法得到了很多学者的认可，也受到很多学者的质疑和批评。持批评态度的有卡特·古德里奇（Carter Goodrich）、弗里茨·雷德利克、梅格纳德·德赛等人，持肯定态度的有威廉·艾德洛特、麦克洛斯基等人。在古德里奇看来，新经济史的出现的确是经济史研究历史上的一件大事。定量研究方法的采用使得传统的经济史研究正在面临一场严重的挑战，这是一次新的“知识革命”，就好像工业革命时期机器织布对手工织布是一次革命一样，传统的经济史学家似乎正处于手工织布工人的地位。他认为，新经济史学家并没有研究经济史本身，他们只是把历史当作“背景”，而关心的仅是经济增长。而对于传统的经济史学家来说，经济增长并不是他们所要关心的唯一问题，而且他们也不仅仅研究经济史上的数量问题，还要研究经济史上的“质”的问题，即不仅仅研究量变，还要研究质变。古德里奇认为，质变的问题是定量研究方法所不能解决的。因此，古德里奇认为，经济史研究已经分成两个阵营，一个是以文字形式表现，一个是以数据形式表现，前者可以称之为“经济史”，后

者已经不能称之为“经济史”了，需要另外起一个名称。[1]在雷德利克看来，新经济史的研究方法无疑是实证主义的，因为，对他们来说，除了数据，其他东西都是无足轻重的。古老的经验主义传统也是实证主义的。然而，新经济史的方法与这种经验主义传统不同。新经济史依赖于经济学理论，因此实质上它是反经验主义的。新经济史研究有两个基本特征：一个是对计量有着压倒一切的兴趣；另一个是侧重利用经济学理论，对假设和虚构有一定的依赖性。传统经济史研究主要论述经济制度的发展，其次才论述经济制度下发生的经济过程；而新经济史研究则倾向于直接论述经济过程，忽视约束经济过程的经济制度。而且，在分析经济过程中，新经济史研究的着眼点变成了纯粹的经济问题，对非经济问题不予考虑。由于过多地倾注了“经济学”感情，在分析方法上，经济学理论就占据了主导。新经济史研究强调假设和虚构。传统的经济史研究中也普遍使用了假设，但他们都避免使用虚构来推断历史。用虚构来进行历史研究，只能算是“准历史”。虚构对历史研究没有任何益处。雷德利克区分了新经济史研究中的三种不同倾向：第一种倾向是“数据处理”，以戴维斯、休斯和菲什洛等为代表。与以前的运用数据的传统经济史学家相比，他们在研究中使用了更多的和更为复杂的统计工具，但兴趣依然在收集信息。第二种倾向是“经济史学”，以道格拉斯·诺思为代表。他通过计量，对各种假设进行翔实的探讨，并根据这些经过验证、定义明确的假设，构建经济史学。第三种倾向是“准经济史”，以福格尔、康拉德和迈耶为代表。他们基本上都是模型构建者，通过定量方法依靠想象和虚构进行历史研究，所提出的假说既不能证实也无法

1　Carter Goodrich, “Economic History: One Field or Two?” *The Journal of Economic History*. Vol. 20, No. 4 (Dec., 1960): 531-538.

证伪，顶多能够自圆其说。他们的成果是准经济史，或者说是一种历史模式。[1]雷德利克不赞成福格尔所代表的那种计量经济史研究方法。他认为，第三种倾向使用了两类模型："建构模型"（例如福格尔的论文）和"简约模型"（例如康拉德-迈耶的论文）。而这两种模型都是主观臆想的，绝非是历史事件。雷德利克奇怪的是，这样一种对现实的扭曲能澄清历史事件中的什么呢？

德赛对新经济史研究的方法论进行了概括。他说，新经济史的特点在于用数学公式把使用经济学理论得出的分析变成可以验证的形式，并通过统计方法加以检验。因此，新经济史研究方法的目标是要建立一种明确的模式，并试图从统计学的角度来计算该模式中的各种关系。判断某一经济模式是否有效的基本标准，就是该模式中的方程能否被清晰地识别，而识别问题对于历史研究来说很难。德赛举了一个关于土豆需求的例子。他认为，从土豆的数据上，很难识别出那是需求曲线，还是供给曲线。因为，每一个数据都是供给和需求均衡的结果。另外，如果曲线变化，识别就变得更为复杂。识别一个市场尚且如此，识别经济史的模式，就难上加难了。历史所包含的因素太多，而且都处于变动之中。目前，解释人类社会发展的理论还不是很充分。如果没有完备的理论，我们不知道分析中应该包括哪些变量或者遗漏哪些变量。在缺少令人满意的理论的情况下，经济史学家只得依靠新古典经济学理论，尽管新古典经济学理论存在很多问题，尽管它更多的是一种静态或者比较静态分析。另外，德赛认为，目前计量经济史研究取得的成就主要集中在对传统观点的"修正"上，学者们的兴趣也局限在挑战某种正统的观点，而

1　Fritz Redlich, "'New' and Traditional Approaches to Economic History and Their Interdependence", *The Journal of Economic History* Vol. 25, No. 4 (Dec., 1965): 480-495.

不是探讨经济发展的结构和动力。这种研究并不是经济史研究的根本任务，它的重要性也将随着学术活动的不断加强而下降。德赛还强调，从福格尔和特明的研究中可以看出，计量经济史更适合研究局部问题或者某一方面的问题。虽然这些问题也是有用的，但德赛认为，经济史学家应该回答更大的问题。[1]

而肯定者艾德洛特与他们观点不一样。他回应了对定量方法的种种责难，并正面阐述定量方法的优点。他认为，定量化为历史学中的概括提供了一种手段。有些历史学家矢口否认想要进行这样的概括，他们强调说历史学家的任务并不是做出概括，而是讲故事。但是，艾德洛特说这并不代表所有历史学家的工作目标。而且，每一位历史学家都不能完全回避概括的问题。另外，在他看来，指责做出概括的历史学家的工作不合体统是一种专横态度。历史学只存在单一方法论的日子一去不复返了。如果让研究这门学科的历史学家所做的事情被证明是有用的，那么最好还是说它有用。艾德洛特说，对于那些的确想进行概括的历史学家来说，定量方法是能够提供一些办法的。实际上，许多概括都含蓄地具有数量特征，尽管这一特征并不总是很明确地表现出来。过去学者所习惯用的例证法虽然是一种有力的修辞手段，但从逻辑上讲该方法是不充分的。定量方法与例证法不同，它可以提高分析的精确性，可以揭示事件之间的关联以及问题的实质；数量分析在某些场合还能引导人们提出新假设。艾德洛特的观点代表了史学界相当一部分人的看法，但他也承认，定量方法有它本身的局限性，但艾德洛特认为，该方法仍不失为历史分析的有力工具：它有助于使研究工作简单易行和更加可靠；有时为

1　Meghnad Desai, “Some Issues in Econometric History”, *The Economic History Review*, New Series, Vol. 21, No. 1 (Apr., 1968): 1-16.

我们提供了不能用其他方法解决问题的手段。[1]作为计量学派的坚定捍卫者，麦克洛斯基认为，计量学派方法的根本特征是对新古典均衡价格理论的“由衷赞同”。让新经济史学家与传统经济史学家区别开来的不是计算，而是经济学理论，特别是价格理论。计量学派的新经济史学家是为了历史学而将经济学理论用于历史事实的经济学家。计量学派的成功之处在于：一是它代表了经济史的理论化；二是它开启了经济史量化的先河。二者互为表里，经济史研究能够量化在于其对具体函数的“疯狂”假设和假设本身的量化。通过“疯狂”假设，新经济史学家减少了来自于繁杂事实的限制。[2]

总之，学者对新经济史的研究方法有很多争论。争论的结果是，一方面对定量方法有了更加客观的认识，另一方面也对计量学派的影响起了促进作用。实际上，这种争论是无休止的，到了今天，还有学者对过分的计量提出质疑。然而，也不得不承认，随着年轻学者队伍的增大以及经济学理论的发展，经济学理论和计量方法似乎也没有停止进入经济史研究领地。当然，传统的经济史研究方法也没有消失，相反，琳琅满目的各种传统经济史研究成果表明，古老的方法也正在焕发出生机，也许正是在与新经济史研究的方法战斗中，传统经济史研究更加强大。争论或许会永远持续下去，因为，论战的每一方都会找到自己存在的理由。历史和理论的关系是一个恒常讨论的话题。

---

1 William O. Aydelotte, “Quantification in History”, *The American Historical Review*, Vol. 71, No. 3 (Apr., 1966): 803-825.

2 D. McCloskey, “The Achievements of the Cliometric School”, *The Journal of Economic History*, Vol. 38, No. 1, the Tasks of Economic History (Mar., 1978): 13-28.

二、计量学派的影响

美国是计量革命的大本营，也是新经济史研究方法影响最大的地方。计量学派的努力在美国得到了回报。很多学生开始追随他们，投身于经济史研究中，并陶醉于这种新方法。新经济史研究的题材日益广泛，已经涉及人力资本与非人力资本的构成、人口和技术变化、财政和金融政策、经济增长的各种因素等。所使用的定量方法也日益复杂。早期，主要应用简单的数学方法和简单的计量方法，而后期，越来越多地应用复杂和精确的计量方法。关于对应用定量方法的看法，美国曾经有一项调查，共计调查了456位学者。被调查者分为三类：一类是社会科学历史学会的会员，也是历史学家；一类是会员但不是历史学家；另一类是非会员但是历史学家。对调查有回应的，第一类有105人，第二类有101人，第三类则有98人。回收率占三分之二。调查结果表明：美国历史系的师生并不反对定量方法，认为此法不好的仅有14%—19%。赞同这种方法的学者认为研究者应该把其预设陈述出来；绝大多数的历史学家认为应用社会科学理论并不是一无是处，也不认为定量方法已经破产；绝大多数的历史学家都反对恢复以不自觉的说故事的方式来描述和解释历史。可见，计量学派对美国的历史研究产生了一定影响[1]。

新经济史研究的方法传播到海外，对法国、德国、英国也都有一定的影响。比如，法国计量史学的倡导者让·马尔切夫斯基（Jean Marczewski）及其指导下的一批学者“把国家收入的会计学‘模式’，

1　J. Morgan Kousser, “The State of Social Science History in the Late 1980s”, *Historical Methods*, Vol. 22, No.1 (winter, 1989): 13-20.

应用于过去几个世纪的历史中”[1]，并出版了《法国经济计量史》一书。新经济史革命发生之后，法国年鉴学派主办的刊物上发表了大批的新经济史研究文章。在著作方面，法国比较有代表性的是拉布鲁斯和布罗代尔合著的《法国经济与社会史》（4卷本，巴黎，1970—1982年），该书运用大量数据史料和多种经济学理论研究了1450—1980年间的历史。法国学者对计量方法很看重。法国年鉴学派的第三代史学家拉杜里甚至说：“唯有计量的历史学才是科学的历史学。”[2]德国学者沃尔夫莱姆·菲舍尔（W. Fisher）于60年代末提出把经济史的计量方法（比如估算国民生产总值、实际收入、价格和贷款水平）与社会学的阶级分析方法结合起来。英国的经济史学家墨菲1973年推出了《1086—1970年的英国经济史》，其中融合了新经济史学家和传统经济史学家所提供的大量资料。

然而，不得不承认，从总体上看，新经济史革命对欧洲的传统经济史研究的影响不如美国显著。尽管，有很多经济史学家接受了计量学派的方法，但大部分的欧洲经济史学家一直不太愿意追随美国新经济史学家的研究方法。比如，布罗代尔关注计量方法。他热烈地欢迎同事和学生应用计量方法来进行研究。他本人有时也利用统计，特别是在1966年出版的《地中海》的增订第二版中。然而，数据在其历史大厦只是装点了一下门面。实际上，他不愿意让数学成为一切。很多学者推测，英美两国具有相似的文化传统，新经济史革命一定会在英国有较大影响。然而，事实也不完全是这样。“经验主义故乡”的英国之经济史研究还

1 ［美］伊格尔斯：《历史研究国际手册：当代史学研究和理论》，陈海宏等译，华夏出版社，1989，第238页。

2 转引自《史学理论丛书》编辑部编《八十年代的西方史学》，中国社会科学出版社，1990，第74页。

保持着传统经济史研究的那种方法，即历史学家的那种方法，注重历史叙述，注重“社会经济史”[1]方法。英国如此，在德国、法国的影响就可想而知了。总之，作为一个整体，新经济史革命对传统经济史研究的影响不是很大。为什么会如此呢？原因可归结为以下三点。

首先，传统的经济史学家对新经济史研究抱有很大的怀疑态度。一方面，新经济史学家的建模和统计方法太高深莫测了，没有经过数学训练的传统经济史学家很难看懂，简直就是天书一般。而且，有些方法出乎传统经济史学家的意料，他们不愿意接受，比如“反事实度量法”。实际上，不仅欧洲的经济史学家不能接受，就连美国最负盛名的两位经济史学家：哈佛大学的厄什和格申克龙也对“反事实度量法”持保留态度。另一方面，新经济史学家通过定量研究推翻了原来的经济史学家一贯秉承的观点，这也让他们难以认同。

其次，计量经济史学家的努力中存有缺憾。第一，计量经济史学家虽然提出并证明了一些有悖于历史学家和普通民众认知的新结论，然而，在正确认识人类社会经济发展的路径上却没什么建树，也没有清楚地解释到底是什么原因推动了人类社会的进步。正如莫基尔（Joel Mokyr）所言，经济学家不能构建用来解释像工业革命这类重大历史事件的模型。[2]第二，计量经济史学家的大部分研究集中在某一特别的论题，而很少把精力投入到经济体系的长期转变和经济如何增长的大问题上来。第三，他们的分析框架中只有市场，不研究除了市场之外的其他

1　Barry Supple, “Old Problems and New Directions”, *Journal of interdisciplinary History*, Vol. 12, No. 2, the New History: The 1980s and beyond (II) (autumn, 1981), pp. 199-205.

2　Joel Mokyr, “Editor’s Introduction: The New Economic History and the Industrial Revolution”, In J. Mokyr (ed.), *The British Industrial Revolution: An Economic Perspective* (Boulder, Colo. : Westview Press, 1993), pp. 1-131.

制度和组织的变迁过程以及这些变迁是如何影响经济增长和发展的。第四，计量学派的研究方法单调，不能借助理论对历史提出更为圆满的解释，只能将精力放置在计量技术上，而这又使得其可读性和解释能力都较差。

确实，计量学派所依赖的理论和方法也存在问题。新古典经济学理论在对历史的解释中存在缺陷：一方面，在它的理论体系中缺乏对长期经济变化的解释；另一方面，即使新古典经济学理论能够对经济史所讨论的问题提供解答，它也仍然具有很大的局限性。因为在此体系下讨论的是一个拥有完全竞争市场的世界，也就是说，其交易成本为零。然而，事实却是交易成本不为零。新古典经济学理论把市场、均衡作为隐含假设，忽略了历史上的不平衡状态。因此，新古典经济学在分析制度、组织、国家、企业等方面无能为力。新古典的理性假设也是一种狭隘的“先见”。在方法上，计量学派抛弃了历史主义方法，也背离了历史学中“求真务实”“论从史出”的范式，甚至也记不得布洛赫“入史局须手硬”[1]的教诲，往往“以论代史”，或者仅仅依凭有限的史料和先入为主的理论，就武断地下结论。无怪乎索洛（R. Solow）惊呼：“经济学理论既使经济史丰富又使经济史衰落。”[2]计量学派依据大量虚构和假设的资料，而这些资料的梳理不是借助于传统史学方法，而是根据理论和模型，因此，在选择数据和整理数据的过程中，其结论已经先行给出。这样，逻辑上虽然自洽，却脱离了现实。

---

1 ［法］马克·布洛赫：《为历史学辩护》，张和声、程郁译，中国人民大学出版社，2006，第13页。

2 R. Solow, “Economic: Is Something Missing?”, in *Economic History and the Modern Economist*, ed. W. N. Parker (Oxford: B. Blackwell, 1986).

总之，计量学派虽然批判了传统经济史研究方法，而且证明了某些传统观点的谬误，但从本质上说，他们没有建立自己对历史的解释框架。正如霍布斯鲍姆（Eric J. Hobsbawm）所言，如果“把历史喻为一个牲口市场的话，那么，计量历史学家就好像是称量计数的检验员，而不是饲养牛群的牧场主。”[1]因此，新经济史革命在世界上虽有一定影响，但总体来说不是很大。从研究对象上看，新经济史革命仅仅在研究美国的一些特定问题上有一些不同结论，比如铁路与美国经济增长之间的关系、奴隶制等问题，而在研究欧洲问题上或者中国问题上，计量学派的成就都不显著。从研究方法上看，欧洲的经济史学家虽然吸收了计量方法，但不赞同用经济学理论统帅一切，即反对没有非经济因素的经济史研究，反对过度模型化。因此，这种经济史研究的新方法没有得到欧洲或中国的经济史学家的强烈共鸣。

二、计量学派的后期分化

20世纪的60年代初到70年代中期是计量学派的黄金时代。这时期他们提出了一些与传统结论相悖的结论，引起了热烈的争论。他们研究方法的主要特点是利用经济学理论和模型以及大量数据。不过，他们建模不是从史料出发，而是从基于市场信仰的新古典经济学理论出发，他们计量所使用的数据也不仅仅依靠已有的历史统计系列，还要通过“间接计量法”或者其他方法重构出大量已经不存在的数据。当然他们也大量运用了统计学的基本方法。他们普遍地把经济学的实证主义标准应用

---

1 ［英］埃里克·霍布斯鲍姆：《史学家：历史神话的终结者》，马俊亚、郭英剑译，上海人民出版社，2002，第133页。

于历史，喜欢运用假设，在证明中习惯使用“反事实度量法”。由于其特点鲜明，新经济史研究方法既受到了赞扬，也受过冷遇。

到70年代后期，计量学派不再是经济史研究领域中的“宠儿”，它失去了往日的威风。内部的分歧加深。计量学派的代表学者被迫接受人们的常识性判断：计量方法的运用既可能产生良好的结果，也可能造成全面的灾难。[1]计量方法可能导致“令人沮丧的低水平”，它使得研究“沉闷而又缺乏想象力”，“不精确且失真”。[2]最终，分歧越来越大，有言辞激烈的争论，更多的则是人身攻击。一部分学者，比如，诺思、托马斯等，他们在研究的过程中，发现了制度的重要性。为了把制度纳入理论分析框架中，并使之能够解读历史进程，他们开始博采现代经济学的各种理论，并最终建构出了制度变迁理论，成就了新经济史研究中的另一派：新制度学派。另一部分学者，比如计量学派的中坚人物福格尔，他则将研究重心转向人口问题和宏观经济、经济增长等问题。[3]到21世纪初，计量学派的方法已经融入一般的计量经济学方法之中。

计量经济学（econometrics）[4]方法不同于历史计量学（cliometrics）

1　L. Davis, “The New Economic History. II. Professor Fogel and the New Economic History”, *The Economic History Review*, Series, Vol. 19, No. 3 (1966): 657-663.

2　D. C. North, “The State of Economic History”, *The American Economic Review*, Vol. 55, No. 1/2 (Mar. l, 1965): 86-91.

3　福格尔提出了“技术技能进化”概念，并指出经济增长的性质正在发生变革。这一见解是建立在他对人口生理和经济之间联系的基础之上的。福格尔在获奖之后，多次来到中国，并发表了诸多演讲，比如《经济增长性质的变革》《20世纪美国经济的变迁及其对中国的借鉴意义》《全球经济增长及其对中国经济的影响》，等等。

4　计量经济学兴起于20世纪30年代。1930年12月，挪威经济学家弗里希（R. Frisch）、丁伯根（J. Tinbergen）和美国经济学家欧文·费雪（I. Fisher）等在美国克利夫兰（Cleveland）成立了计量经济学会。1933年，定期出版《计量经济学》杂志。所用的方法最早是投入产出分析，继而有回归分析、相关分析，以及系统论、控制论、信息论、博弈论等分支学科。其中，用于经济史研究的主要是回归分析和相关分析。

方法。计量经济学方法一般按照如下步骤进行分析：（1）陈述理论（或假说）；（2）建立计量经济模型；（3）收集数据；（4）估计参数；（5）假设检验；（6）预测和政策分析。在模型建立上，早期使用较多的是双变量线性回归模型，而后逐渐发展成多元线性回归模型、自回归模型、分布滞后模型以及联立方程模型等。目前，时间序列分析则非常有市场。与计量学派的方法相比较，计量经济学方法不使用“反事实度量法”，一般是根据经济学理论构建模型，而且主要是对经济增长和发展中各种因素的贡献进行量化研究。所使用的理论和方法比计量史学的方法更为复杂，比如使用投入产出法、博弈论等。[1]计量经济学主要分析20世纪20—30年代经济危机之后的经济发展情况，之所以如此，是因为从这时开始，经济方面的数据才比较全面。历史计量学的视野则不限于此，它们可以运用“间接度量法”来复原所需要的数据。计量经济学的方法用于经济史研究也有局限性。正如吴承明所言：“计量经济学方法只见量变，不见质变，只追求量的连续性，不能反映历史上由量变到质变的过程。计量经济学是以函数关系替代事物间的相互关系，从历史研究说，就是只见事物的演进过程，看不见整体结构性的变化。”[2]因此，他主张计量经济学的方法适用于检验已有的定性分析，而不适用于创立新的论点。如果要在研究中使用计量经济学的方法，一定要以已有的历史研究为基础。

吴承明对计量学派的方法基本上持否定态度，尤其是“反事实度量法”和“间接计量法”。当然，他不否定统计学方法，相反，吴承明赞

1　参见吴承明《经济史：历史观和方法论》，上海财经大学出版社，2006，第八章第一节：统计学、计量经济学、计量史学。

2　吴承明：《经济史：历史观和方法论》，上海财经大学出版社，2006，第248页。

成运用历史统计方法来深化经济史的研究。国外的经济史学家也对计量方法持一种冷静态度。比如，霍布斯鲍姆认为，从历史计量学迫使历史学家清晰地思考以及作为废话检测器的这个角度而言，它发挥了难能可贵的作用，然而，其“反事实”的假设对于历史研究来说却没有显著意义。[1]

鉴于计量学派的明显缺点，一些学者建议计量学派如果要运用其方法对历史问题进行研究，则需要多向传统经济史学家学习。比如，海迪（Ralph W. Hidy）在70年代计量学派还很热闹的时候，就强调传统经济史学家和新经济史学家之间应该在研究方法上多沟通。他认为，一方面，传统经济史学家需要学习一些新的理论，比如经济学理论，另一方面，新经济史学家也需要学习历史学方法，需要尊重史料。他在1972年当选为经济史学会主席的就职演说中言：“没有以往史学家所做的各种质性研究（qualitative studies），计量史学家可能就会误解了他们用以量化研究的材料的意义；没有史学家所积累的研究成果，理论学者也很难设定各种近乎真理和实际的模型。”[2]海迪希图计量学派和传统经济史学家互相借鉴，从而让新旧经济史融为一体。但钱德勒却不这么看。他说：“我看不出加强两个分支一体化、形成一门新的或专门学科有何必要。在我看来，我们应当鼓励彼此间的明确分工：每个人从事各自的专业，固守各自的终极目标，对各自的可能性与局限性具有清醒的认

1 ［英］埃里克·霍布斯鲍姆:《史学家：历史神话的终结者》，马俊亚、郭英剑译，上海人民出版社，2002，第128页。

2 Ralph W. Hidy, “The Road We are Traveling”, *The Journal of Economic History*, Vol. 32, No. 1, The Tasks of Economic History (Mar., 1972), pp. 3-14.

识。”[1]

总之，从历史上看，计量学派到20世纪70年代后期就呈衰落之势了。有一部分学者转入到一般的计量经济学分析中。另一部分学者则开始专注于制度、组织的研究，并努力探究人类经济增长和发展的秘密以及不同国家经济发展道路的不同。从方法上看，计量史学的方法和计量经济学的方法在经济史研究中实际上都有一定的局限性，尽管可以在适用的条件下派上一定的用场。计量学派的方法似乎也没有找到与传统经济史研究和平共处的道路。

1　转引自［英］克里斯·弗里曼，［葡］弗朗西斯科·卢桑：《光阴似箭：从工业革命到信息革命》，沈宏亮译，中国人民大学出版社，2007，第36页。

第四章
1970年代以后：新制度学派

第一节　新制度学派的出现和发展

正如新经济史革命（计量学派）不是空穴来风一样，新制度学派的出现也有其内在原因。它是超越计量学派的结果。辉煌后的计量学派逐渐暴露了在研究视域以及研究理论和方法上的缺陷。研究视域上的缺陷是：新经济史研究的问题都比较具体，而在解释人类社会变迁这类历史宏大问题时无能为力。研究理论和方法上的缺陷是：计量学派所依赖的理论，即新古典经济学理论对制度、组织的变迁不能做出合理的解释，而制度和组织的变迁在历史进程中扮演着重要角色。因此，要弥补这些缺陷，必须吸收现代经济学理论，必须从美国旧制度学派和德国新旧历史学派那里汲取智慧，必须吸收传统经济史的研究成果，进而完成超越。

一、研究视域：从小到大的复归

人类社会的发展进程一直是传统经济史的研究对象。比如，人类社会的经济发展道路有没有规律？如果有的话，那么规律是什么？人类社会经济发展、社会进步的动力是什么？为什么有的国家穷，有的国家富？等等。这些问题对经济史学家来说，永远都充满魅力。德国新、旧历史学派都乐于对社会发展进程进行概括。这些概括都来自历史的直觉以及对历史资料的深沉思考。随着概率论等数学思维渗透到社会科学的研究领域，英国的经济史学家希克斯试图概括出统计学意义上的经济史理论，只不过他的理论也难说具有普适性[1]。从亚当·斯密开始，经济学家也把经济增长作为永久的话题。经济增长的源泉是什么，让经济学家和经济史学家找到了共同的兴趣点，他们都试图对经济发展概括出共性。美国的经济学家罗斯托在研究国家的经济发展时，总结出一套关乎经济发展的理论——经济增长阶段的理论，并以“非共产党宣言”标榜。[2]该理论与希克斯的一样，很难说是适用于所有国家的。然而，这些努力反映了经济史学家掌握人类社会经济发展规律的愿望。对于人类社会进步的不同步性，也有很多经济史学家进行研究。法国的布罗代尔（Fernand Braudel）侧重于从地理环境来解读西方世界的兴起。布罗代尔在《菲利普二世时代的地中海和地中海世界》中表达了这样一种思想：地中海是西方崛起的起点。正是由于地中海的独特性，西方才从落后快速地走向了先进。[3]有些经济史学家愿意把西方近代以来的变化归功于技术进步。比如，汤因比认为工业革命在西方社会进步的过程中扮演了极为重要的角色。当然，也有学者觉察到市场、商业等在西方社会变革

---

1 ［英］希克斯：《经济史理论》，厉以平译，商务印书馆，1987。

2 ［美］W. W. 罗斯托：《经济增长的阶段：非共产党宣言》，郭熙保、王松茂译，中国社会科学出版社，2001。

3 ［法］费尔南·布罗代尔：《菲利普二世时代的地中海和地中海世界》，唐家龙等译，商务印书馆，1996。

中的作用。典型者如亚当·斯密，他认为正是分工、专业化和市场的互动导致了西方社会的进步。比利时的经济史学家亨利·皮朗（Henri Pirenne）将西方发生变化的钥匙锁定在城市和商业。[1]他认为，城市的兴起是西方社会发生变化的关键。总之，在经济史研究的历史上，经济史学家对人类社会进步规律的探求始终怀有浓厚的兴趣。

然而，在这样一个充满魅力的领域，计量学派却无所作为。计量经济史学家过多地专注于对传统观点的科学批驳，以至于忽略了对人类社会发展进程这类宏大问题的研究。实际上，这也是他们的研究方法所决定的。计量学派的研究方法不适合做大跨度、长时段的历史研究，不适宜解读历史变迁等宏大问题。首先，搜寻、组合和复原长时段的历史数据很难。因为，历史数据本来就很少，有的就根本没有数据。即使有数据，不同地区和不同时段的数据代表的含义可能又相差较大，即度量衡可能不同。即使度量衡相同，数据的真伪识别又会给研究者造成诸多不便。因此，构造历史数据的时间序列是一项艰苦而又可能是徒劳无功的事情。如果没有可用的数据，计量经济史的研究视域就会受到某种程度上的限制。其次，在长时段、大跨度的历史研究中，模型不易建立。因为，在历史长河中，一切皆变，很多因素都是变量。如果仅仅考察某一段时间，可以假定其他因素不变，然后把诸多变量放在一个方程中，即建立一个模型，并借助于计量方法得出结论。但是，短期不变的量并不意味着长期也不变。因此，在做长时段的历史研究时，要么模型非常复杂，要么根本不能建立模型。再次，计量经济史研究所依赖的理论是新古典经济学理论，而这时的新古典经济学理论还不能将制度、组织等因

1 ［比利时］亨利·皮朗：《中世纪欧洲经济社会史》，乐文译，上海世纪出版集团、上海人民出版社，2001。

素纳入分析框架中。而事实上，制度和组织确实在经济增长和发展中起着关键的作用。因此，新古典经济学理论在历史研究面前显得单薄，没有力量。如诺思所言，如果不利用现代经济学理论，不仅不能说明一国经济的兴衰这类重大问题，甚至连具体的经济史的过程也说明不了。[1]综合上述原因，就不难理解为什么计量学派对人类社会发展进程之类的宏大问题没有什么研究了。这也是计量学派在20世纪70年代后期走向衰落的一个重要原因。

计量学派不能完成的任务，不等于该任务不重要，也不意味着这个任务会永远被搁置。事实上，随着20世纪70年代各国经济发展的不平衡，随着发展经济学家对发展中国家发展方略的探索，随着世界银行对发展中国家援助的成效不明显，对国家、地区经济发展历程、对人类社会以前所走过的道路的思考越来越成为经济史学家的重任，包括新经济史学家。也就是说，新经济史学家试图在这个领域上有所成就，试图就人类社会的发展进程发出自己的声音。这实际上也是对历史研究中的一个常说常新的话题的呼应。那就是为什么是欧洲率先走向工业时代，为什么工业革命发生在西方的英国，而不是同在西方的西班牙？为什么会有李约瑟之谜？对于这些问题，传统经济史学家已经有各种各样的回答。为了在这个领域发出新经济史学家的声音，为了更好地回答上述问题，新经济史研究需要“羽化成蝶”。

---

1 Douglass C. North, “The State of Economic History”, *The American Economic Review*, Vol. 55, No. 1/2 (Mar., 1965): 86-91.

二、理论和方法：需要超越

计量学派在理论和方法上存在的问题早被新经济史学家注意。1965年，计量学派还很风光的时候，道格拉斯·诺思就指出，计量学派总体上已经令人失望了。[1]到1978年，诺思则深入地批判了计量学派对新古典经济学理论的天真信仰。他说，"新经济史学力图发展一种更为科学的历史学，其决定性贡献是强调理论——尤其是价格理论的系统应用。新经济史学的决定性特征为理论模型和统计检验过程的系统运用。我和麦克洛斯基的分歧在于，我认为大部分新经济史学简单地将新古典经济学用于过去。这是一种贡献，但收益很快会递减，最终留给经济学家这样一种信念：就这门学科而言，我们不是可有可无就是无足轻重的。"[2]"新古典理论不是分析和制定将引导发展的政策的合适工具。它关心市场的运作，而非市场如何发展。一个人不了解经济如何发展如何能制定政策。新古典经济学家们使用的方法本身支配着题材并对这种发展研究不合适。那种理论的原始形式赋予它以数学的精确和优美，设想一个无摩擦和静态的世界。当应用于经济史和发展时，它集中于技术发展以及较近的人力资本投资，但是忽视决定社会投资于哪些因素的程度的制度所体现的激励结构。"[3]新古典假设实际上已经是理解制度存在、形

1　Douglass C. North, "The State of Economic History", *The American Economic Review*, Vol. 55, No. 1/2 (Mar., 1965): 86-91.

2　Douglass C. North, "Comment on McCloskey, Cohen, and Forster Papers", *The Journal of Economic History*, Vol. 38, No.1, the Tasks of Economic History (Mar., 1978): 77-80.

3　［美］道格拉斯·诺思：《时间过程中的经济业绩》，出自王宏昌、林少宫编译：《诺贝尔经济学奖金获得者讲演集：1978-2007》，中国社会科学出版社，2008，第460-471页。

成和演化的绊脚石。[1]因此，若要解释经济史，必须超越新古典理论，必须为新古典理论增添时间因子。早期的诺思是一位计量经济史的研究者，那么，是什么因素促使诺思决心要完成理论的超越呢？两个因素使然。

第一，在自己的早期研究中，他发现了制度的重要性和新古典经济学理论的无助。诺思对制度变迁的力量的发现是从对海洋运输生产率的研究开始的。他经过研究发现，在1600—1850年，世界海洋运输业虽然没有发生重大技术进步，但这期间海洋运输的生产率却有了重大提高。增长的源泉是制度创新或者说制度变迁。这与传统观点不同，也与经济增长理论不同。在传统视野中，技术、商业、市场、城市、地理环境、政治都被反复强调，但没有提炼出制度概念。在经济增长理论中，制度因素也是被排除在外。除了传统的资本、土地、劳动三要素，通常人们认为，技术创新在经济增长中扮演了重要角色。诺思则提出制度是研究经济增长和发展必须考虑的要素。在1970—1971年，诺思与托马斯合作在《经济史评论》上发表了《西方世界增长的经济理论》和《庄园制度的兴衰：一个理论模式》等论文。在这些文章中，他们进一步指出经济增长的关键在于制度因素，其中，财产关系的作用更为突出，无论是封建庄园制的兴起和衰落，还是近代工业革命的发生，都与私人财产地位的变革有直接关系。可见，诺思对制度和组织在经济增长和发展中的作用的认识不断加深。然而，计量学派由于其专注于新古典理论而成为分析制度和组织的阻碍。计量学派之前的传统经济史学家倒是关注了制度，并且提供了一幅制度存续和变迁的图画，但由于其以不完善的

1 Douglass C. North, *Institutions, Institutional Change and Economic Performance* (Cambridge: Cambridge University Press, 1990).

理论和统计学为基础，缺乏一种整体结构，因此，它不易于超越每个故事的质的独特性而进行一般化分析。因此，如果让传统的解释富有体系，则必须超越计量学派所依恋的理论和方法，如果能做到这点，势必会使经济史学家所讲述的故事更为精彩。

第二，“哈佛派”的批评促使诺思转变。早在60年代，“哈佛派”就对诺思和福格尔等人的计量经济史研究提出了批评，对福格尔和诺思的信徒“过分”依赖于新古典经济学理论表示怀疑。起初，福格尔和诺思还为新古典经济学理论的可用性进行辩护。但不久之后，诺思对新古典经济学理论也开始提出质疑。他认为，新古典经济学理论本身确有很大缺陷。计量学派的贡献在于：将系统的理论体系应用于历史，用复杂的计量技术建立具体的历史模型并对之进行检验。然而，不加批判地接受新古典理论也使计量学派付出了代价。新古典理论关注的仅是某一个时点的资源配置效率。这对于历史学家来说是一个致命的缺陷。因为，历史学家的任务是对跨时变迁做出解释，是研究时间进程中的经济绩效。不仅如此，资源配置被假设为在一个无摩擦的世界中进行，即一个制度或者不存在或者无关紧要的世界。新古典的这两个假定使得经济史放弃了自己的研究对象：对不同社会的历时增长、停滞与衰败进行阐释；对人类相互作用导致的摩擦及其产生的后果进行探索。1973年，在诺思就任美国经济史学会会长时，他做了一篇题为《超越新经济史》的演说，该文于一年后正式发表。[1]在这篇文章中他指出，新古典经济学理论有两大缺点：第一，新古典的理论不注重解释经济的长期发展变化；第二，即使它打算解释这个问题，它提供的答案也是相当有局限性

1　Douglass C. North, “Beyond the New Economic History”, *Journal of Economic History*, Vol. 34, No. 1, the Tasks of Economic History (Mar., 1974): 1-7.

的。也正是在这个时候，福格尔和诺思开始分道扬镳。福格尔将研究重点放在人口和经济增长等问题的深入研究上。诺思则致力于超越新古典经济学理论，使之能够对经济长期发展变化提供解释。

如何超越呢？诺思认为有两种选择。一种是，将新古典经济学理论全盘抛掉，然后创造另外一种理论；另一种是，扩展新古典理论框架以使其对现实的分析能力加强，即把制度、组织等分析对象被充实到新古典经济学的分析框架中。[1]作为在计量经济史方面也取得重大成就的新经济史学家，诺思不打算抛弃新古典经济学理论。因此，他选择了第二种超越道路。诺思认为，新古典经济学理论尽管有缺陷，但其分析范式仍然是新经济史研究的强有力工具。实际上，自从察觉到新古典经济学理论的局限性之后，诺思就一直在寻找新的分析工具。他曾仔细拜读过旧制度学派大师凡勃伦和康芒斯（John R. Commons）的著作，并且感受到了这些制度经济学家对经济体系运作的透彻理解。然而，他们并没有告知诺思一套理论框架。也就是说，他们没有诺思所需要的、能够用来解释及分析人类社会经济史的理论框架。因此，旧制度经济学不可能替代新古典经济学理论。马克思主义的政治经济学开宗明义就表明了对制度（生产关系）的关切，并给出长期的历史变迁逻辑。但在诺思看来，马克思主义的分析有缺陷。其主要缺陷在于把阶级作为分析单位，把阶级斗争作为历史进步的动力。相比之下，诺思认为还是新古典经济学理论更为科学，因为它毫不妥协地专注于稀缺性和竞争，同时以个人为分析单位，以理性选择作为分析的基点。当然，这也反映了诺思作为经济学家的分析思路。实际上，社会学对制约人类行为的约束（社会关

1 Douglass C. North, "Beyond the New Economic History", *Journal of Economic History*, Vol. 34, No. 1, the Tasks of Economic History (Mar., 1974): 1-7.

系）也有研究。而且，诺思也掌握一定的社会学知识，但他不会从社会关系角度入手来探讨约束。因为，诺思是一名经济学家，他不会放弃经济学家的“本门功夫”，即从利益角度入手分析个体的选择。

如何从利益角度入手分析个体选择行为，分析组织、制度存在及变迁的原因，诺思从科斯（R. H. Coase）、威廉姆森（O. E. Williamson）那里找到了一个有用的抓手，即交易成本。对交易成本的分析，萌芽于科斯的《企业的性质》(The Nature of the Firm，1937)[1]，在这篇文章中，科斯分析了企业替代市场的原因，那就是利用市场是有成本的，即现实经济不是无摩擦的经济。古典经济学中的那种意义的市场现实中不存在。如果利用市场的成本超过了利用企业的成本，那么“企业就会代替市场”，“建立企业的主要原因是使用价格机制要付出成本”[2]。科斯虽然没有直接提出交易成本的概念，但他的思想里已经包含了交易成本的概念。德姆塞茨（Harold Demsetz）认为交易成本是交换所有权的成本。[3]肯尼思·阿罗（Kenneth J. Arrow）认为，经济系统的运行成本为交易成本，这种成本不同于生产成本，生产成本属于新古典经济学的分析范畴。交易成本类似于物理学中的摩擦力，新古典经济学假定经济系统没有摩擦力。[4]然而，这种摩擦力在工具主义者那里可能无所谓[5]，但

1 该文是科斯在他二十几岁的时候写的（1937），为科斯获得1991年的诺贝尔经济学奖立下了汗马功劳。

2 R. H. Coase, “The Nature of the Firm”, *Economica*, New Series, Vol. 4, No. 16 (Nov., 1937): 386-405.

3 H. Demsetz, “The Cost of Transacting”, *The Quarterly Journal of Economics*, Vol. 82, No. 1 (Feb., 1968): 33-53.

4 转引自［美］奥利弗·E. 威廉姆森：《资本主义经济制度：论企业签约与市场签约》，段毅才、王伟译，商务印书馆，2002，第31页。

5 比如在米尔顿·弗里德曼（Milton Friedman）那里。他在1953年写过一本讨论经济学研究方法的书，在这本书中就找不到交易成本的影子。

在现实主义者那里却是不容忽视的。“交易成本”这一概念由威廉姆森推广，威廉姆森界定了交易成本的含义，即包括起草、谈判和确保一项协议得以履行的事前成本，适应和调整在合同执行过程中因为歧异、误差、遗漏和不可预期的干扰而造成的偏移所耗费的成本，以及运转和保证成本。[1]诺思吸收了科斯和威廉姆森等人的思想。然而，他的交易成本的概念不同于威廉姆森。他把不同类型的交易成本引入到经济史研究中，例如度量成本、考核成本、履约成本等，并最终用于解释制度和组织的建立和变迁。总之，借助于交易成本，诺思在新古典经济学的分析范式下，把制度、组织等纳入其中，从而扩展新古典经济学理论，即将新古典经济学理论一般化。这样，就可以用这个一般化的新古典经济学的分析范式来解释历史，从而达到历史和逻辑的统一。

方法上也与计量学派的侧重点不同了。在计量学派那里，因为目标是检验已有的历史结论，所以侧重于定量方法，希图把人们曾经忽视的或者无法利用的数据整合起来，并借助于经济学理论来进行实证。如果论据支持，那么以前从历史直觉中获得的结论就是正确的，否则，那种借助于笔记、观察家的话语来推出的结论就令人生疑。到了70年代，这种检验的工作已经令人乏味了，而且之前的检验也受到越来越多的批评。计量学派的新经济史学家也觉得，定量方法不是万能的。要对历史宏大问题进行解释，光有定量方法是做不到这一点的，还需要定性分析，而且，由于提出了新的理论，定性分析也变得可能。实际上，随着研究的深入，在诺思那里，定量方法已经是定性方法的辅助了。

---

1 ［美］奥利弗·E. 威廉姆森：《资本主义经济制度：论企业签约与市场签约》，段毅才、王伟译，商务印书馆，2002，第33-38页。

三、代表学者：诺思

与福格尔的文质彬彬不同，诺思满脸胡须。福格尔给人的感觉是一位严谨的分析者，学术上的他也的确如此。福格尔致力于运用经济学理论和计量方法对史学界的某些传统观点进行详细的分析与批驳，并收集、整理了大量数据以供研究者使用。相反，诺思倒像一个大刀阔斧的理论家，他致力于理论建设，并想把历史和理论统一起来。诺思的研究历程分为两段。在前一段，他为新经济史革命（计量学派）披荆斩棘，并小有成就。在后一段，诺思将研究视域扩展到制度，并相继推出《制度变迁与美国经济增长》（*Institutional Change and American Economic Growth*）、《西方世界的兴起》（*The Rise of the Western World: A New Economic History*）、《经济史中的结构与变迁》（*Structure and Change in Economic History*）以及《制度、制度变迁与经济绩效》（*Institution, Institutional Change and Economic Performance*）等[1]。这些著作为其赢得了声誉。

诺思兼具新制度经济学家和新制度经济史学家双重身份，因为他在理论创建和历史解释上均有建树。在1973年出版的《西方世界的兴起》和1981年出版的《经济史中的结构与变迁》中，诺思将重心放在历史解读上，1990年出版的《制度、制度变迁与经济绩效》则将重心放在理论建构上。《西方世界的兴起》和《经济史中的结构与变迁》对历史进行了解释，属于“史论”性质的著作。也就是说，在这两本著作中，诺思给出的是自己对历史发展变化的一个理解和解释，而不是对过去的历

1　这些著作都有中译本，并且在国内产生了相当大的反响。诺思本人也多次来中国，阐述其研究成果，并用其理论来解读中国改革开放和经济发展的历史。

史事实进行详细的描述。[1]《西方世界的兴起》和《经济史中的结构与变迁》在研究视域和所用理论上有所区别。《西方世界的兴起》研究的仅仅是西方世界地理大发现以来的发展变化，所用的理论也较为简单。相比之下，《经济史中的结构与变迁》的视域更为广阔，投射到人类社会的整个历史，运用的理论也更加复杂。在这本书中，诺思不仅完善了之前的观点，而且还在历史解读的基础上梳理出制度变迁理论。该理论在西方经济史学界乃至经济学界都产生了巨大的反响。《制度、制度变迁与经济绩效》是一本理论著作，是诺思长久以来思考的一个集成，堪称制度研究领域的经典之作。在这本书中，他进一步完善了制度变迁理论。通过多年的研究，诺思最终建立了制度制约和个人理性选择之间的联系，实现了制度与新古典经济学理论的整合。1993年，诺思和福格尔共同荣膺了诺贝尔经济学奖。在瑞典皇家科学院的获奖原因说明中，指出诺思的获奖原因是建立了包括产权理论、国家理论和意识形态理论在内的"制度变迁理论"。这个"制度变迁理论"是一种理论创新。因此，可以说，福格尔获奖是因为他在经济史研究中创新了一种方法：定量方法。那么，诺思获奖则是因为他在经济史研究中创新了一种理论：制度变迁理论。

四、诺思的主要成就

诺思引领了新制度学派的诞生，为新经济史研究做出了重大贡献。

1　笔者认为，历史研究分为两个层面，第一个层面是描述历史，即告知人们，过去到底发生了什么；第二个层面是解释历史，即告知人们，为什么会发生这些事情，其背后的逻辑机理如何。诺思的历史研究属于后者，他的这两本书属于解释性的经济史研究著作范畴。

其著述颇丰。迄止2004年，他一共发表了8本著作和50多篇学术论文。最能代表他学术思想的是三本著作，即《西方世界的兴起》《经济史中的结构与变迁》以及《制度、制度变迁与经济绩效》。其主要成就可以归结为两方面：一个是"论"，一个是"史"。所谓"论"，是指诺思在经济史研究中，通过吸纳科斯和其他制度经济学者的成果，提出了制度变迁理论。所谓"史"，是指诺思利用制度变迁理论，独到地分析了美国的经济发展历史、欧洲率先崛起的历史及人类社会发展变迁的历史。诺思的经济史研究为他的制度变迁理论提供了实证依据，增强了理论的说服力。诺思主张，史论应该结合在一起，主张新经济史学家应该用理论来解读历史，同时用历史来检验、完善理论。[1]

鉴于能够理解和分析制度变迁的理论很少，诺思借鉴产权理论、交易成本理论来建构新古典经济学理论框架下的制度变迁理论。戴维斯和诺思在1971年出版的《制度变迁与美国经济增长》一书中阐述了制度变迁的原则。根据自己早期对美国经济史的研究，他认为，制度变迁与技术进步具有相似性，即推动制度变迁和技术进步的行为主体都是追求利益最大化的。当然，不同的行为主体（个人、团体或政府）推动制度变迁的动机、行为方式及产生的结果可能不同，但他们都要服从制度变迁的一般原则。制度变迁的成本和收益对比对于能否实现制度变迁起着关键作用，只有在预期收益大于预期成本的情形下，行为主体才会去推动直至最终实现制度的变迁，反之亦反。制度变迁的预期收益主要来源于四个方面：规模经济、外部性、风险、交易成本。也就是说，如果制度变迁能够使企业达致规模经济，能够使外部性内在化，能够克服风

1　这让人想起了亚当·斯密和马克思等伟大的学者。在他们的研究中，体现了历史和理论的统一。他们都基于对现实的丰富观察和理解来提出理论，并有着深沉的现实关怀。

险，能够降低交易费用，那么这种制度变迁就可能发生。除了从成本和收益角度归纳出制度变迁的一般原则外，诺思还通过一些概念（制度环境、初级行动团体、次级行动团体等）说明了制度变迁的具体过程。借助于制度变迁的原则和具体过程诺思考察了美国历史上的制度变迁。

产权理论是重新解读西方经济发展史的工具和切入点，并且与交易成本理论联系在一起。当时，学者们对交易成本以及产权在经济发展中的重要性都已经有所阐发。比如，科斯就强调了产权清晰界定的重要性。1973年，诺思与罗伯特·托马斯合著《西方世界的兴起》，勾画出与往昔人们熟知的情景迥然不同的历史图景。该书可以溯源到诺思与托马斯之前合写的两篇文章：1970年发表的《西方世界增长的经济理论》和1971年发表的《庄园制的兴衰：一个理论模式》。如果说，之前诺思仅仅是不自觉地意识到制度因素对经济增长有贡献，那么，在这两篇文章中，诺思是自觉地提出一个不同凡响的观点：制度而不是技术对经济增长起决定性作用。在《西方世界的兴起》一书中，诺思直截了当地指出："有效率的经济组织是经济增长的关键；一个有效率的经济组织在西欧的发展正是西方兴起的原因所在。"[1]什么样的经济组织才会有效率呢？衡量的尺度就是看该社会能不能在制度安排上激励个人的经济活动。一个社会如果没有实现经济增长，那就是因为这个社会没有为经济领域的创新活动提供激励。好的制度安排应该使私人收益尽量接近社会收益。该见解令人耳目一新。历史也为诺思的分析提供了注脚。经济增长之所以能够率先在荷兰和英格兰地区出现，在于这两个地区最早进行了产权结构方面的变革，从制度上激发和保护了经济领域内的创新活

1 ［美］道格拉斯·诺思、罗伯特·托马斯：《西方世界的兴起》，厉以平、蔡磊译，华夏出版社，1999，第5页。

动。而它们的竞争对手西班牙和法兰西却没有做到这一点。

1981年，诺思推出了另一部大著：《经济史中的结构与变迁》。在这本书里，诺思分析了经济史中的结构和变迁，并完整地表述了包括产权理论、国家理论和意识形态理论在内的制度变迁理论。所谓“结构”，是指制度框架；所谓“变迁”，是指制度创立、变更以及随着时间变化而被打破的方式。[1]在《西方世界的兴起》中，诺思论述了西方经济如何随着时间的变化而变化，而在《经济史中的结构与变迁》中，他则将分析的重点放在产权、国家和意识形态上。产权对经济活动有促进作用，国家是界定和实施产权的单位，意识形态则决定个人观念转化为行为的道德和伦理信仰体系。这三者构成了制度变迁理论三大基石。根据产权理论，在现存技术、信息成本和未来不确定性因素的约束下，在充满稀缺和竞争的世界中，最有效率的产权形式是解决问题成本最小的那种。竞争将使有效率的经济组织代替无效率的经济组织。国家如果清晰界定产权，则会使交易成本降低，即产权形式有效率。国家在诺思眼里并不是“中立”的，国家决定产权结构，并且最终要对造成经济增长、衰退和停滞的产权结构的效率负责任。这样，诺思就把产权理论和国家理论结合起来。诺思构造了他的新古典国家理论，即国家有三个特征：一、国家为取得收入交换其所提供的“公正”和“保护”服务；二、为使收入最大化而为每一个不同的集团设定不同的产权；三、面临其他国家或者潜在统治者的竞争。基于这三个特征，国家有双重目的，既要使统治者的租金最大化，又要使交易成本降低使社会总产出最大化，从而使税收最大化。这两个目的是相互冲突的，并由此决定了不同国家经济发展

---

1 ［美］道格拉斯·C. 诺思：《经济史中的结构与变迁》，陈郁、罗华平译，上海三联书店、上海人民出版社，1994，第225页。

道路的不同。产权界定需要成本，因此，产权界定也永远不会是最终的和完整的。这样，就会出现“搭便车”的行为。如何克服“搭便车”呢？诺思认为意识形态理论是克服“搭便车”问题的灵丹妙药。制度变迁理论应该包含意识形态理论。至此，诺思就完成了其制度变迁理论的全部分析框架，并用这个框架解释了人类的全部经济史。不难看出，诺思的分析虽然超出了纯经济领域，但其基本方法是纯经济的。

专门探讨制度变迁理论的著作是1990年出版的《制度、制度变迁与经济绩效》。该书进一步研究了制度变迁的内在原理，提供了一个制度与制度变迁理论的概要，是诺思之前所有研究的进一步深化，是对制度、组织以及它们如何影响交易和生产费用的进一步说明。在该书中，那些以“文化”形式沉淀下来的对人们的交往不可或缺的非正式制度得到了特别的强调。另外，诺思也强调了制度的实施能力和效果。不同国家经济发展道路之所以不同，与制度的能否实施也有很大关系。由于考虑的对象更为全面，诺思的制度变迁理论可以更现实地透视各国经济绩效差异甚大的原因，并能够更为理性地看待各国经济发展道路之迥异。

第二节　诺思和托马斯：《西方世界的兴起》

西方世界为什么能够率先实现工业革命并进而转型为现代社会，是一个长期以来吸引大批学者的问题。作为经济史学家，诺思也需要对社会经济变迁尤其是传统社会向现代社会的转型做出解读。

一、论点：有效率的经济组织是西方经济增长的关键

诺思认为，有效率的经济组织是西方经济增长的关键；一个有效率的经济组织在西欧的发展正是西方兴起的原因所在。那么，什么是有效率的经济组织呢？诺思认为："有效率的组织需要在制度上做出安排和确立所有权以便造成一种刺激，将个人的经济努力变成私人收益率接近社会收益率的活动。"因为，"个人必然受刺激的驱使去从事合乎社会需要的活动"，因此，"应当设计某种机制使社会收益率和私人收益率近乎相等"。否则，"如果私人成本超过了私人受益，个人通常不会愿意去从事活动，虽然对社会来说可能有利。"[1]也就是说，如果产权制度（所有权的形式）不能够将外部性内在化，则这种制度不能为个人和组织提供好的激励。可见，产权制度在经济增长中相当重要。然而，产权制度的创立和实施有成本。因此，能够保证长期经济增长的产权制度不一定会在现实生活中创造出来。作为一个组织，政府确定和实施所有权的费用要小于自愿团体，同时，市场规模越大，政府的收益也越大。但是，政府的财政要求不一定能够保证其会创造出促进经济增长的产权制度。政府也有可能实施阻碍经济增长的产权制度。另外，"所有权始终置于一个社会的制度结构之内，新所有权的创造需要新的制度安排，确定和说明经济单位可以协作和竞争的方式。"也就是说，所有权形式与制度变迁相关，而制度变迁本身相当复杂。[2]能够为经济组织提供好的激励的

---

1 ［美］道格拉斯·诺思、罗伯特·托马斯：《西方世界的兴起》，厉以平、蔡磊译，华夏出版社，1999，第5-6页。

2 如诺思所言：有些制度安排无须改变现行所有权便可以创造出来，有的包括在新的所有权的创造过程之中；有些制度安排由政府完成，有的则是自发组织起来的。

产权制度的创建是不同国家的“不同的要素组合”的结果。[1]一旦产生了有效率的经济组织，这个国家的经济就会跨越“马尔萨斯陷阱”[2]，实现人均收入的持续增长。

这种认识与以往的大多数学者的观点不同。马克思和恩格斯把西方发生的变化的原因归结为欧洲殖民主义、奴隶贸易以及对美洲和亚洲的攫取。在这种占有和攫取的过程中，诞生了资产阶级及其生产方式，这种生产方式向世界各地的扩张又进一步加速了资本主义社会的兴起。他们说：“资产阶级，由于一切生产工具的迅速改进，由于交通的极其便利，把一切民族甚至最野蛮的民族都卷到文明中来了。它的商品的低廉的价格，是它用来摧毁一切万里长城、征服野蛮人最顽强的仇外心理的重炮。它迫使一切民族——如果它们不想灭亡的话——采用资产阶级的生产方式；它迫使它们在自己那里推行所谓的文明，即变成资产者。一句话，它按照自己的面貌为自己创造出一个世界。”[3]在马克思主义学者看来，技术（生产力）在西方经济增长中发挥了重要作用。正是在技术的引领下，18世纪60年代到19世纪60年代的一百年，欧美各国发生了第一次工业革命，手工业被机器大工业代替。轮船、铁路等发明扩大了市场，为贸易和分工创造了条件。19世纪后期，发生了以电力应用为标志的第二次工业革命，电力、石化、汽车等工业迅速发展，科学在技术进步和经济发展中扮演了越来越重要的角色。西方社会通过两次工业革

1 ［美］道格拉斯·诺思、罗伯特·托马斯：《西方世界的兴起》，厉以平、蔡磊译，华夏出版社，1999，第128页。

2 马尔萨斯是古典经济学家。他在《人口论》中提出，人口的增长要受到土地和自然资源的制约。人口在不受限制时，其增长是以几何级增长速度增长，而食物生产只能以算数级增长速度增长，因此，人口增长要快于食物增长。为了平衡，则大自然就会赋予人类战争、饥馑和其他各种灾难。这个现象被称为“马尔萨斯陷阱”。

3 《马克思恩格斯选集》第1卷，人民出版社，1995，第276页。

命，跨越了“马尔萨斯陷阱”，实现了普罗米修斯式增长[1]。斯密也指出，“美洲的发现以及绕好望角到东印度通路的发现，是人类历史上最大而又最重要的两件事”[2]。贡德·弗兰克（Gunder Frank）认为，欧洲之所以在19世纪最终成为全球经济的领袖，在于其征服了拉丁美洲并占有贵金属，从而让自己获得了进入亚洲为中心的世界经济体系的机会，并进而站在了亚洲的肩膀上。[3]

罗斯托在解释欧洲“起飞”的问题时，将科学革命作为分水岭。[4]乔尔·莫基尔认为，技术演变处于现代经济增长中的核心地位。[5]马克斯·韦伯则把目光投向了文化，他认为，西方兴起的关键是源自新教的理性精神和工作伦理。[6]

加州学派对历史偶然性在西方兴起过程中的意义给予了关注。比如，彭慕兰认为，新大陆提供的食糖、棉花等原料，以及易开发的煤炭的偶然发掘，减轻了西欧人口增长对土地的压力，被节省下来的土地和劳动力直接推动了棉纺织业的技术变革和规模扩张，进而促使西欧

---

1 普罗米修斯是希腊神话中的一个人物。传说他把火种带到人间，让人类获得了一种全新的照明、取暖和饮食手段，从而完全脱离了动物界。工业革命把新技术应用到经济增长中，具有普罗米修斯传播火种的特征。参见［美］大卫·兰德斯（也译为戴维·兰德斯）《解除束缚的普罗米修斯》，谢怀筑译，华夏出版社，2007。

2 ［英］亚当·斯密：《国民财富的性质和原因的研究》下卷，郭大力、王亚南译，商务印书馆，1972，第195页。

3 ［德］贡德·弗兰克：《白银资本：重视经济全球化中的东方》，刘北成译，中央编译出版社，2000。

4 ［美］W. W. 罗斯托：《这一切是怎么开始的：现代经济的起源》，黄其祥、纪坚博译，商务印书馆，1997。

5 ［美］乔尔·莫基尔：《富裕的杠杆：技术革新与经济进步》，陈小白译，华夏出版社，2008。

6 ［德］马克斯·韦伯：《新教伦理与资本主义精神》，彭强、黄晓京译，陕西师范大学出版社，2002。

工业革命和经济“起飞”。[1]王国斌（R. Bin Wong）同意里格利（E. A. Wrigley）的看法，认为煤的开发对西方兴起有着关键的意义。[2]实际上，这个看法并不新鲜。韦伯曾言：“现代资本主义的胜利是由煤和铁决定的”，“煤和铁把技术和生产发展的可能性从有机物质固有特征的局限中解放出来，从此工业就不再依附于兽力和植物的成长了”[3]。

保罗·肯尼迪（Paul Kennedy）认为，“欧洲的优势是经济自由放任、政治和军事的多元化以及智力活动自由的一种结合，这些因素在经常的相互作用中产生了‘欧洲的奇迹’。”[4]兰德斯也倾向于用多因素来解释西方世界的兴起，比如环境因素（气候温和使人勤劳；土地贫瘠推动农业技术革新），技术因素（耕犁、马镫或放大镜），政治-军事因素（封建主义导致绝对君主专制、竞争和民族国家的出现以及政治制度上的改进），人口因素（节育和晚育使得家庭规模小并使资本容易积累），等等。[5]

与上述学者的视野不同，诺思认为明晰的产权制度在西方的兴起过程中扮演了重要角色。当然，并不是仅有诺思注意到了制度的重要性。实际上，也有一些学者早就看到了制度在西方历史发展中的作用。比如，熊彼特认为，推动经济增长和发展的原动力，在于创新活动；而创新活动最终能否实现，则取决于创新者能否能够得到金融上的支持；

---

1 ［美］彭慕兰：《大分流：欧洲、中国及现代世界经济的发展》，史建云译，江苏人民出版社，2003。

2 ［美］王国斌：《转变的中国：历史变迁与欧洲经验的局限》，李伯重、连玲玲译，江苏人民出版社，1998。

3 ［德］马克斯·韦伯：《世界经济通史》，姚曾廙译，上海译文出版社，1981，第258-259页。

4 ［美］保罗·肯尼迪：《大国的兴衰》，陈景彪等译，国际文化出版公司，2006，第28页。

5 ［美］戴维·兰德斯：《国富国穷》，门洪华等译，新华出版社，2001。

而有效的资本市场背后，却是一整套有效的金融制度。[1]希克斯也看到，促使资本市场有效运转的制度创新与当时西欧经济的增长或者发展之间有着紧密的联系。[2]科大卫（David Faure）指出，15—18世纪欧洲自高层金融界到零售业经历了一场商业革命之后，银行、保险、有限公司、股票交易、商业融资和债券等一系列制度被创造出来。这些制度成为“工业革命前资本主义的建筑构件，在工业融资的增长中发挥了巨大作用”[3]。但与这些学者不同的是，诺思不仅给出了产权制度重要这样一个结论，更重要的是基于新古典经济学分析范式对产权制度的变化给出了逻辑解释，并进而解释了西方世界的兴起以及兴起过程中诸多国家道路的不同。

诺思不仅提出了与经济史学家或者历史学家不同的看法，还超越了经济增长理论中对经济增长因素的考察范围。在古典经济学理论中，认为经济增长的源泉为土地、资本和劳动力。随着经济学理论的发展，索洛（Robert M. Solow）看到了技术进步在解释经济增长上的作用。罗默（Paul M. Romer）认为知识存量的积累对经济增长很重要。卢卡斯（Robert E. Lucas）则强调了人力资本。在这些学者的研究基础上，教育、规模经济、创新、研发水平都逐渐进入研究者的视野里，并占据了解释经济增长时的一席之地。[4]但诺思通过历史分析认为，以前学者所列的原因，比如创新、规模经济、教育、资本积累等并不是经济增长的原因，而是增长本身。真正的增长动力来源于制度变迁，即产权制度在

---

1 ［美］熊彼特：《经济发展理论》，何畏等译，商务印书馆，1990，第73-74页。

2 ［英］希克斯：《经济史理论》，商务印书馆，厉以平译，1987，第56-91页。

3 ［美］科大卫：《中国的资本主义萌芽》，《中国经济史研究》2002年第1期。

4 ［美］E. 赫尔普曼：《经济增长的秘密》第4章，王世华、吴筱译，中国人民大学出版社，2007。

经济增长中扮演着相当重要的角色。

二、分析框架：人口增减引致制度变迁

制度变迁是经济增长的原因，制度变迁的引致因素又来自于哪里呢？也就是说，主要决定参数是什么呢？诺思的回答是人口数量变化。他说："导致制度创新这一西方社会兴起原因的主要参数变动乃是人口增长。"[1]在"马尔萨斯陷阱"没有来临的时候，人口会自然增长；一旦增长到一定程度，"马尔萨斯陷阱"机制发挥作用，人口数量就会大量减少；改变了禀赋结构之后，人口数量又会缓慢恢复和再次上升。同时，随着人口数量的增减，制度发生着变化，并最终影响到"马尔萨斯陷阱"对人类的约束程度。如果制度变迁合意，人类则有可能逃离"马尔萨斯陷阱"。

在一个稳定的社会里，人口数量会逐渐上升，结果导致两方面的变化：一个是要素的结构发生了变化，并进而导致要素之间的相对价格发生变化；[2]另一个是导致移民运动，即向新地区移民（边疆运动）。相对价格变化会影响到领主和农奴之间的谈判能力以及契约协定的内容。移民则由于新地区的特点和产品种类可能与老地区不同，有可能产生各自的比较优势，从而导致商业贸易扩张。商业贸易扩张就会导致城镇的兴起和一些减少市场不完善的制度安排的出现，比如委托制、合伙制、保

1 ［美］道格拉斯·诺思、罗伯特·托马斯：《西方世界的兴起》，厉以平、蔡磊译，华夏出版社，1999，第13页。

2 人口、土地是古代社会中最重要的两种要素。人口增长速度快于土地开发，则会导致人地比例上升。地就会变得相对稀缺，其相对价格也会变大。相反，人口数量减少导致土地荒芜，则人的重要性上升，其相对价格就会变大。

险、集市、商法等制度的发展。国际集市和城市中心的兴盛便利了区际商业，与此同时还出现了地方自治城市。这些制度变革都为西方自给自足的庄园社会注入了市场经济的因素，然而还是不能挣脱“马尔萨斯陷阱”，其原因是“该世纪已经发展或未能发展的所有权的性质”[1]。创建和实施所有权是政府的权利，而这个权利由于彼此冲突的权利制约来得非常缓慢和曲折。为了应对政府的当下财政需求，那种促进长期经济增长的产权制度可能不易建立。

“马尔萨斯陷阱”使得人口数量变化形势翻转，从而造成相反方向上的制度变化。随着人口数量的减少，土地变得相对丰裕，劳动力价格相对于土地价格上升。人口下降还导致了贸易规模的缩减，因而刺激了一种导向地方自给自足的趋势。同时，专业化和分工程度下降，人们的生活水平也随之恶化。由于地租相对下降和劳动力价格相对上升，农民的谈判力量增强。这导致土地的产权制度发生了变化，领主的产权逐渐让位于承租人，即农民。由于封建岁入下降（财政危机），政府也有扩大规模的需要，因此城市国家让位于民族国家。一系列制度变迁是伴随着饥荒、瘟疫、战争等不幸而出现的。在阵痛中获得新生的制度环境为人口数量再次跃升奠定了基础。

经历了一个“马尔萨斯陷阱”之后，人口数量再次增长，商业贸易复兴。与此同时，封建社会的基本结构瓦解，技术引进和发明（船舶和导航的改进）促进了对新世界的探险，而探险的成功克制了土地边际收益的递减，因为可以通过向新世界移民的方式来改善要素禀赋结构。同时，利用新技术也可以提高劳动生产率，从而提高农业报酬。这大大缓

1 ［美］道格拉斯·诺思、罗伯特·托马斯：《西方世界的兴起》，厉以平、蔡磊译，华夏出版社，1999，第88页。

解了“马尔萨斯陷阱”所带来的压力。这其中最为重要的是，创建了能够促进经济长期增长的所有权形式。而这种形式之所以会诞生，又在于其国家提供了适宜所有权演进的环境。“这种环境促进了从继承权完全无限制的土地所有制、自由劳动力、保护私有财产、专利法和其他对知识财产所有制的鼓励措施，直到一套旨在减少产品和资本市场的市场缺陷的制度安排。”[1]总之，能够创建促进经济长期增长的有效的所有权形式，即好的产权制度是西方世界兴起的关键，分析框架参见图4-1。

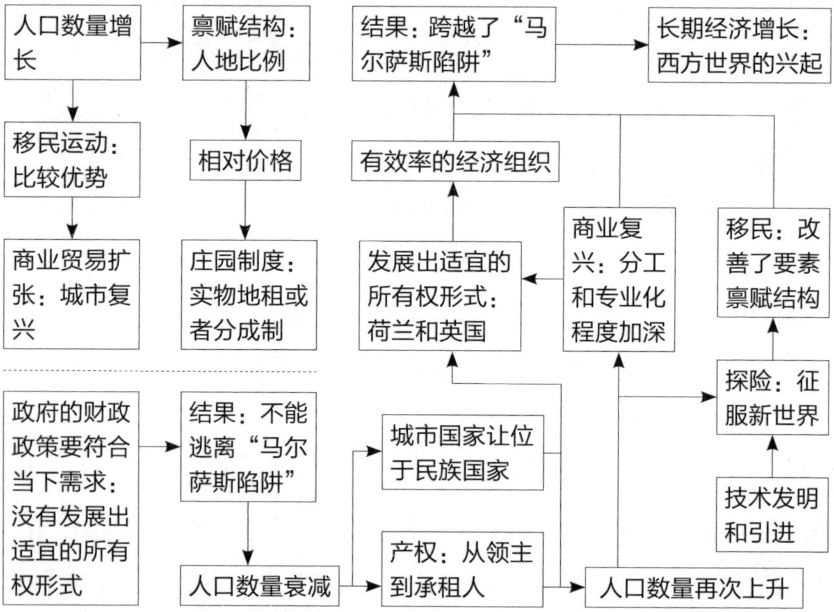

图4-1 西方世界兴起的分析框架

1 ［美］道格拉斯·诺思、罗伯特·托马斯：《西方世界的兴起》，厉以平、蔡磊译，华夏出版社，1999，第23-25页。

人口数量变化引致了制度变迁。有效的所有权形式内嵌在制度变迁之中。但并不是每一个国家都会在其发展进程中产生有效的所有权形式，那么，为什么所有权不能演进到使个人收益和社会收益相等的地步呢？诺思给出了两个普遍的原因。第一，技术原因。技术的落后不能阻止“搭便车”[1]或强迫第三方承担他对交易成本的份额，结果就是，好的产权制度这种公共品不能提供。第二，创造和实施所有权的费用可能超过收益。也就是说，由于制度变迁的成本大于收益，好的产权制度不能出现，即让个人收益率接近社会收益率的制度安排不能出现。作为一个提供保护和公正并以此交换税收的组织，国家在所有权形式的变化中扮演重要角色。它作为一个提供公共产品的第三方而存在，这是人们长期以来的自然选择。公正和实行所有权是一种公共产品。为了有效地实施所有权，国家制定了一组成文或者不成文的竞争规则，从而维护一个社会秩序的稳定。正是这种稳定导致了社会经济的发展。团体乐于以税金来交换这种稳定，同时，国家提供该种公共品的收益随着市场规模的扩大而日益显著。但是，国家并不必然地提供促进经济增长的所有权保护，在短期利益或者说短期财政的压力下，也极有可能做出相反的举动，即实施阻碍经济发展的所有权保护。

三、历史解读：西方世界的兴起

有了分析框架之后，诺思便开始解读西方社会的经济发展。他首先从中世纪开始进行分析。中世纪是停滞的、黑暗的，这曾经是流行于历

---

1 “搭便车”意指在生活中每个人都有动机“坐享其成”，也就是有意搭别人的便车。

史学界的看法。但实际上，这个时代是变化扩张的时代，商业复兴、城市兴起、分工和专业化进一步加强、市场规模不断扩大。经济发展的中心也伴随着地理大发现从地中海转移到北欧平原。传统经济史学家亨利·皮雷纳曾对这种转移做过解释。他认为，十字军东征附带的商业刺激对这种转移起了很大作用。北欧的发展是对这种商业刺激的反应。城市的兴起也与十字军东征导致的商业复兴相关。[1]皮雷纳的观点曾经说服了学界很多人。与这种从外部找原因不同，马克思将锐利的目光盯在北欧社会的内部。马克思认为，是技术变革打破了平衡，从而引致了社会的螺旋式上升发展。还有学者强调新发明和新制度的累积作用。[2]诺思认为这些解释都有缺陷。他提出，人口增长是解释中世纪盛世的外生变量。一个地区人口的扩张最后会导致边际报酬递减。增加的劳动力便要迁移到尚未开发的土地上去定居，于是拓殖区便延伸开来。两个地区由于资源禀赋不同，形成了比较优势，从而促进了产品交换和商业贸易繁荣，带来了市场规模的不断增大。商业复兴伴随着城市的兴起，并且使中世纪欧洲的经济结构发生变化。

中世纪典型的制度安排是庄园。庄园由一个或者不止一个村庄构成，首领为领主，他被看成是庄园里所有人的法官、保护者和领袖，负有保护村庄和执行习惯法之责，并且享有继承的权利。普通村民有权为他们自己耕田，利用牧场和荒地，有权把自己的财产过继给继承人，同时，他们还要向领主交纳例行的婚丧税，并且完成一定的劳役。这实际上是一种交换，即劳役和税收交换保护和公正。庄园并不是完全封闭的

---

1 ［比利时］亨利·皮雷纳：《中世纪的城市》，陈国樑译，商务印书馆，2006。

2 ［美］道格拉斯·诺思、罗伯特·托马斯：《西方世界的兴起》，厉以平、蔡磊译，华夏出版社，1999，第37页。

即整体上自给自足的经济共同体，因为，农民还需要向领主上缴一定的货币。9至10世纪，小规模的集市已经很多。庄园也不是完全单独存在，它在一个复杂的社会结构中具有自己的地位。王权赐予领主一定的土地，并在更大的规模上保护领主的庄园，所得到的交换是领主必须完成一定的劳务。这实际上是领主和农民关系的放大。当然，对于神职人员和军人，其与国王的交换物不同，神职人员是用宗教服务来交换，而军人是用军役来交换。为了分担各种风险所带来的农业歉收，典型的庄园契约是分成制。因为如果不是这样的话，交纳定额的税收可能在天灾时导致农民的逃亡，以至于稀缺的劳动要素更加稀缺，这不利于领主的利益。领主也不能利用手中的权力无限制地盘剥农民，因为农民会通过逃亡或者反抗来维护自己的利益。同时，领主面临着庄园之间的竞争。每一个庄园的大小受制于规模经济之限，因此，在广袤的平原上分布着很多庄园。为了反抗领主之盘剥，农民可以从一个庄园逃到另一个庄园。因此，领主和农民会形成一种默契，即一种稳定的均衡。如果没有外生变量影响的话，这个均衡是稳定的。

从10世纪开始，中世纪的西方在政治经济环境方面发生了显著变化。人口数量增长了，地区和区际之间的商业复兴了，新技术得到了开发，这些同时使得庄园制变得面目全非。人口持续增长是推动中世纪盛世经济增长和发展的动因。随着人口增加，劳动的边际生产量减小，从而导致劳动力的价值下降和土地相对价值的上升。作为对这种价格信号的反应，人们开始耕种劣等土地和向边疆移民。通过移民，他们避免了报酬递减和收入下降。人口的流动使得新村庄不断出现，使得庄园之间的旷地不断地被开发。同时，边疆运动还带来了专业化和贸易的增益。人口密度高的地区可以有效地生产劳动密集型产品，用来交换人口密度低地区的土地密集型产品。[1]地方贸易也随着庄园之间旷地的拓垦而日渐繁荣。人口密度的增大使得市场规模扩大，并使得手工业和各种服务业大力发展。随着商业贸易的发展，庄园的原有制度就发生了适应性的变化。货币作为中介得到了农民和领主的认可。领主们越来越按照自己的意愿把付给他们的劳动捐换成固定的货币支付。由于农民交纳的劳动捐改为货币给付，领主和农民之间的契约协定也同时发生了变化。中世纪的封建庄园此时已经变得不合时代潮流。货币作为一种交换手段的发展使得传统的封建庄园经济关系发生了变化。货币给付开始取代传统义务。常备军由于这种简单的货币支付得以可行。国王和大贵族此时能够组织一支可以随意使用的常备军。那些贵族也无须再受40天兵役之限，只要有货币支付能力，他们便可以扩大军队规模。同时，中世纪盛世的三百年也是某些新工艺、新技术涌现的时代。自然力被用来取代人力和畜力，比如，用水和风做动力推动轮子碾磨谷物的机器。新的农业耕作制度——三圃制逐渐代替了二圃制[2]。新技术的出现多数都不是欧洲内部有效的制度推动的。实际上，中世纪欧洲的制度环境并不鼓励发明。因为，没有发明家和企业家能确信可以从自己的成果中取得全部收益或大部分收益。当时，保密是唯一的防范仿制的有效措施。这有点类似于古代中国，为了祖传秘方的保密女儿都不能嫁，正所谓："东家头白双女儿，为解挑纹嫁不得"[3]。尽管如此，欧洲社会由于市场规模的扩大还是使发明者获得了比原来收益更为可观的个人收益率。因此，技术的传布

---

1 这种分析方式与诺思对美国经济增长的三轨制分析一脉相承。

2 三圃制这种制度是对相对要素价格变动的一种适应。只有当土地变得匮乏时，三圃制的收益才可能超过二圃制。

3 （唐）元稹：《织妇词》。

较快。总之，中世纪盛世是变革的时代。到13世纪初，西欧的政治经济结构已经大大不同于10世纪。简单说来就是，人口和商业一道扩张，技术革新虽然仅仅是有限地出现但已经在整个地区得到了广泛应用。农业的生产方法已经适应了新的资源禀赋环境。其结果是使庄园制度和封建制度都发生了不可逆转的变革。[1]

13世纪是相对价格和绝对价格都发生变动的时期，也是商业贸易扩张的时期。人口增长是欧洲共有的趋势，而且，拓殖区的增长似乎更快。伴随着人口数量的大幅增长，农产品价格相对于大多数非农产品价格上升，也相对于货币工资上升，但没有租金上升幅度大。由于食物价格更加昂贵，货币工资上升幅度小，实际上，农民的实际收入和生活水平在下降。尽管农民生活水平经历了无情的下降，但贸易和商业扩张的景象却蔚为壮观。威尼斯在整个世纪一直处于领袖地位。紧随其后的是热那亚、比萨等城市。这些城市通过贸易将遥远的地区如君士坦丁堡、北非海岸区域以及马赛和巴塞罗那等南欧城市连接起来。中世纪欧洲的贸易网并不仅限于地中海，还远达大西洋海岸，直至不列颠。法国的香槟集市，德国的采矿业和商业中心，对于商业发展都起过积极作用，促进了银行业和商业制度协定的改善。为了进行海上贸易，商人们发明了委托制和合伙制。银行存款制度在这一时期复兴，保险业在这一时期也初露端倪。海商法成为约束商业行为的共识。定期集市出现并且不断发展，最终演化为位于城区中心地带的永久性市场。市场、城镇的发展导致商业进一步繁荣，并进而促进了制造业的发展。虽然此时制造业的产值还不能超越农业和商业，但嫁接在市场上的制造业注定要崛起。市场

1 ［美］道格拉斯·诺思、罗伯特·托马斯：《西方世界的兴起》，厉以平、蔡磊译，华夏出版社，1999，第48-49页。

体系的深化和完善也促使商业和农业进一步发展。然而，农业同时还要受到土地要素所限，因此，市场并不能扭转或者减缓农业的边际收益递减之颓势。

市场规模的扩大推动了分工，也促进了更有效率的组织的出现，即企业。这实际上是科斯意义上的企业对市场的替代。不过此时的企业外在形式仍是传统的庄园。市场似乎要解决人口增长导致的种种问题，但13世纪的欧洲最终没有挣脱“马尔萨斯陷阱”。因为该世纪没有发展出有效的所有权形式。创立和实施所有权需要掌握权柄的政府，然而，由于“受到彼此冲突的权力的制约”[1]，政府获得权力的道路是如此的曲折和漫长。

不能逃离“马尔萨斯陷阱”意味着过多的人口要通过大自然报复的方式来恢复均衡。1307—1317年间，饥荒和瘟疫在整个欧洲蔓延。1347—1351年间，鼠疫和肺炎在欧洲流行。此后鼠疫变成了地方流行病，不断传播，对城市和乡村造成了持久的危害。一个世纪的人口下降使得生产要素的相对价格发生了变动，劳动价格相对于土地价格上升。尽管人口大幅度下降，但市场仍然是中世纪后期组织经济活动的一个重要手段。只不过，国际贸易的数量和规模有所下降。人口下降、战争、无偿征用、掠夺和革命缩减了贸易量，结果刺激了一种自给自足的趋势。专业化下降和分工缩小阻止了人们生活水平的提高。人口的大幅度、长时间的下降导致三个参数发生变化。第一，由于地租相对于劳动价值下降，要素的相对价格发生变化，严重依赖地租的封建岁入也相应下降；第二，政府支出的最低必需水平相对提高；第三，利用市场组织

1 ［美］道格拉斯·诺思、罗伯特·托马斯：《西方世界的兴起》，厉以平、蔡磊译，华夏出版社，1999，第89页。

经济活动的费用（交易成本）上升。这些变化影响了中世纪后期的制度和所有权性质。人口下降导致的劳动力减少使得农民的谈判力量增强，然而领主也会努力维护自己的原有利益，协调的结果便是佃户享有土地的终身用益权，以固定给付做回报，领主仍需要在庄园内提供公共产品。这样，领主的土地产权便慢慢地演化给承租人（包括主要承租人、中间承租人、次承租人）。民族国家在这一时期也逐渐成形。形成民族国家的原因是多方面的，既是货币经济发展和贸易扩张之结果，也是封建岁入减少、政府支出水平提高的必然要求。长距离贸易需要大面积的保护，即需要公共产品的提供范围超越庄园，自然就会使地方公国和小王国不断合并，并最终演化为民族国家。地租下降导致岁入减少，这同时引发了政的财政危机，解决之道也是城市国家演变为民族国家，即通过规模经济来降低管理成本。诺思的这一分析是从经济角度入手，不同于其他国家之说。比如，恩格斯认为雅典和罗马国家起源于氏族部落。[1]魏特夫认为古代中国的集权国家形成是治水所致。[2]伯克则分析了文明的冲突对于西方世界的意义，他认为，在由各种不同文明所构成的历史场景中，各种文明间的竞争、抗衡、战争与冲突是一台驱动西方现代国家体制兴起的发动机。[3]与诺思相比，这些学者更强调地理、文化和战争等因素。当然，诺思没有忽视军事技术对民族国家形成的作用。他认为，在四分五裂的封建社会，固定的城堡和装备盔甲的骑士都是防御赛中的棋子。随着新的军事技术（弩、长弩、长矛和火药）的发展，最有

1　恩格斯：《家庭、私有制和国家的起源》，《马克思恩格斯选集》第4卷，人民出版社，1995。

2　参见［美］卡尔·魏特夫《东方专制主义——极权力量的比较研究》，徐式谷等译，中国社会科学出版社，1989。

3　［美］维克多·李·伯克：《文明的冲突：战争与欧洲国家体制的形成》，王晋新译，上海三联书店，2006。

效的军事单位规模逐渐增大，即民族国家代替了城市国家。

1500年是中世纪社会和近代社会的分水岭。这个时代发生了很多重要事件，如：价格革命、商业革命、宗教改革、文艺复兴、地理大发现、新大陆殖民、世界贸易发展以及欧洲政治组织最高形式——民族国家的出现。这些事件之间的内在联系是什么呢？诺思认为以往的历史学家都没有给出合理的解释。而利用他的分析框架可以较好地解释这些现象。他说，15世纪开始了一个新的马尔萨斯周期，人口开始重新增长并且弥补了14世纪的损失，直到最后同样出现报酬递减。13世纪的许多经济因素重演于16世纪，14世纪的某些问题也在17世纪再现，然而，17世纪发生了一种新的现象：马尔萨斯的危机在不同地域表现不同，这缘于国家的适应能力不同。有些地区和国家能够通过制度变迁继续保持经济外延式和内涵式增长，而有些地区和国家则重蹈14世纪经济萎缩的覆辙。之所以有这样的差别，在于不同国家为应付财政危机所创建的所有权形式不同，即有的国家建立了好的所有权形式，而有的国家建立了不好的产权制度。

诺思分析了几个民族国家的发展历史。从其分析中可以发现，在荷兰和英国，持久的经济增长起因于一种适宜所有权演进的环境。在法国和西班牙，经济增长之所以落伍在于没有一个适宜所有权演进的环境。实际上，英国、西班牙、法国虽然都是民族国家，但其演进路径和特点大相径庭。具体来说，在法国和西班牙，由于要应付对外战争和贵族之间的斗争，君主制逐渐取代了代议制，发展了一套提高了地方性和地区性的垄断的税收制度，这套税收制度抑制了创新和要素的流动性，导致了生产性经济活动在法国相对下降和在西班牙的绝对下降。反观荷兰，由于其优越的地理位置，商业贸易成为经济增长的动力，而为了促进商业发展，荷兰发展了一个有效率的政府；英国国会在内乱之后享有了对王权的支配地位。这种不同的历史演进路径导致了适宜所有权演进的环境不同。法国和西班牙发展了专制的君主制，而荷兰和英国则成功地以议会形式对其统治者实行制约。正是这种环境的不同，最终使得它们的经济增长绩效不同。

至于民族国家的演进路径为什么会有如此差别？即他们的演进环境会有如此不同？诺思没有详细回答[1]。在笔者看来，一个国家的演进环境是深植于其文化和地理等禀赋中的。比如，法国作为一个大陆国家，其所面对的外部环境和内部环境都比较凶险，外部面对着英国的侵略，内部面对着法国贵族之间的斗争、割据的地方经济，稳定秩序和国家发展强大的需求导致代议机构把税收等权力交给国王，结果发展了君主专制制度。英国作为一个四面环海的国家，没有法国那样的压力，因此，在商业充分发展的条件下发展了商人主导国家政策的议会君主制度。此时的诺思，还没有将视角扩展到文化和地理方面，他只是从所有权角度分析。在他看来，英国的道路之所以不同，在于其仿效荷兰的所有权和制度规定，创制了好的制度环境。工业管制的衰败和行会权力的下降使劳动得以流动和经济活动得以创新，专利法加强了这一趋势。资本的流动受到合股公司、金首饰商、咖啡馆和英格兰银行的鼓励，它们都降低了资本市场的交易成本。国会至上、商人和企业家在议会中占据主导地位为鼓励生产性的经济活动提供了重要的制度框架。正是这些好的制度，为英国的工业革命奠定了基础。诺思总结道："工业革命不是现代经济

---

1 只给出了三点原因：技术不能阻止"搭便车"；制度变迁的成本大于收益；国家财政危机。见前文。然而国家为什么会有财政危机？为什么不能阻止"搭便车"？诺思没有回答，实际上也就没有回答演进环境为何不同。

增长的原因。它是提高发展新技术和将它应用于生产过程的私人收益率的结果。”[1]

总之，通过考察西方经济发展史，诺思证明了其论点的正确性，即有效率的经济组织是西方世界兴起的关键。假使没有17世纪的合意的产权制度出现，人类还不能逃脱“马尔萨斯陷阱”，也不能产生工业革命以及促使社会转型。

四、理论和历史统一的尝试：一种新范式

《西方世界的兴起》体现了经济学理论与经济史研究的统一。1965年诺思在《经济史状况》一文中就曾经指出，传统经济史研究的主要缺陷在于未能利用现有的理论，而如果不利用现代经济学理论，则不仅无法解释诸如“一国经济之兴衰”这类重大问题，甚而连具体的经济史过程也说明不了。[2]福格尔主张经济史与经济学理论的再统一，要求在经济史研究中把新古典经济学理论当作一个综合工具来使用。新经济史研究应该更加依赖理论。[3]因此，诺思和托马斯综合运用新古典经济学的分析范式，运用交易成本理论、公共产品理论以及所有权理论等，解读了近代西方以来率先崛起的过程，从而实现了经济史与经济学理论的统一。对于经济史研究来说，这的确使人耳目一新。正是由于他所得结论

---

1 ［美］道格拉斯·诺思、罗伯特·托马斯：《西方世界的兴起》，厉以平、蔡磊译，华夏出版社，1999，第193页。

2 Douglass C. North, “The State of Economic History”, *The American Economic Review*, Vol. 55, No. 1/2 (Mar., 1965): 86-91.

3 Robert William Fogel, “Discussion: Papers and Proceedings of the Seventy-sixth Annual Meeting of the American Economic Association”, *The American Economic Review*, Vol.54, No. 3, (May, 1964): 377-389.

的独特性，此书一出版，在学术界立刻引起轩然大波。该书的影响力丝毫不亚于福格尔的著作。如果说福格尔纠正了史学界的一些错误观点或者是一些想当然的观点的话，那么，诺思就把以前对西方历史发展的认识翻了一个天。福格尔的工具是定量方法和经济学理论，诺思的武器则是新古典经济学分析范式以及自己创制的制度变迁理论。由于注重运用经济学理论来解读历史，《西方世界的兴起》更类似于"史论"，不同于传统的历史著作。如果说传统的经济史是描述性的经济史，那么，诺思的经济史则是解释性的经济史。对历史进行解释本来就是仁者见仁、智者见智的。因此，诺思的解释也只是众多解释中的一种。这就意味着其结论没有普适性，不是"放诸四海而皆准的真理"。然而，其结论的创新性是显而易见的，它暗含着一种纠错：即试图改变从某一偶然的技术发明中去寻找工业革命的原因的偏见，而引导人们从现代所有权体系和社会制度漫长的孕育过程中去寻找经济增长的原因。诺思的这个创见，让研究者追寻经济增长动力的目光从生产技术转移到了制度变迁上。诺思的研究开启了新制度学派的先河，之后仿效者和追随者甚众。不断有新著问世，试图运用类似的方法来重新解释西方各国历史，探讨其制度变化的原因和结果。在1972—1985年间，社会科学检索中平均每年引用诺思的著作有50篇，在1985—1989年，年平均引用率上升到70篇，在20世纪90年代上半期，年平均引用率则超过130篇。[1]可见，诺思的影响日益扩大。

诺思的研究是斯密研究的进一步深化。在诺思的分析框架中，人口数量是外生变量，它的变化会导致经济增长出现。具体的逻辑如下：人

1　这是福格尔的研究结果。参见福格尔文章《道格拉斯·诺思和经济理论》，转引自张宇燕译:《诺思教授与新制度经济学》,《制度经济学研究》2003年第1期。

口数量的增长以及人口密度的不均，导致商业贸易扩张和市场规模的扩大，并进而导致分工和专业化的发展。人口数量的增长还导致资源禀赋的相对价格发生变化，从而为产权制度的形成奠定基础。产权的形成降低了市场规模扩大所带来的渐大的交易成本，并进而促进分工和专业化。斯密分析了分工和交换的关系，并且认为，正是分工和交换导致经济发展。不过，在他的理论里，交换是没有成本的，交换可以在一个无摩擦的世界内瞬间完成。因此，在斯密看来，分工和专业化是提高效率的关键，是国民财富增长的源泉。这符合当时的历史条件，在物质还不丰富的时代，生产是最为重要的。能够提高生产效率的分工当然会在经济学理论中占据主要位置。到了诺思这里，诺思发现，无摩擦的世界太理想，实际上，在市场交换中存在交易成本。为了促进分工和专业化，需要一套制度来降低交易成本，否则，分工和专业化不能与市场形成互动。由此可见，诺思的研究是斯密研究的深化。只不过，二者强调的侧重点不同。斯密认为分工和专业化提供了动力，诺思则把分工和专业化的力量归功于市场体系的完善，即产权和制度的完善。因此，诺思说产权制度在经济发展中起了核心作用。诺思本人也评价了自己和斯密的区别。他说，斯密“没有告诉我们怎样保证有效率的政府会发明和维持一组保证经济增长的所有权”[1]，而我们着手研究了这个问题。

诺思的分析范式具有开创性。之前对西方世界兴起的研究，其结论都来自历史学家的历史直觉。在解读西方世界历史过程时，注重的是材料的梳理和过程的描述，逻辑性和严密性都不如诺思。在诺思这里，不仅实现了逻辑和历史的统一，而且实现了新古典经济学理论和经济史的

1 ［美］道格拉斯·诺思、罗伯特·托马斯：《西方世界的兴起》，厉以平、蔡磊译，华夏出版社，1999，第194页。

统一。他将众多变量纳入一个分析模型中，并将各种变量内生化。《西方世界的兴起》采用新古典经济学的分析范式。比如，理性人的假设、边际分析的思想、对价格信号的强调。这些理论都构成了诺思分析范式的一部分。在诺思眼中，农民、领主、政府实际上都是理性主体，都具有“理性人”之属性。农民和领主之间的分成制就是理性“均衡”之结果。10世纪之前，可能的契约协定形式包括：用实物支付的固定工资、固定实物租金或产出分配协定。选用实物支付的固定工资将使领主承担全部风险和管理费用。固定实物租金的问题正好相反，农民必须承担全部风险和管理费用。分成制则与上述协定不同，它包括投入和产出的分摊。这种协定是当时庄园的一种最有效的协定。这是理性主体长时间博弈的结果，是理性“均衡”之必然。国家在诺思的眼里也是理性主体。政府和人民的关系是一种平等互利的市场交易关系。国家通过确定产品和资源的所有权并保证所有权的实施来实现保护和公正。作为对这种公共产品的回报，国家获得税收。由于提供保护和公正的规模经济使这种交易可能对选民很合算，因此，国家和人民便可以互利合作，达成一种理性“均衡”。价格思想和边际分析思想也体现在诺思的分析框架中。当人口数量上升时，劳动的边际生产率下降，从而劳动的价值下降，而土地价值恰恰相反。正是由于相对价格的变动，农民和领主的谈判能力发生变化，并进而导致契约协定的改变，这种改变的核心是对人的所有权转变为对土地的所有权。人口不断增长导致的一个经济后果就是生活水平下降，并通过自然力量（瘟疫、饥荒）来使人口数量减少。这时，价格信号翻转，并开始了向另外一个方向的契约协定变化。人口数量在这里是经济发展变化的主因。作用机制是价格这个“看不见的手”。在这种历史解读中，反映出诺思的理念：历史是理性主体自动选择的结果。个人、组织、国家都是理性主体，历史是在这些主体的利益最大化追逐中展开的。正是理性主体在不同资源禀赋和制度环境的约束下，在相对价格不断变动的条件下的理性选择，改变了制度变迁的成本和收益比较，并进而造就了制度变迁，一旦制度变迁到良性的轨道上，长期的经济增长就发生了，工业革命不过是制度变迁进程中的产物。

尽管诺思对新经济史研究做出了开创性的贡献，使新制度学派诞生。但在其分析框架上，也存有瑕疵。诺思把制度因素视为影响经济增长的内生变量，增强了解释力度。但在这本书中，他未能进一步探求制度产生、变化的真正原因和机制。制度变化真的就像他所说的那样是人口数量的变化导致的吗？那为什么中国人口数量的变动没有导致类似西方的所有权结构变化。另一个问题是，人口变化的原因是什么呢？人口的变化难道和经济发展不存在互动之关系么？这些诺思都没有回答。实际上，一个国家或者一个社会的兴起原因往往有很多，制度不一定是其中最重要的因素。而且，制度本身仅仅是一个中间变量，制度演进的路径非常复杂，它与地理、气候、文化等都有关系。如果不全面探讨这些变量，而仅仅认为制度作用至高无上，那或许是一种片面的认识。能够说明制度不是经济增长唯一原因的例子也有，比如经济学家对非洲、拉丁美洲和发展中国家所开出的药方。这些药方大都强调了制度，然而，发展中国家的盲目照搬却没有带来满意的结果，甚至更糟。[1]

诺思的开创性分析范式尽管使得经济学理论和经济史研究重新回归了统一。然而，这并不是经济史本身的宿命，也不是经济史的本质诉

---

1 非洲很多国家都实行民主制度，但经济增长却相当迟缓。俄罗斯转轨时也采用了经济学家萨克斯（Jeffrey Sachs）的建议，结果陷入经济增长的泥潭。当然，诺思本人在随后的研究中也探讨了这一问题，并指出制度内生和信念体系、文化的重要性。

求。经济史研究的方法有很多种，所谓“史无定法”。由于分析方法的多样性，诺思的新古典分析范式就不是唯一合理的。而且，尽管诺思批判了新古典经济学理论在历史解释上乏力，但在其著作中，还是能看到诺思对新古典经济学理论分析范式的依赖。这种依赖是否合适呢？

第三节 诺思：《经济史中的结构与变迁》

《西方世界的兴起》阐释了产权制度的重要，但并没有解释为什么有的国家可以获得这种有效的产权，而另外一些国家则处于非合意的演进环境中。为了深入研究这些问题，诺思需要从更大的视域来建立有关经济结构变迁的理论，并运用之解释历史。《经济史中的结构与变迁》正是基于此而诞生的。该书旨在为分析经济史实提供一个新的理论框架。

一、制度变迁理论：一个概念性的分析框架

如诺思所言：“新古典世界是个错综复杂的丛林，社会是难以在其中存在的。”[1]这是因为，新古典经济学理论不足以解释历史和现实。为了弥补这种不足，需要人口变迁理论、知识存量增长理论以及制度理论。人口变迁理论直接采用现有的文献，知识存量的探讨渗透在对与制度相连的激励结构中。制度变迁理论是《经济史中的结构与变迁》的研

1 ［美］道格拉斯·C. 诺思：《经济史中的结构与变迁》，陈郁、罗华平译，上海三联书店、上海人民出版社，1994，第12页。

究重点。该理论与其他多种社会科学相交叉，并包含了作为制度变迁基本要素的政治组织与意识形态。[1]它有三大理论基石：产权理论、国家理论、意识形态理论。

一、产权理论。产权制度确定了每个人在经济活动中的行为规范，因此非常重要。然而，早期对其研究不足。麦克洛斯基指出："在本世纪初期，美国的制度主义学派和德国的历史学派指责现代经济学缺乏有关财产起源的理论，从而不能真正地理解长期的经济发展，在当时这种指责是正确的。"[2]到20世纪60年代后期，一批学者开始运用新古典经济学理论的分析方法研究财产的起源问题。德姆塞茨认为，"当内在化的收益大于成本时，产权就会产生，将外部性内在化。内在化的动力主要源于经济价值的变化、技术革新、新市场的开辟和对旧的不协调的产权的调整……新的私有或国有产权的出现总是对应于技术变革和相对价格的变化。"[3]后来还有一些学者深入探讨了产权的重要性。诺思吸收了这些成果，并将其与交易成本理论、国家理论联系在一起的。

第一，产权制度受技术、人口、资源稀缺程度和要素、产品的相对价格变动等因素的影响。首先，产权的界定是需要成本的，只有得自产权的收益大于排除其他人使用所付出的成本时，产权才会被界定出来。否则，产权将是公有的。由于一些技术发明可以降低产权界定费用，因此，技术上的变化有可能导致产权制度发生变化。其次，人口增长对于

---

1 ［美］道格拉斯·C. 诺思：《经济史中的结构与变迁》，陈郁、罗华平译，上海三联书店、上海人民出版社，1994，序言。

2 Donald N. McCloskey, *The Applied Theory of Price*, 2nd Ed. (New York: Macmillan, 1985), p. 339.

3 Harold Demsetz, "Toward a Theory of Property Rights", *The American Economic Review*, Vol. 57, No. 2, Papers and Proceeding of the Seventy-ninth Annual Meeting of the American Economic Association (May, 1967), pp. 347-359.

产权制度形成也是非常重要的。随着人口的增长，资源的稀缺性日益显现。物不能赡则必争[1]，这种争促使人们建立排他性的产权。比如，当动植物相对于人口的需求还算丰盛的时候，就没有激励去承担因建立对动植物的产权而产生的费用。只有随着人口数量不断上升时，产权问题才凸显。人口变化还通过影响土地和劳动的相对价格，从而在改变经济组织和产权中起着决定作用。再次，资源稀缺程度也影响产权制度。在资源并不稀缺的领域里（如空气、阳光等），产权也是起不了太大作用的。产权的出现并且起作用缘于资源的稀缺。在人类社会发展历史上，资源的稀缺程度及其变化一直影响着产权结构和产权制度的变迁。正是由于资源稀缺，那些原来属于公共物品领域的资源需要通过界定产权变成私人物品。只有这样，才能将资源的配置效率提高。最后，要素和产品相对价格的变动会影响产权制度变迁。某种要素价格的上升，会使这种要素的所有者相比其他要素的所有者而言获得更多的利益。某种产品价格的上升，也会导致用于生产这种产品的要素的独占性（包括建立更明确的排他性产权）使用更具吸引力。如土地价值的上升激发人们去获得土地产权。这种价格变动会导致产权制度发生变化。

第二，将产权制度、市场、交易成本、组织联系在一起。首先，将产权制度与市场交换联系在一起。也就是说，市场交换需要产权制度，否则交换不能进行。科斯首先发现产权在市场交换中的重要性。在剖析市场交换的本质时，科斯认为，市场交换的实际上不是商品本身，而是拥有商品的权利，即产权。阿尔钦（A. Alchian）也认为市场和产权有着本质的联系，并且强调，经济学本质上是在研究市场交换中的产权。

1 语出《荀子》。

他说，“在本质上，经济学是对稀缺资源产权的研究……一个社会中的稀缺资源的配置就是对使用资源权利的安排……经济学中的问题，或价格如何决定的问题，实质上是产权应如何界定与交换以及应采取怎样的形式的问题。”[1]诺思继承了这一思想。其次，市场交换存在交易成本。诺思认为，市场交易必须有使交易成为可能的基础，那就是一套复杂的法律结构及其实施，即需要一套产权制度。这可以降低或消除经济生活中的不确定性，即减少市场交换中的交易成本。如果没有一套好的产权制度，那么很可能造成市场交换的交易成本高昂，从而导致企业对市场的替代。也就是说，正因为有交易成本存在，企业才会替代市场，即组织才有存在的理由。这一点与科斯和威廉姆森的看法相同，科斯和威廉姆森认为组织替代市场的理由就是降低市场上的交易成本。他们的分析原则也一致：采用企业或者市场完全取决于哪一个更便宜。[2]通过历史事实，诺思确实也发现，科层组织形式和交换的契约安排实际上早于市场。为什么会如此呢？原因就是市场交换需要明确界定产权和行使产权。如果缺乏，那么就会导致机会主义行为，从而产生降低成本的替代性契约安排。由此可见，交易成本是与产权理论联系在一起的。

第三，将产权理论与国家理论联系在一起。诺思指出，而产权的创建和实施又与国家相关。国家有着双重目标。而且，这两个目标不完全一致。一般而言，由于稀缺性和竞争的存在，更有效率的组织形式将替代无效率的组织形式。但统治者的利益会使这个过程不一定发生。假如

---

1 ［美］R. 科斯，A. 阿尔钦，D. 诺斯等：《财产权利与制度变迁——产权学派与新制度学派译文集》，刘守英等译，上海三联书店、上海人民出版社，1991，第205页。

2 还有另外一些学者研究了企业组织存在的原因。阿尔钦和德姆塞茨认为企业团队生产（Team Production）具有规模经济。

来自内部或外部较有效率的组织形式对统治者的生存产生威胁的话，那么相对无效率的组织形式将存在下来。[1]借助于国家理论，诺思解释了为什么会有坏的产权制度的存在，解释了为什么会有无效率的组织形式存在。

二、国家理论。“国家的存在是经济增长的关键，也是人为经济衰退的根源。”[2]因此，国家应该成为经济史研究的核心。这一点与计量学派大大不同。计量学派不研究市场本身，更不可能研究国家。关于国家的存在有两种解释：契约论和掠夺（剥削）论。契约论认为：第一，国家产生之前的自然状态是“一切人反对一切人”[3]，这缘于人性的自私。第二，国家是为了摆脱自然状态的产物。为了保护每个人的合法权益以便共同生存，于是人们签订契约，把权利交给第三方代管。代管人成为统治者。统治者规定法律制度，普通民众遵守各种法律制度。规定了人与人之间的关系的契约实质上是一系列规章、制度，它可以由国家强制实施，也可以由社会强有力的道德与伦理法则等隐性契约辅助实施。由于签订契约与实施契约都需要成本，也由于人们在现实生活中的机会主义倾向，客观上需要一种强制性组织，此之谓国家。掠夺论认为，国家是一个阶级压迫另一个阶级的暴力工具。国家代表的是统治阶级的利益，其目标函数是统治阶级追求利益最大化，约束函数是其他集团、阶级的利益以及其他国家和统治者竞争的潜在利益。其运行机制就是统治集团的代言人界定一套产权制度，为使权力集团的收益最大化，而从其

1 ［美］道格拉斯·C. 诺思：《经济史中的结构与变迁》，陈郁、罗华平译，上海三联书店、上海人民出版社，1994，第45页。

2 同上书，第21页。

3 ［英］霍布斯：《利维坦》，黎思复、黎廷弼译，商务印书馆，1985，第96页。

他集团、阶级中榨取各种收入。诺思认为，契约论和掠夺论都是不全面的。因为契约论解释了最初签订契约时所获得的利益，但未说明不同利益成员其后的最大化行为，而掠夺论忽略了契约最初签订的得利而着眼于掌握国家控制权的人从其选民中榨取租金。诺思综合了契约论与掠夺论的观点，提出了国家“暴力潜能”分配论。他认为，如果暴力潜能在公民之间平等分配，就会产生契约性的国家；如果不是平等分配，那么就会产生掠夺性国家。

诺思构造了一个统治者福利或效用最大化的国家模型，该模型中的国家有如下三个特征：（1）国家为获取收入，以一种服务（提供安全保护与公正环境）作交换来收取公民为购买这种安全与公正所支付的税金；（2）国家试图像一个带有歧视性的垄断者那样活动，为使收入最大化而为各个集团设定不同的产权；（3）国家受制于它的选民的机会成本，面临其他国家或潜在统治者的竞争。所谓机会成本，是指选民支持其他国家或者该国潜在竞争者的收益。收益高，证明选民的机会成本大。选民的机会成本决定国家在建立产权制度时对选民利益的考虑程度，即所建立的产权结构有利于选民的程度。

根据上述国家模型，可以推出国家的矛盾行动。诺思认为，“国家提供的基本服务是博弈的基本规则。无论是无文字记载的习俗，还是用文字写成的宪法演变，都有两个目的：一是界定形成产权结构的竞争与合作的基本规则，这能使统治者的租金最大化；二是在第一个目的的框架中降低交易成本以使社会产出最大化，从而使国家税收增加。”[1]这两个目的是相悖的。第一个目的是企图确立一套基本规则，以保证统治者

1 ［美］道格拉斯·C. 诺思：《经济史中的结构与变迁》，陈郁、罗华平译，上海三联书店、上海人民出版社，1994，第24页。

自己的收入最大化；第二个目的是建立一套能使社会产出最大化而完全有效率的产权制度。在许多情况下，这是一个鱼和熊掌不可兼得的两难选择：或者选择较大的租金收入较小的社会产出，或者选择较大的社会产出较小的租金收入。从历史上来看，在使统治者（和他的官僚集团）的租金最大化的产权制度与降低交易费用和促进经济增长的产权制度之间，存在着持久的冲突（如图4-2）。正是国家的这两个目标函数的冲突导致了国家的矛盾行动。而国家的矛盾行动又导致了国家的兴衰。也就是说，如果国家的第一个目的在国家决策中占据主导，那么很可能建立

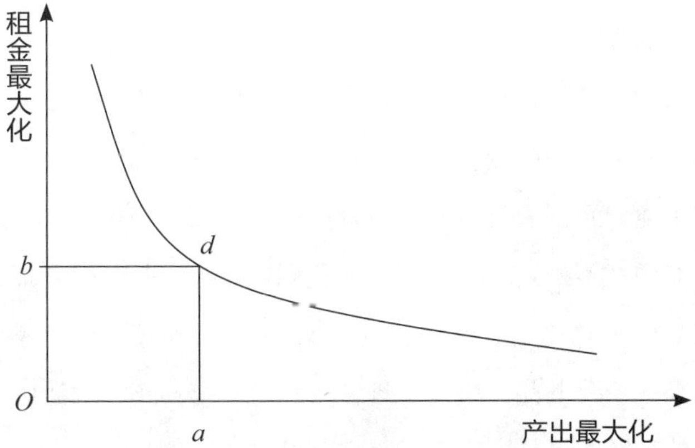

图4-2　国家的双重目标及其冲突

注：实际上，如果把经济行为分为两种：一种是“做蛋糕”；一种是“分蛋糕”，那么，在“分蛋糕”时，国家的双重目标就会存在持久的冲突，在“做蛋糕”时，国家也可以通过扩大产出，从而使税收增长，并进而导致租金增大，但国家有时会倾向于“分蛋糕”。

了不好的产权制度，结果导致经济出现停滞。反之，如果第二个目标占据决策中心位置，则有效的产权制度被建立，同时，国家经济实现长期持续增长。

在这个国家模型中，统治者存在竞争对手：与之竞争的国家或本国内部的潜在统治者。因此，国家面临两种约束：竞争约束和交易成本约束。这两种约束都会导致无效率的产权。在第一种约束下，统治者为了自己的统治地位，将避免触犯有势力的选民，从而会同意一个有利于利益集团的产权结构而无视它对效率的影响。在第二种约束下，由于交易成本过高（监督、检测和课征税收）会减少统治者的税收，因此，国家建立有效的产权制度（有效率的产权制度）的决心不大。

根据这个国家模型，影响这个模型的因素的变化，比如技术，可能会导致国家发生一定的变化。也就是说，在这个模型中，国家是内在不稳定的。信息费用、技术、人口和统治者的死亡都是导致不稳定的因素。比如，军事技术的变化、提高一个选民集团谈判力量的相对价格的变化，都可能导致国家会放弃一些规则的制定权。当然，尽管从理论上分析国家有内在不稳定的特征，但变化和调整也不是随时随地地，即有相对的稳定性。这是为什么呢？“搭便车”可以解释这个问题。由于国家的变化是一个公共品，因此，理性人都有“搭便车”的激励，而正是这种“搭便车”使得国家变得具有相对稳定性。

三、意识形态理论。解释经济史中的结构与变迁还需要一个意识形态理论，否则，不能对人类社会的历史进程给出较为圆满的解释。根据新古典经济学理论的假定，人都是理性的，而且有机会主义倾向。如果人是理性的且有机会主义倾向，那么就会导致“搭便车”行为无处不在。为什么会有这种现象呢？奥尔森（Mancur Olson）在《集体行动的逻辑》一书中给出了解释。他认为，集团本质上提供了一种公共品。由于公共品的非排他性，个人在不付出成本的条件下并不会减少所获得的收益，而如果付出大量的成本时，其收益也不会增加。正是在这样的条件下，理性人有激励选择“搭便车”。而如果所有人都采取“搭便车”的行动，那提供公共品的集团将不存在。也就是说，如果一个集团不能提供排他性的个人收益，这个集团将不能存在下去。如果加以引申，不难发现，如果集团为个人提供的收益越来越小，则这个集团将会衰亡；在一个大集团中，维护公共利益的动机要小于一个小集团，因为，维护大集团的利益时付出的多而得到的少。总之，奥尔森的核心观点是：当个人仍能通过“搭便车”方式得益时，理性人就不会承受参与大集团活动的成本。[1]可见，“搭便车”的行为将使得很多公共品不能提供。

但是现实中的大量事实告诉我们，公共品并不是不能提供的，很多人也并没有采取“搭便车”的行动。那如何解释这些现象呢？诺思认为，这不需要否定新古典经济学中的理性人的假设，只要在新古典的解释框架中，扩展一个意识形态理论即可。诺思承认，现实中的个人效用函数要远比新古典经济学理论的简单假定复杂得多。社会科学家的研究任务就是要拓展理论以便能预言人们什么时候采取“搭便车”的行动和什么时候不采取。为此，解释经济史中的结构与变迁需要一个意识形态理论。该理论有三个要点：

第一，意识形态的本质。诺思认为，意识形态是指人们用以解释周围世界和指导其判断和行动的一套主观信念。每一个人都生活在意识形态当中。意识形态借助于家庭、学校的教育和各种知识存量，深深

1　转引自［美］道格拉斯·C. 诺思：《经济史中的结构与变迁》，陈郁、罗华平译，上海三联书店、上海人民出版社，1994，第10-11页。

地扎根于人的头脑中。意识形态与理性联系在一起的。在新古典的选择世界中，人们可以根据物品的价值和完全的信息进行决策，这被认为是理性。事实上，物品价值的衡量取决于意识形态，即意识形态不同，物品的价值也许就不同。另外，信息也是有成本的，人们不可能获得完全信息。在这种条件下，人们的决策理性实际上是一种有限理性，而且受到意识形态的影响。意识形态有三个特点。（1）意识形态是一种节约机制，通过它人们认识了他们的所处环境，并被一种“世界观”导引，从而使决策过程简单明了。（2）意识形态不可避免地与个人在观察世界时对公正所持的道德、伦理评价相互交织在一起。（3）当人们的经验与其思想不相符时，他们就会改变其意识观点，去试图发展一套更适合于其经验的新的理性。

第二，意识形态的改变。意识形态的改变类似于托马斯·库恩（Thomas S. Kuhn）意义上的“科学革命”[1]，在稳定期间，是一些渐进的小的修正，在变化期间，是激进的范式革命。意识形态的变化和更新需要一定的知识积累和个人经验的累加。如果用经济学的语言描述意识形态变化的原因，可以归结为相对价格。产权的改变（对传统的权利否定）、要素市场和产品市场上的交换条件的变化（偏离了公平）、利益集团相对收入的变化以及信息成本的降低（人们相信更优惠的交换条件可能在别处发生）都会改变人们对制度公平性的看法，并进而导致意识形态的变化。

第三，意识形态的成功。成功的意识形态必须具备三个特征：首先，能够解释历史，并且能够解释现行的产权结构和交易条件是如何

---

1 ［美］托马斯·库恩：《科学革命的结构》，李宝恒、纪树立译，上海科学技术出版社，1980。

成为更大的体制的一部分的。诺思认为，对历史进行解释的假说受到意识形态影响，成功的意识形态必须能够支持历史假说。产权结构和交易条件之所以能够存在于现有体制中，在于它有其合法性。这种合法性必须由意识形态来证明和巩固。其次，必须是灵活的。所谓“天变道亦变”，为了解释丰富多彩、变化多端的现实世界，意识形态本身必须是灵活的，否则不能生存下去。最后，一个成功的意识形态必须能克服“搭便车”的问题。由于意识形态，一些群体可以不按照有关成本与收益的简单计算来行事，这可以弥补新古典经济学分析上的不足。诺思举例指出：如果人们相信公民住宅“不可侵犯”，房屋即使空着也不必担心有人盗窃或故意破坏；如果乡村宁静而优美的环境被认为是一种公共产品，人们便会自觉维护其优美而不去捣乱它；如果人们相信民主政治的价值，那么他们就会把投票当作一项义务来履行，而不仅仅是“搭便车”。

总之，意识形态理论对于解释经济史中的结构与变迁是非常必要的。诚如诺思所言：“一个有关制度变迁的动态理论如果限于严格的对个人主义的、有理性目的的活动的新古典式约束，我们就无法以此来解释从古代犹太人顽强的斗争到1935年通过社会保障法其间所发生的大多数现实变化。现实的经济变化的发生不仅是因为相对价格的变动对新古典模型产生压力，而且是因为不断演变的意识形态观念使得个人和集体对自身地位的公平性产生相互对立的观点，并使他们按照这些观点而行动。”[1]

诺思吸收了古典、新古典以及马克思理论的分析思想，并借助于

1 ［美］道格拉斯·C. 诺思：《经济史中的结构与变迁》，陈郁、罗华平译，上海三联书店、上海人民出版社，1994，第64页。

产权理论、国家理论、意识形态理论整合出自己的制度变迁理论。诺思既认为人类社会的长期发展进程中存在着马尔萨斯所言的周期，也认为人们通过制度变迁可以超越“马尔萨斯陷阱”。在描述一个社会的长期发展演变时，他认为现存理论中最有说服力的是马克思理论的框架。因为，它包括了新古典经济学中所没有考虑的因素，比如制度、产权、国家和意识形态。然而，从具体分析上，他又说，新古典经济学中把机会成本作为分析工具并强调相对价格的重要性，这个模型比马克思的劳动价值论模型分析更为上乘。当然，古典、新古典和马克思理论都存在不足，好的理论还必须超越这三者。

二、历史解读：两次经济革命

有了理论之后，诺思开始对历史上的重大经济社会变化进行分析。他以两次“经济革命”为切入点，分析了人类社会100万年的发展变化。“经济革命”一词表达的是这样一种含义：人类社会两次重大的经济体制变化。这两次变化一次是作为知识存量基本变化结果的社会生产力的根本变化，一次是实现这种潜力的组织变化。第一次经济革命创造了农业文明，第二次经济革命把经济增长纳入经济体系的新知识弹性供给曲线。两者都蕴含了根本性的制度重构。

诺思首先分析了第一次经济革命及其组织结果。第一次经济革命（有人类学家称之为新石器革命）是指发生在1万年前的人类生产生活方式从狩猎采集业向定居农业的转变。对于这一转变，有些人类学家认为气候是影响转变的重要因素。气候变冷导致自然资源的基数下降，包括动物的灭绝。然而，历史证明这种理论存在欠缺，因为，气候变化与向农业转移的时间和地点并不相吻合。还有一种理论认为人口扩张对自然资源基数产生了压力，并在各个竞争性团体之间引起了生存竞争，从而导致定居农业替代狩猎采集业。诺思则从产权角度对这次转移做出解释。他认为作为排他性的公有财产而组织起来的原始农业，从产权的效率来看，优于狩猎业。狩猎的公有产权与农业的排他性公有产权的差异是解释第一次经济革命的关键。这里的排他是指群落与群落之间。此时没有考虑群落内部的产权清晰是有其合理性的。第一，群落的成员数量比较少，监督比较容易；第二，群落可以通过规则、禁忌和戒令来约束其成员。为什么会有排他性的产权出现呢？诺思认为终极原因是人口数量的增长。随着人口数量的增加，“马尔萨斯陷阱”的威胁迫近，人类必须找到一种自动平衡的方法来超越“马尔萨斯陷阱”。限制人口数量是一种方法，但更好的方法是建立产权。产权能够限制开发资源的速度。正是这一方法，使得人类社会经历了第一次经济革命。产权的变化提高了生产效率，同时能够刺激更多的新知识和新技术出现。

第一次经济革命的组织结果是什么呢？这也是一个很重要的问题。因为，在诺思看来，经济实绩取决于这种经济的组织结构。而这时的大部分经济组织都不同于现代社会的经济组织，它们适应了当时的产权结构。从定居农业出现到罗马帝国鼎盛的八千年里，有这样一些发展趋势：人口以前所未有的速度在增长，人类定居的区域在扩大；狩猎采集向农业渐进转变；国家伴随着战争和政治上的动乱出现，国家的规模在扩大；技术取得了重大进步；贸易得到了发展和扩大，出现了非人格化的市场；城市出现；出现了各种经济组织；产权多样化，既有排他性的国有产权，也有个人私有产权；出现了快速的经济增长；收入分配变得明显不公。其中，国家的出现是古代世界最主要的成就。国家具有使其内部结构有序化的相应规则，并具有实施规则与其他国家竞争的强制力。国家之所以会出现，是定居农业发展的结果。定居农业的耕种、灌溉以及共同防卫的要求、管理和协调日益复杂化的分工和专业化的要求导致国家最终替代了农业共同体。而且，国家的规模越来越大。几种因素可以对国家规模变化做出解释，比如自然地理环境（治水和灌溉决定了中国和埃及的国家规模）、军事技术等。虽然在不同地域都出现了国家，但国家的组织形式和内部制度却不尽相同。诺思研究了埃及、波斯、希腊和罗马。他发现，古代埃及的国家规模较大，实行等级制度和集权统治。之所以如此，是农业灌溉的需求使然。与埃及不同，波斯是一个由各种宗教、经济和分权的政治单位组成的混合体。之所以如此，是因为波斯的地理环境是开放的，不像埃及拥有一个封闭的地理空间。多山的地理环境孕育出了希腊的城邦制度。希腊发展了民主政治和个人土地所有制。这种制度最终成为埃及和波斯的榜样。罗马继承了希腊传统，发展了具有自己特色的政治经济组织，并且完善了罗马法。这部法律是建立在要素和产品市场的排他性个人产权基础之上的。从国家的发展演变中，诺思发现，古代社会的发展趋势是国家通过建立政治经济制度，降低了交易成本，促进了专业化和分工，扩大了市场规模，提高了人们的生活水平，适应了人口数量的不断增长。

尽管国家通过建立组织和制度来适应人口的增长，但最终所有的古代社会还是衰落了，其中最明显的标志莫过于千年罗马帝国的衰亡。古代世界经济的变迁与衰落的原因何在呢？诺思认为还是人口起了决定性作用。随着农业对狩猎采集的替代，排他性的公有产权赋予了形成人口增长的两种源泉。一种源泉是可供农业开发、利用的土地和资源的供给；第二种源泉是由驯化动植物的进步和农业技术进步所带来的生产率的提高。但是，这两种源泉并不能完全保证“马尔萨斯陷阱”不复存在，即不能克服收益递减的危机。有一些国家由于有肥沃的土地，由于非农业部门的收益的增长超过了农业部门的收益递减，以及农业产权的变更所引起的生产率增长抵消了收益递减，因而可以保持人均收入增长。但另一些国家则没有这样好的运气。这些国家为了跨越“马尔萨斯陷阱”，不得不采取殖民化和征服等办法。如果这两种办法行不通，则只有通过改变产权结构，但这种产权的重新界定，往往都是有利于该国的短期生存。可见，古代社会的衰落与不能建立新的好的产权制度有关。当然，古代社会也有存在很长时间的。如何解释这种现象呢？诺思的回答是意识形态使然。意识形态使得人们超越了简单的成本-收益计算，促使他们或者臣服或者反抗。至于罗马帝国之所以会衰落，诺思给出的解释是，由于野蛮人日益提高的军事技术降低了罗马人的比较优势。罗马帝国军事上的比较优势的消失使得它不能提供有效的产权保护和执行，从而没有了生存下去的理由，必然要让位于规模相对小的地方自治。

罗马帝国在公元5世纪衰亡，之后进入了西方封建主义时代（公元500—1500年）。欧洲建立了能够带来秩序和稳定的政治经济结构，然而，随着制度变迁，该政治经济结构也将崩溃。诺思认为，人口变化和战争在解释有关结构转变中起关键作用。战争决定政治单位的规模和结构，人口变化则通过影响土地和劳动的相对价格，决定经济组织和产权结构的改变。庄园制是欧洲封建主义的主要特点。在庄园制度下，领主给农奴提供土地使用权，农奴给领主提供劳役及其实物，相当于税收。此时，劳动是稀缺的，因此，领主面临着农奴逃跑和撕毁契约的约束。正是由于有这样的压力，领主才有动力把农奴固定在土地上。诺思和托马斯认为，分配劳役减少了市场交换的高昂的交易成本。当然，他们的这一观点受到一些经济史学家的质疑。有学者称，彼时通过市场获得消费品所需的交易成本并不比分配劳役的交易成本高。[1]作为一种制度，诺思认为，庄园制的最鲜明特征就是领主和农奴之间的契约性质。这个契约对于庄园主来说是有利的，因为不存在公正的第三方来监督这个契约。但也并不是说庄园主可以为所欲为，他受到的约束是农奴的反抗和逃跑。农奴的地位虽然不利，但“官逼民反”的情绪也会使其“破罐子破摔”，以对抗庄园主的“过分”行为。因此，契约可以被庄园主“谨慎”对待。在一种稳定的社会秩序下，人口开始增长，经济活动开始扩张。通过边疆运动，西北欧已经到处可见新庄园。庄园增多的同时也增加了贸易的潜在收益。结果贸易和商业也发展了。在城镇中，关于商业的制度和法庭建立了，服务于制造商和手工业者的行会出现了。随着人口的增长，劳动的边际收益下降，结果导致要素的相对价格发生变化，土地的价值上升了。土地的价值上升激发人们变更产权，从而使土地得到更加有效地利用。国际贸易的繁荣也促使产权保护的提供者发生转移：从由自愿性团体进行的非官方管理转向国家管理。贸易的发展使得非农生产部门的生产率提高，但不能抵消农业部门边际收益递减之趋势，结果就是马尔萨斯危机到来了。14世纪的瘟疫（黑死病）对欧洲的打击是致命的。贸易和商业衰落了。人口出现了急剧下降。劳动相对于土地变得稀缺了。农民在和领主谈判时的实力增强了。农奴制的主仆关系让位于对占有权的承认，并结束了奴隶义务。自由劳动者摆脱了庄园法庭的管辖，并开始处于国王的保护下。这导致了庄园制的解体。庄园

1 比如波斯坦（M. M. Postan）通过研究发现，要素市场和产品市场上的贸易和货币交换的发展比我们想象的要早，因此，很难说通过市场获取消费品的交易成本要高于分配劳役方式。

制解体标志着封建主义衰落了。然而，值得注意的是，尽管商业和贸易大不如从前，但它们并没有消失，市场依然存在，并与货币经济共存。另外，制度安排和产权方面的变化在不同国家的表现有所不同。

从公元1450年到1650年，欧洲社会开始向外扩张，扩张的结果是使世界其他地区和欧洲联成一体。伴随着欧洲人的殖民，世界其他地区成为欧洲的殖民地。这种格局扩大了世界贸易，从宗主国延伸而来的制度和产权奠定了殖民地区后来的发展模式。出于对殖民地和贸易的竞争，战争不断出现。伴随着战争，政治经济单位的结构发生了转化。马尔萨斯危机依然是这时期欧洲社会经济发展的阴影。17世纪危机横扫欧洲，但对各国的影响有所不同。英格兰和荷兰的程度较轻，而法国，特别是西班牙则深受其害。英格兰和荷兰因为产出增长快于人口增长而逃脱了“马尔萨斯陷阱”；法国尽管没有发生经济萧条，但明显地落后于英格兰；西班牙以前是欧洲最强的国家，但此时陷入了绝对下降的状态。之所以会有如此不同的状态，在于各民族国家的产权制度不同。而产权制度的不同演化路径又深嵌在各民族国家的历史中。法国曾经被英国占领过一大块土地，而且贵族之间斗争频繁。为了重建稳定的秩序以及维护国家的统一，法国国王需要有大笔税收来供养军队。人民基于对这种保护的渴望就默认了王权对于税收的调整权，而且，这种权力并没有随着战争的结束而结束。另外，法国经济具有很强的地方性，为了征税就需要维持一个很大的官僚机构。官僚机构的庞大导致税收的增加。为了解决这个矛盾，政府就出卖特权给地方性组织和行会等，结果导致地方性经济进一步加强，产权制度不完善，交易费用上升，资源配置效率降低，经济发展停滞。西班牙的产权制度也很糟糕。为了筹措与摩尔人作战的经费，代议制机构把征税权让渡给皇室。皇室通过出卖特权（来回迁徙羊群）让牧主团获得收入，但结果导致无法建立好的土地产权。在来自低地国家的收入减少后，为了维持庞大的军费皇室不得不把垄断权出卖给行会。这也导致了抑制生产性活动的产权结构的进一步稳固。不良的产权制度导致法国和西班牙贸易和商业的衰落，经济发展停滞。英格兰和荷兰与上述两个国家不同，它们的产权制度激励人们更有效地使用资源，并把资源投入到发明与创新活动之中。荷兰之所以能够建立好的产权制度，在于以下三个原因：第一，（出于善心）菲利普建立了议会，限制了王权的调税权；第二，贸易带来的巨大税收容易征收，不需要很大的官僚机构。此时，也不需要维持很大规模的军队；第三，贸易的巨大利益，使得民众愿意拿税收来换取对私有产权的保护。英国在14—15世纪也跟法国和西班牙一样，以出卖特权换取税收。但是因为对羊毛税的争夺，几方做出了妥协，王权获得了税金岁入，国会赢得了规定征税水平的权力，而商人得到了对贸易的垄断。之后，羊毛税已经变得不重要，重要的是，对产权的控制权转移到由商人和土地贵族所组成的国会手中，这就为建立好的产权制度奠定了基础。英格兰经济之所以能成功地摆脱17世纪的危机，直接地归因于逐渐形成的私有产权制度。至于为什么英格兰产权性质能够摆脱欧洲大陆模式，诺思认为是多种原因造成的。从地理环境上看，英格兰所在的地方是一个岛屿。外国的入侵不像欧洲大陆那样构成严重的威胁。因此，中央政府提供的保护对英国人来说不如对法国人重要。从国内政治看，王位的竞争局面也限制了王权。另外，英国经济的性质使得其不需要依附于皇室的庞大的官僚机构。上述这些原因决定了皇室没有理由对产权和征税权进行中央集权，更没有理由建立一个庞大的中央政府。由于产权制度不同，欧洲各国走上了不同的发展道路。

对于工业革命，诺思不同意把它的内涵仅仅归结为技术变化。他的论点是：工业革命是以前一系列制度变迁逐步累积的结果。[1]这里的制度变迁主要是指对产权的充分界定。正是充分界定的产权改善了要素市场和产品市场。结果导致市场规模的扩大。市场规模扩大，导致更大范围内的专业化和分工，从而增加了交易成本。为了降低交易成本，组织和制度进行适应性变革，从而发明的产权可以得到更好的界定。对发明的产权保护进一步提高了收益率。提高的收益率与扩大的市场相结合，引导资源投入新的渠道，也进一步激励了科学发明和技术创新。正是这一系列的创新，为第二次经济革命铺平了道路。如诺思所言："科学和技术的结合造就了第二次经济革命。"[2]

诺思认为第二次经济革命产生可以分成三步：第一步是科学法则的提出；第二步是工业革命期间科学家与发明家之间的知识交流；第三步是产权的演变，使私人收益率更接近于社会收益率。第二次经济革命导致了技术进步，机器在生产中替代了人脑和人手，同时，新的能源得以利用。这种技术进步和能源转换使持续的经济增长成为可能，并且能应对人口数量的大规模增长。技术进步也以生产过程中的巨大的固定资产投资的不可分性为特征。潜在的规模经济的实现需要大量持续的生

---

1 英国经济史学家、工业革命方面研究的权威R. M. 哈特韦尔（R. M. Hartwell）持类似观点："在欧洲，从中世纪以降，就有一些长期的因素——科学、宗教、哲学、政治理论、法律和政府——在发挥作用，但至关重要的、决定的变化还是在重商主义让位给自由放任之后，个人逐渐地从国家的控制中解放出来，对创造发明、对个人努力，进而对生产发挥了刺激作用。资本主义企业家的能量释放出来，他们改变了经济，开启了持续的经济增长过程，也即众所周知的'工业革命'。""工业革命是一个'大断裂'，为我们的现代社会奠定了基础。"参见［英］F. A. 哈耶克《资本主义与历史学家》，秋风译，吉林人民出版社，2003，第141、224页。

2 ［美］道格拉斯·C. 诺思：《经济史中的结构与变迁》，陈郁、罗华平译，上海三联书店、上海人民出版社，1994，第183页。

产和分配，从而带来了交易成本上升的问题。因此，才有企业的管理革命，其意义就在于降低伴随新技术而来的交易成本的上升。当然，通过分工和专业化，生产率还是大大提高了，而且，明显高于交易成本上升的不利影响，即技术进步促进了经济发展。钱德勒认为通过纵向一体化可以降低交易成本，然而，诺思认为，这种视野还不够。研究第二次经济革命所带来的交易成本的上升，需要从更大的范围进行考察。第一个问题是对投入品和产出品的考核问题。第二个问题是使用期较长和替代可能性较低的庞大的固定资产投资需要长期的交换关系和契约安排。交易成本上升体现在五个方面：第一，考核产出质量的资源费用增加；第二，虽然班组生产存在着规模经济，但因消极怠工增加而付出了代价；第三，得自机会主义行为的潜在收益丰厚，导致了企业内和企业间契约关系的策略性行为的出现；第四，大型组织导致官僚问题；第五，大规模的企业生产还存在负的外部性，这导致了政府干预的增加。另外，新技术降低了运输和信息成本，导致了地区、国家和世界范围内的分工和专业化，它产生了针对世界范围供求条件的市场意识以及传导机制的变化，也刺激了国际范围内的机会主义，但专业化的代价是政治不稳定和经济依附。

第二次经济革命在西方世界展现了一个前所未有的繁荣时代，也导致了对市场经济和资源配置市场形式的剧烈反应，那就是社会主义和共产主义的发展。那么是什么原因促使国家对资源配置的市场形式不感兴趣呢？诺思提出了两个假说来解释这个问题。第一个假说是，因为促使利益集团克服搭便车问题和获取对国家的控制（或者至少是参与控制）而形成的交换关系的特点，市场竞争导致了严重的异化。第二个假说是，市场竞争使社会各团体通过国家来改变产权制度和削弱竞争压力，从而保护自己免于市场竞争之影响。第一个假说以卡尔·波兰尼（Karl Polanyi）的看法为代表。波兰尼认为，自我调节的市场理念是一个乌托邦，自我调试的自由市场存在着巨大的缺陷，资本主义社会具有可怕的社会后果。[1]诺思不同意波兰尼的看法，正如不同意熊彼特的看法一样。熊彼特认为，资本主义的成功造就了意识形态的异化，最终导致其灭亡。第二个假说表明，为降低交易成本而出现的竞争导致地区、国家和国际的专业化和劳动分工，这种竞争的内在不稳定性使市场体制有自我毁灭的趋势。

借助于分析1789—1914年间美国经济的结构与变迁，诺思考察了宪法、政府、利益集团和意识形态之间的互动关系，考察了宪法的制定者试图怎样控制国家和最后这些控制措施如何被摆脱，并指出结构变迁考察的意义。很多学者由于未能分析结构变迁，误解了20世纪的经济史。

三、制度变迁理论的要点与不足

诺思认为经济史的任务是按时序解释经济结构及其实绩。[2]为了完成这种解释，必须借助于一定的理论。传统的新古典经济学理论不能完成这个任务。在这种条件下，诺思采用“拿来主义”的方法，集成各种理论，最终构建了制度变迁理论。这个理论是对新古典经济学理论的超

1 ［英］卡尔·波兰尼：《大转型：我们时代的政治与经济起源》，冯钢、刘阳译，浙江人民出版社，2007。

2 ［美］道格拉斯·C. 诺思：《经济史中的结构与变迁》，陈郁、罗华平译，上海三联书店、上海人民出版社，1994，第3页。

越，也可以说是新古典经济学理论的一般化。诺思的制度变迁理论作为一个概念性的分析框架保留了稀缺性以及随之而来的竞争的基本假设，保留了微观经济理论的分析工具。只不过补充了理性假设，增添了时间因子。从这个角度看，制度变迁理论是对新古典理论的超越。但是，诺思并没有否定新古典经济学理论的分析范式，只不过将制度、组织、意识形态等原本经济学理论中不予探讨的对象纳入分析，从而使新古典理论具有动态特征。从这个角度看，制度变迁理论是新古典经济学理论的一般化。

诺思的制度变迁理论有四个要点：

第一，产权制度对于历史发展是重要的。在《西方世界的兴起》一书中，诺思开篇就指出：有效率的经济组织是西方世界兴起的关键。而有效率的经济组织产生于好的产权制度下，即好的产权制度催生了有效率的经济组织。在该书中，诺思也通过对西方世界兴起的解读论证了这个观点。《经济史中的结构与变迁》在《西方世界的兴起》的基础上，进一步研究了产权制度的演变和作用，进一步探讨了产权制度和人类社会结构变迁的关系。可以说，这本书与上本书一样，诺思还是紧紧扭住产权制度这个核心，来阐述他的理论，并通过历史解读来证明其观点。通过研究，诺思扩展了他对产权制度的认识。在《西方世界的兴起》一书，他的结论还只是针对西方世界兴起而谈，而到了《经济史中的结构与变迁》，他得出结论：人类社会的每一步重大的发展变化实际上都离不开产权制度的变化，人类社会的进步源泉来自于产权制度的进步。人类社会的两次经济革命离不开产权，西方之所以能够崛起，能够跨越“马尔萨斯陷阱”，各个民族国家的经济表现之所以出现差异，也离不开产权。

第二，产权制度不是存在于真空中，它与国家（政府）、市场交换、意识形态、人口增减、技术进步等众多因素相关。好的产权制度能够降低市场交换中的交易成本，促进贸易和商业的发展，从而促进进一步分工和专业化。产权制度与国家这个强有力的组织有关。因为，国家是产权制度的提供者。成功的意识形态需要能够加强人们对现有产权制度的认可，能够降低市场交换中的交易成本，能够减少人们的“搭便车”行动，能够使得集体行动成为可能。如果市场交换中的交易成本非常高，就会发生组织（企业）对市场的替代。人口增减影响要素禀赋结构，并进而影响相对价格，影响制度变迁的成本和收益。人口数量的变化和资源禀赋的结构对于产权制度形成和实现经济增长都有很重要的作用。技术进步对于产权改变也有影响。技术进步可以克服搭便车问题，技术和制度变化在某种意义上等同。“一项安排毕竟仅仅是使得资源以某一特定的方式进行组合的一系列安排中的一种，从这一意义上来说，它们不过是技术流程的另一种形式。”[1]技术和制度（产权）都会促进经济发展，而且二者呈现出相辅相成的关系。新技术有可能导致组织和制度变化，组织和制度的高效率也会催生新技术的出现。在某些特定时期，技术进步对经济发展的促进作用是明显的。然而，重大的技术进步没有出现时，组织、制度的创新就会对经济产生重大影响。技术进步与制度变迁二者在经济发展中相互作用，不可分割。总之，诺思以产权制度为核心，将各种变量整合到一起，形成了一个能够解释历史的制度变迁理论模型。

第三，国家在产权制度的变革中不是“中立”的。由于国家的双

---

1 ［美］R. 科斯，A. 阿尔钦，D. 诺思：《财产权利与制度变迁》，刘守英等译，上海三联书店、上海人民出版社，1994，第306页。

重目标存在着冲突，国家在建立产权制度上的作用也是未定的。国家有可能通过建立好的产权制度而使经济获得增长，也有可能为了租金最大化而使坏的产权制度得以实行，结果是阻碍了经济增长。这揭示了国家和产权制度、经济增长之间的联系。事实上，关于国家和经济之间关系的讨论，从经济学的鼻祖亚当·斯密那里就开始了。他在《国富论》中提出了他的著名论断“国家的三项职责”。国家的第一项职责是保护本国不受外来侵犯。第二项职责是维护社会公正，即保护公民个人，使其不受到其他人的压迫与侵犯。出于贪婪，富人会攫取更多的财富，出于对劳动的厌恶和对安逸的追求，穷人也想不劳而获。在这种条件下，如果没有国家，任何人的财产都将是不安全的。国家的第三项职责是建设并维护公共设施，支持教育。这种国家理论体现了斯密作为自由经济倡导者的情怀（反对政府干预经济），对于19世纪的公共财政具有很大影响。20世纪30年代的大危机催生了凯恩斯的宏观经济学，国家（政府）不再“袖手旁观”，不再只是“守夜人”，它有正式理由干预经济。政府对宏观经济的干预使得经济摆脱了“危机”。然而随着政府干预的加强，政府干预的局限性和缺陷也日益显露出来，政府财政赤字与日俱增，政府规模扩张，经济停滞膨胀。此之谓“政府失灵”。如何解决政府失灵呢？在公共选择理论家看来，要克服政府干预经济的局限性及避免政府失灵，关键的是要实行宪政，即让政府的行为具有约束性。新自由主义者则号召恢复市场在经济发展中的主导作用。可见，很多学者都对国家和经济发展之间的关系做出了说明。诺思的创新之处是通过产权理论讨论了国家和经济发展之关系。应该说这是一个新视角，通过这个视角诺思也得出了一个新结论：“国家的存在是经济增长的关键，然而国家又是人为经济衰退的根源”[1]。

第四，意识形态理论作为辅助，解释了人们在实践中的“非理性”活动。诺思的分析范式是基于新古典的，即他是在“理性人”的假定下，构建其制度变迁理论模型的。然而，通过研究历史，他发现，“理性人”的出发点不能解释所有的历史事实。这相当于历史“证伪”了理论模型。为了使他所建构的理论模型有更好的解释力，他引入新的理论，即意识形态理论。通过这个理论，解释了人们为什么没有在实际行动中采取“搭便车”的策略，解释了集体行动为什么可能。这是诺思理论中不可或缺的一部分。

综上，可以看出诺思理论的精华所在。诺思提出的制度变迁理论有力地解释了历史。并且，在对历史的解读中，他的理论经受住了检验。然而，在这里也要指出诺思所构建的制度变迁理论中存在的瑕疵。

首先看诺思的产权理论。诺思认为，产权是由国家界定和实施的。这种观点并不能涵盖社会经济制度变迁的全部历史和产权结构变化的各种形式。在人类发展史上，特别是在漫长的人类文明史前时期，产权结构大多是由人们长期形成的习俗固定下来，或由部落社会的公共机构来界定的。诺思断言国家界定和实施产权，同人类社会发展史实并不完全相符。显然，他不能把国家和社会公共机构明确加以区分。人类由狩猎采集阶段的产权形式转向农业定居阶段的产权形式，并不是由国家界定实施的，因为在一万年前的“群落”“部落”社会中可能还不存在国家，而存在的只是“群落”“部落社会”等公共机构。或如诺思自己说的，

---

1 ［美］道格拉斯·C. 诺思：《经济史中的结构与变迁》，陈郁、罗华平译，上海三联书店、上海人民出版社，1994，第20页。

那时存在的只是“农业共同体”这个“制定并实施公共决策的组织”。[1]

其次看诺思的国家理论。诺思在国家理论中揭示了国家与产权的内在联系，揭示了国家目标上存在的内在矛盾，并指出了国家和经济发展之间的紧密联系。但诺思的国家理论并不完整。他没有给出国家指导经济的方法，也没在历史解读中陈述之。国家和经济发展的联系如果仅限于产权制度，似乎也简单化了一些[2]。诺思把国家和经济的联系仅定位在产权，实际上反映了其新古典的自由主义理念。

最后看诺思的意识形态理论。诺思的意识形态理论有很大不足。第一，诺思在论述意识形态的本质时指出，家庭和教育会灌输给人们一种价值观念，使“每个人的个人行为受一整套习惯、准则和行为规范的协调”。这就是说，在一种社会制度下，每个人都会遵从同一的习惯、准则和行为规范，服从统一的道德、伦理标准，因而存在着同一的意识形态。但他在论述意识形态的变化，涉及意识形态的起源时又说，“不同的意识形态起源于地理位置和职业专门化”，“职业专门化和劳动分工也导致了对于现实的相异的经验和不同的乃至对立的观点。”[3]另外，他在论述成功的意识形态的特点时，还表明在一个社会中既存在“证明现存的产权结构和交换条件的合理、公正”的意识形态，也存在“抨击现存的结构不公”的意识形态。[4]这就是说，在同一社会制度下，又可以有不同的意识形态。诺思对意识形态的说明，前后存有不一致。

---

1 ［美］道格拉斯·C. 诺思：《经济史中的结构与变迁》，陈郁、罗华平译，上海三联书店、上海人民出版社，1994，第104页。

2 若关心国家和经济发展之间的关系，可参阅王一江：《国家与经济》，来源于《比较》2005年第18期，中信出版社。

3 ［美］道格拉斯·C. 诺思：《经济史中的结构与变迁》，陈郁、罗华平译，上海三联书店、上海人民出版社，1994，第56页。

4 同上书，第57页。

第二，既然诺思认为不同的意识形态起源于地理位置、职业专门化和劳动分工，那么，意识形态的变化也应由人们的地理位置变化、职业变化和劳动分工变化来说明。但诺思不是这样，他说："当人们的经验与其思想不相符时，他们就会改变其意识观点。"[1]同时又"提出有关相对价格的四种选择"[2]，认为这些相对价格会改变个人对制度公平性的原有看法，从而改变人们原来的意识形态。到底是人们的经验变化导致人们意识形态改变，还是相对价格改变导致？诺思没有回答。

第三，"搭便车"行为的存在是新古典理论无法解释的难题。诺思认为成功的意识形态能克服"搭便车"问题，能够促进一些群体不再按有关成本与收益的简单的、享乐主义和个人主义的计算来行事。统治者利用意识形态的这种作用，对制度的合理性进行投资，以保证社会的稳定。然而，诺思提出用意识形态理论克服"搭便车"问题，使自己又陷入了新的矛盾之中。他坚持以寻求自身利益最大化原则来描述个人和企业家的活动，利润最大化假设确实使结果一目了然。但如果个人行为受意识形态的约束，或受社会规范的影响，那么个人就不再是传统的新古典利润最大化者了。

虽有上述瑕疵，诺思理论的光辉还是主要的。纵观经济史学史，不得不说，诺思的这本书是一部伟大的著作。它是新经济史革命中新制度学派的代表作；它恢复了经济学的优良学术传统，注重理论和历史的结合；它创制了一种新的经济史研究方法，即利用经济学理论重新解读经济史；它提出了一个重要结论，即制度（产权）变迁是历史演进的

1 ［美］道格拉斯·C. 诺思：《经济史中的结构与变迁》，陈郁、罗华平译，上海三联书店、上海人民出版社，1994，第54页。

2 同上书，第55页。

源泉，工业革命的突出特点不是技术发明，而是制度变迁；它构建了一个宏伟的分析历史变迁的概念性框架，这个框架堪与马克思的分析框架媲美。

第四节 诺思：《制度、制度变迁与经济绩效》

诺思运用制度变迁理论来解读人类社会经济史中的结构与变迁，然而，由于他的考察对象太宏观，横向覆盖全世界，纵向达致数千年，因此，达到理论和历史的完美统一很难。《经济史中的结构与变迁》中所用的制度变迁理论略显粗糙，因此，诺思决定在理论上做进一步的探索。《制度、制度变迁与经济绩效》一书便是自《经济史中的结构与变迁》出版后近20年探索的成果。[1]该书对制度，制度变迁以及它们与经济绩效之间的联系给予了更为详尽的说明。

一、制度等概念的进一步说明和界定

诺思在本书再次强调新古典经济学理论假定——交换是无摩擦的、产权界定是无成本的、信息可以无成本地获得——的局限性，指出新古典经济学理论中忽略了亚当·斯密所着眼的人类合作与协作这一重要问题。诺思回顾了经济学家在博弈论框架下对合作与非合作问题的研究，并强调博弈论的分析与人类社会的现实还有很大差距。人类行为比

1 早在1971年的《制度变迁与美国经济增长》一书中，戴维斯和诺思合作，就试图对制度变迁理论进行说明。

博弈论预设的假定要复杂得多。在现实生活中，信息是有成本的，人的偏好也是不一致的，人行为的动机也是复杂的。诺思认为，人类行为比经济学家模型中的个人效用函数包含的内容要复杂得多。他们不一定仅是追求利益最大化，有时候也会有利他行为。人们的决策过程也非常复杂吗？根据认知心理学，主观看法在决策处理中起着相当大的作用。人的主观看法有多种来源，会受到环境、意识形态等多种因素的影响。可见，诺思对人的行为的理解更加深入，对意识形态的作用有了更深层次上的认识，同时对新古典经济学理论的理性假定有着更深刻的看法。

诺思的制度变迁理论对人的行为有三个基本假定：第一，人的动机是双重的，一方面追求财富最大化，另一方面又追求非财富最大化；第二，人是有限理性的[1]。虽然人是有意识地使自己状况最佳，但由于智力本身是一种稀缺性资源，因此，人的理性实际上是有限的，而且，由于环境的不确定性，信息的不完全性以及人的认识能力的有限性，每个人对环境反应的主观模型大不相同，从而导致人们在选择上的差别和制度规则上的差别；第三，人具有机会主义倾向。也就是说，人具有随机应变、投机取巧、为自己谋取更大利益的行为倾向。这三个假定，应该说比新古典世界更加接近现实。从这三个假定出发，诺思对理论所涉及的有关概念作了进一步的说明和界定。

一、制度。旧制度学派的经济学家凡勃伦认为："制度实质上就是个人或社会对有关的某些关系或某些作用的一般思想习惯；而生活方式所由构成的是，在某一时期或社会发展的某一阶段通行的制度的综合，因此从心理学的方面来说，可以概括地把它说成是一种流行的精神态度

1　1978年获得诺贝尔经济学奖的H. A. 西蒙最早提出了"有限理性"观点。

或一种流行的生活理论。”[1]至于经济制度，是在社会的生活过程中接触到它所处的物质环境时如何继续前进的习惯方式。可见，在凡勃伦那里，制度是人们主观心理基础上的思想和习惯。康芒斯对制度的定义不同于凡勃伦。他认为，制度是指约束个体行动的集体行动[2]，其中最重要的制度是法律制度。诺思的制度定义则宽泛得多，定义的角度也不同于以往。在诺思看来，制度乃是一种社会博弈规则，是人们所创造的用以限制人们相互交往的行为的框架。他说：“制度是一个社会的游戏规则，更规范地说，它们是为决定人们的相互关系而人为设定的一些制约。”[3]这种制约包括正规制约和非正规制约。正规制约包括政治（及司法）规则、经济规则和合约。政治规则可广义地定义为政治团体的等级结构，以及它的基本决策结构和支配议事日程的明晰特征。经济规则用于界定产权，即关于财产使用，从中获取收入的权利约束，以及转让一种资产或资源的能力。合约则包含着对交换中一个具体决议的特定条款。关于政治规则和经济规则的关系，诺思认为，广义而言，政治规则会导致相应的经济规则，尽管经济利益的结构也会影响政治结构。政治规则并不是按照效率发展的，它受到政治、军事、社会等各种因素的约束。政治规则的有效性是产权有效的关键。如果政治市场的交易成本低，可能就会产生有效产权。反之，则可能出现无效产权。非正规制约是指人们在长期交往中无意识形成的，具有持久的生命力，并构成代代相传的文化的一部分。纵观历史，不难发现，在正规制约诞生之前，人们之间的关

1 ［美］凡勃伦：《有闲阶级论》，蔡受百译，商务印书馆，1964，第139页。

2 ［美］康芒斯：《制度经济学》上册，于树生译，商务印书馆，1962，第87页。

3 ［美］道格拉斯·C. 诺思：《制度、制度变迁与经济绩效》，刘守英译，上海三联书店，1994，第3页。

系主要靠非正规制约来加以维持。即便是在现代社会，正规制约在约束人们行为的制度框架中也只占一小部分，人们大多数的行为实际上受非正规制约的约束。非正规制约在制度演进中的重要作用，是路径依赖的来源。非正规制约包含的内容很丰富，比如包含价值信念、伦理规范、道德观念、风俗习惯等。其中，最主要的和最核心的是意识形态。诺思在《经济史中的结构与变迁》中，就多次强调意识形态的作用。意识形态在他的制度变迁分析中担当了非正规制约的角色。人们的行为受到这种非正规制约的约束。意识形态之所以存在，是因为世界太复杂，而人的理性和能力是有限的。面对错综复杂的世界，人们必需借助于价值观念、伦理道德、风俗习惯和道德准则等相关的意识形态来寻求心灵的宁静以及行动的合理性。通过引入非正规制约概念，诺思把文化作为影响经济发展的因素引入到他的历史分析中。这无疑使他的理论更为现实和科学。关于正规制约和非正规制约的关系，诺思的阐述是：正规制约能贯彻和增进非正规制约的有效性，但也会受到非正规制约的软约束。二者互相影响。正规制约可以激变，而非正规制约只能渐变。随着正规制约不断变迁，非正规制约也会朝着彼此适应的方向演化。

二、组织。诺思强调，在他的分析框架中，组织不同于制度。组织虽然提供了一个人们发生相互关系的结构，但它不同于作为游戏规则的制度。组织是在制度框架之下活动的，它的主要功能是制度变迁的代理人。组织包括政治团体（政治派别、参议院、城市委员会、有规章的机构）、经济团体（企业、工会、家庭农场、合作社）、社会团体（教堂、俱乐部、运动协会）和教育团体（学院、大学、职业培训中心）。[1]组织

1 ［美］道格拉斯·C. 诺思：《制度、制度变迁与经济绩效》，刘守英译，上海三联书店，1994，第6页。

是一种有目的的实体，创新者用它来抓住社会制度结构赋予的机会，达致财富、收入或其他目标最大化。关于制度和组织的关系，诺思认为制度决定组织，什么样的组织能够存在以及组织演化的方向都会受到制度框架的影响。有效制度允许组织试错，能够消除组织的各种错误，能够分担组织创新的风险，并能保护产权。组织是制度变迁的代理人。制度决定一个社会的机会，组织是被创造出来利用这些机会的。随着组织的发展，它会逐渐改变制度。有效组织可能能够推动制度朝着有利于经济增长和发展的方向演进。

三、交易成本（交易费用）。关于交易成本的概念，在诺思之前的研究中已经多次提到。比如，他在《西方世界的兴起》一书中，就曾指出，“商品在经济单位间的转移要求提供有关交换机会的信息，即要有搜索费用；要求就交易条件进行商议，即要有商议费用；还要求确定实施契约的步骤，即要有实施费用。提供所有这些劳务的费用，称交易费用。”[1]诺思说：“信息高昂代价是交易费用的核心，它由衡量所交换物品的价值属性的成本，保护权利的成本以及监察与实施协约的成本组成。这些衡量和实施成本是社会、政治和经济制度的源泉。”[2]新古典的世界（瓦尔拉斯模型）是零交易成本的，是无摩擦的，因此，它也是远离现实的。没有交易成本，基本的制度如货币、企业和公共管制等都无法解释。也就是说，如果不重视交易成本，无论是经济行为还是制度安排都无法得到正确理解。假设个人行动具有理性，那么交易成本的水平

---

1 ［美］道格拉斯·诺思、罗伯特·托马斯：《西方世界的兴起》，厉以平、蔡磊译，华夏出版社，1999，第102页。

2 ［美］道格拉斯·C. 诺思：《制度、制度变迁与经济绩效》，刘守英译，上海三联书店，1994，第37页。

就与制度框架——包括产权制度联系起来了。当一个社会的生产成本和组织知识给定时，追求自我福利最大化的个人会选择最小化交易成本的制度。

四、产权。“产权是个人对他们所拥有的劳动、物品和服务的占有权利。占有是法律规则、组织形式、实施及行为规范的函数——也就是说，它是制度框架的函数。”[1]在一个经济体中，产权制度通过影响交易来影响资源配置。由于一个交易者能够向他人转让的权利不能超过他所拥有的对商品的权利，因此，交易规模和契约内容会受到社会中的产权制度的影响。

五、实施机制。实施机制主要是指在制度框架下国家作为第三方监督合约实施的制度安排。在理想世界里，合约可以自动实施。然而在现实社会的经济活动中，如果不履行合约的收益大于不履行合约的成本，则交易双方有动力不履约。为了保证交易双方履约，需要在制度上加以保障。该制度通过为合作者提供足够的信息，监测交易双方对契约的偏离，通过强制性的措施保证契约的实施。执行这个制度的，应该是一个有能力的第三方。当然，这里边也存在一个问题。交换者委托国家来执行监督职能，那么交换者和国家就会形成委托-代理关系。国家作为一个实施者，能否完成职能受两大因素影响。第一，实施者有自己的效用函数，它对问题的认识和处理要受到自己利益的影响；第二，发现、衡量违约和惩罚违约者也要花费成本。诺思承认，正是实施机制的不同，导致了有的国家经济发展迅速，而有的国家则停滞不前。但在这里，诺思没有回答为什么有的国家能够建立好的实施机制而有的国家不能。

---

1 ［美］道格拉斯·C.诺思：《制度、制度变迁与经济绩效》，刘守英译，上海三联书店，1994，第45页。

六、路径依赖。诺思在分析制度变迁时强调了一个重要概念：路径依赖。如果制度可以变迁，并且受制于相对价格、偏好的变化，那么，在一个竞争性的世界里，制度变迁的方向应该趋同，即那些交易成本高的制度要被交易成本低的制度替换。在制度趋同的条件下，经济增长和发展也应该趋同，即不会有发达和不发达之分。然而，现实却是不同国家的社会演进方向不尽相同，经济发展水平也参差不齐。原因何在呢？诺思通过路径依赖概念解释了这个问题。路径依赖首先是在技术变迁领域发现的。关于技术演变过程中的自我增强和路径依赖性质的开创性研究，首先是由布莱恩·阿瑟（W. Brian Arthur）做出的。他指出，新技术的采用往往具有报酬递增的性质。由于某种原因首先发展起来的技术通常可以凭借其先入为主的优势获得垄断支配地位，这种地位通过四种机制自我加强：第一，规模经济带来的单位成本下降；第二，普遍流行导致的学习效应提高；第三，许多行为者采取相同之技术导致的协作效应增强；第四，人们对这种支配地位不断巩固的适应性预期。在阿瑟看来，这些加强机制会导致自我增强的良性循环。相反，一种更先进的技术由于“晚到”可能就会没有足够的追随者从而陷入恶性循环，甚至被“锁定”在某种被动状态之下。[1]诺思把这种思路用于制度变迁分析中。他发现，在制度变迁中，同样存在着报酬递增和自我强化的机制。这种机制使制度变迁一旦走上了某一条路径，这条路径的方向就会在以后的发展中得到自我强化。诺思说：“一旦一条发展路线沿着一条具体进程行进时，系统的外部性、组织的学习过程以及历史上关于这些问题所派

1 ［美］巴罗·阿瑟（现一般译为布莱恩·阿瑟）：《经济学中的自增强机制》，出自《经济社会体制比较》1995年第5期，李绍光、王晓明编译。阿瑟是美国斯坦福大学人口学教授，曾获得熊彼特奖。主要作品有《技术的本质》《复杂经济学》等。

生的主观主义模型就会增强这一进程。”[1]路径依赖意味着历史是重要的。如果不回顾历史，就不可能理解当今的选择。

二、制度变迁研究的深化：路径依赖和学习

制度变迁是制度的替代、转换过程。分析制度变迁的方法是边际分析法。比如，企业对市场的替代就是市场制度运行的边际交易成本上升。同样，企业制度运行也有成本，其边际管理成本和市场边际交易成本相等之处决定了企业的最优规模。如果企业规模大于这个临界点，则会发生市场对企业的替代。组织是制度变迁的代理人，制度变迁依赖于组织。组织与制度的关系是：第一，在稀缺经济和竞争环境下，制度和组织的连续交互作用是制度变迁的关键。竞争迫使组织持续不断地在发展技术和知识方面进行投资以求生存。这些技能、知识以及组织获取这些技能、知识的方法，将渐进地改变制度。第二，组织和企业家的最大化利益的活动决定了制度变迁的方向。正是众多组织、企业家之间的互动，决定了制度演变的轨迹。第三，制度和组织有着内在的联系。制度是一个社会的游戏规则，组织则是玩游戏的角色。值得注意的是，影响制度变迁的组织必须是有效组织。所谓有效组织，是指这个组织具有将知识、能力整合起来以求得最大化利益的创新能力。因此，有效组织与企业家联系在一起。从这一点上看，熊彼特提出的创新是一个社会经济发展的动力的说法与诺思的制度变迁理论本质上是相合的。

制度变迁的诱因是相对价格和偏好的变化。这在《西方世界的兴

1 ［美］道格拉斯·C. 诺思：《制度、制度变迁与经济绩效》，刘守英译，上海三联书店，1994，第132页。

起》和《经济史中的结构与变迁》中已有充分体现。比如，在分析庄园制的变化时，诺思就指出，正是人口数量的变化所导致的人地比例变化改变了要素价格结构，而这个改变的价格结构又改变了个人在相互关系中的激励，从而导致了制度发生变化。这是客观对最大化利益决策者的影响。而偏好则影响了最大化利益决策者的主观判断。随着一国经济的发展以及技术等诸多条件的变化，人们的偏好会发生变化。偏好改变之后，人们对制度变迁的成本和收益的预期会不同，因此，也会形成制度变迁的诱因。相对价格的变动是人口等变量相互作用的结果，偏好是随着历史的发展而演变的结果。二者共同影响着有效组织进行制度变迁的预期成本和收益。一旦预期收益大于成本，制度变迁就可能发生。

技术和制度存在互动。技术变化对制度变迁有着广泛而深刻的影响。这主要体现在三方面：第一，技术变革能够在一定范围之内导致规模报酬递增，因此会使复杂的组织形式建立变得有利可图；第二，作为规模经济的副产品，技术变革催生了工厂制度并导致人群大规模集聚；第三，技术变革使得信息成本发生变化，并进而导致制度变迁的成本发生变化。比如，当代世界的电报、电话、计算机等技术的发展，使得企业制度和市场制度都发生了变化。企业的规模更大，配置资源的范围更广。市场制度日趋复杂，各种有利于商品流通的制度、有利于分担风险的制度创新不断涌现。

制度变迁具有路径依赖的特性。诺思给出了两种极端情形。好的情形是，一旦一种独特的发展轨迹建立之后，系统的外部性、人们的主观模型都会加强这一轨迹。一种具有适应性的有效制度演进轨迹将允许组织在环境的不确定性下选择最大化目标，允许组织进行各种试验，允许组织建立有效的反馈机制，去识别和消除相对无效的选择，并保护组织的产权，从而引致经济的长期增长。坏的情形是，一旦起始阶段的报酬递增制度在市场不完全、组织无效的情况下，阻碍了生产活动的发展，并会产生一些与现有制度共存共荣的组织和利益集团，那么这些组织和利益集团就不会进一步进行投资，而只会加强现有制度，由此产生维持现有制度的政治组织，从而使这种无效的制度变迁轨迹持续下去。这种制度只能鼓励进行简单的财富再分配，却给生产活动带来较少的报酬，也不鼓励增加和扩散有关生产活动的特殊知识。结果就是经济停滞。路径依赖类似于物理学中的“惯性”。诺思认为，路径依赖是理解长期经济变化的关键。路径依赖理论能较好地解释历史上不同地区、不同国家发展的差异。

学习对于制度变迁是重要的。人类社会从野蛮走向文明，从落后走向进步，是人类社会的制度从简单走向复杂，从无序到有序的过程。从长时段看，所有的制度都是渐进变化的，主体推动制度变迁的方式是“干中学”过程，也是不断试错之过程。人类从没有经验开始，然后不断尝试与外界互动，并积累知识。随着知识存量的不断增大，人类在头脑中也建构了一种感觉世界、把握世界的思维模式。这种思维模式具有一定的稳定性，然而也是开放的。随着新经验的不断反馈，原有模式或者被加强，或者被修正。同一个地域的人在同一个环境下成长，容易形成共同的文化遗产和相似的思维模式。思维模式和制度是对应的，有什么的思维模式，就有什么样的制度偏好。这也是世界呈现多样化的原因。

学习导致发展一个结构，用它解释感官接收的不同信号。结构的初始建筑是遗传性的，但以后的支架是个人经验的结果。经验可以分为两类——来自物质环境的经验和来自社会文化语言环境的经验。结构由范畴组成，范畴是从幼儿期开始逐渐演化的分类，以组织我们的知觉并追踪我们对分析结果和经验的记忆。以这些分类为基础，形成心理模型以说明和解释环境。范畴和心理模型都会在新经验的反馈中加以演变，这就是学习过程。好奇心可以导致学习，学习的速度反映组织之间的竞争程度，反映了无所不在的稀缺性的竞争诱导组织从事学习以求生存。竞争程度的变化对学习的激励有影响。垄断权力的程度越大，学习的激励越低。

学习和制度变迁有着紧密的联系。第一，经济及制度变迁的速度是学习速度的函数，变迁的方向取决于获取不同知识的预期回报率。学习的速度越快，经济和制度变迁的就越快。停滞社会中的信仰体系和制度不能面对和解决新的复杂的社会问题。第二，经验和学习的差异是形成不同社会和文明的重要原因。随着人类社会的进步，人们之间的相互依赖性增强。为了获得潜在的贸易利益，更复杂的制度结构就必然形成。如果国家不能适应这种变化，经济和制度变迁就会出现停滞局面。反之，则有可能走向良性轨道。

三、制度变迁的复杂和新古典分析范式的难以割舍

《制度、制度变迁和经济绩效》一书首先从博弈论的角度探讨了人类合作行为的一般条件，然后对人类行为假定进行了探讨，并建立了有限理性的行为模式，以匡正新古典的完全信息说。制度被区分为正规制约（写在纸上的）和非正规制约（传统、习惯、行为规范等），并分别予以论述。正规制约和非正规制约共同确定一个选择集合，为在这一制度网络中行事的个人和组织提供机遇。组织和制度是不同的。制度确定

组织活动的边际和组织实现其目标的机会；组织则在制度给定的框架中活动，并通过企业家（政治或经济组织中的）“创造性破坏”的能动行为把握机遇，或在某一边际上改变制度，以实现其组织利益或目标，等等。由此给出一幅生机盎然、变动不居的图景。诺思还提出了制度变迁的路径依赖理论。这样，历史的重要性凸显。据此理论，未来深嵌于现在，而现在也深嵌在过去之上。意识形态属于非正规制约。非正规制约植根于社会的文化系统，是历史发展中的“内在稳定器”。它使制度变革呈现出渐进的增量演进而非间断性的突变模式。总之，制度、制度变迁以及经济绩效有着丰富的内涵。《制度、制度变迁与经济绩效》一书反映了诺思长时间对制度及其变迁的思考。

第一，制度是重要的，制度的含义是丰富的。诺思认为，新古典的假定脱离现实，因为它忽略了交易成本。而在现实生活中，交易成本是无处不在的。正因为有交易成本，现实生活中才存在大量的制度和组织，而不是仅仅存在市场一种制度。因此，制度分析应该纳入新古典经济学理论中，否则，新古典经济学理论对解读实践就意义不大。制度的重要性不仅仅体现在经济学理论的完善上，还体现在对历史的解读上。没有完善的经济学理论不能合理地解读历史。如果一定要做这项工作，对历史也不能有一个连贯的、合乎逻辑的解读。如果这样的话，实际上没有很好地完成经济史研究的任务。制度的含义是丰富的。在《制度、制度变迁与经济绩效》中，可以看到，制度含义已经大大扩展。它不仅包括正规制约，还包括非正规制约。可以说，现实世界中的某种关系只要能够对人们的行为起到一定的规范作用，那都可以归属到制度范畴中，包括规章制度、风俗习惯等。诺思把意识形态归属到非正规制约中，也就是说，意识形态也起到制度的作用。这与之前的著作已经有所不同。应该说，诺思更好地定位了意识形态。通过这种定位，他为文化进入经济史研究打开了大门。因为，意识形态与文化有着千丝万缕的联系。制度含义的丰富也使诺思的研究更加深入，使他研究的视角不断发生转移。如果说，在《西方世界的兴起》和《经济史中的结构与变迁》中，诺思还将注意力集中在产权制度上，那么在《制度、制度变迁与经济绩效》以及后来的研究中，他越来越多地把研究重点放在非正规制约上，即意识形态和文化上。

第二，制度变迁是复杂的。在之前的研究中，诺思曾给出制度变迁的一般原则：只有制度的预期收益大于预期成本，制度变迁才可能发生。实际上，这是一个非常简化的原则。现实中的制度变迁要复杂得多。首先，制度变迁与组织有着密切的联系。前文已经指出：组织是制度变迁的代理人，它决定着制度变迁的方向。而组织是一个有目的的实体，创新者要用它来使由社会制度结构赋予的机会所确定的财富、收入或其他目标最大化。如果组织要完成这个目标，那么它就不仅仅是制度制约的函数，还是其他制约（技术、知识存量、偏好）的函数。这些制约的相互作用决定了企业家（创新者）可以获得的潜在机会。如此看来，组织就与技术、知识等因素产生了联系。而知识和制度的关系是比较复杂的，目前这方面的研究文献还比较少。因此，由于制度和组织的复杂关系，制度变迁也就变得复杂了。其次，制度和学习还有紧密的联系。学习是一个主观过程，学习的能力因人而异。通过学习，人们可以获得更多的制度变迁信息，可以不计较制度变迁的“阵痛”，这些都会使制度变迁的路径变得非常复杂。再次，制度还具有稳定性。按照制度变迁的一般原则，只有预期收益大于预期成本，制度变迁就应该发生。相对价格时时都在变动，那是不是意味着制度时刻都会微调呢？实际上，现实生活中的制度变迁不是这样。制度在一定时期内是非常稳定的。通过研究，诺思发现，正规规则的变迁频率要大于非正规制约。现实生活中也往往是既有激进式的制度变迁，也有渐进式的制度变迁。最后，制度变迁具有路径依赖性。制度变迁的路径具有与技术变迁路径一样的特点，那就是现在深嵌于过去。一旦制度变迁锁定在某一路径，它就会沿着这条路径不断持续下去。制度变迁实际上是它自身的历史的函数。

第三，制度分析在经济史研究中占有重要位置。新古典经济学理论在解释经济发展历史方面无所作为，因为它的假定不符合现实。计量学派之所以衰落，与其依赖新古典经济学理论有关。如诺思所言："尽管将价格理论系统应用于经济史是一个重大贡献，但新古典理论研究的是在某一时点的资源配置，而历史学家要研究的核心问题中的一个限制性特征是，要解释历史的变迁。此外，在新古典理论中假定资源配置发生于一个无摩擦的世界，也就是说，一个制度或者是不存在的，或者是无关紧要的世界。这两个条件都远离历史学家所研究的真实问题：即试图解释他们社会在历史上的成长、停滞与衰败的不同模式，以及揭示人类相互作用所产生的极大差异性结果的过滤方式。"[1]正是由于新古典理论有这样的缺陷，诺思试图发展之。发展的方式就是借助新古典经济学的分析范式，将制度纳入其中，进而用它来解读经济史。经济学可以认为自己是研究稀缺条件下资源如何配置的，但经济史不能，经济史研究必须考虑技术、制度、组织以及其他重要因素。通过诺思的努力，制度分析实际上已经在经济史研究中站稳了脚跟，已经为经济史研究做出了一

---

1 ［美］道格拉斯·C. 诺思：《制度、制度变迁与经济绩效》，刘守英译，上海三联书店，1994，第177页。

定贡献，它“使整个历史成为一个真实的历史故事”[1]。

第四，制度分析仍以新古典的分析范式为基础。尽管诺思不断地意识到新古典假定的“非现实性”，但他始终也没有抛弃新古典的分析范式。他认为：“通过将新古典理论应用于历史，经济史学家就能研究选择和约束，这两者对所有物品肯定都是适合的。”在诺思看来，如果研究激励及其与经济绩效之间的关系，那么“新古典价格理论的基础工具和由一代计量学家所发展的复杂的数量技术将继续作为我们分析工具的一部分”[2]。总之，这本书显示了诺思的一种努力：他试图进一步完善和发展其制度变迁理论。同时，也显示了诺思的“新古典”的情结：新古典的分析范式是有用的。

第五节　诺思以及新制度学派：理论创新和史论统一的努力

1993年，诺思和福格尔一起获得了诺贝尔经济学奖。这标志着经济学界和经济史学界对诺思贡献的认可。以诺思为代表的新制度学派之所以能够在西方取得如此高的学术地位，一方面在于他所创建的理论本身；另一方面在于现实经济的发展变化。

首先，从理论本身上看，他的制度变迁理论覆盖面极广，不仅吸纳了经济学，而且涉及历史学、政治学和社会学等诸多方面。因此，他的理论对社会经济发展现实有着更强的解释力。该理论虽然架构在新古

---

1 ［美］道格拉斯·C. 诺思：《制度、制度变迁与经济绩效》，刘守英译，上海三联书店，1994，第184页。

2 同上书，第182页。

典经济学分析范式之上，但在理论内容上超越了新古典，修补了新古典经济学本身的缺陷。另外，与旧制度学派不同，诺思在他的制度变迁理论中扩展了制度的内涵，在分析上也不仅仅倚重制度，而是同时考虑影响社会经济发展的其他因素，并在制度变迁理论中把这些因素有机地整合在一起。虽然诺思注重量化研究，但是告知人们的主要是一些定性结论。读他的书好懂，不需要高深的数学知识。因此，他的理论可以被更多的人接受和理解。

其次，现实经济的发展变化创造了一个让他的理论得以流行的平台。20世纪五六十年代，西方各国普遍奉行凯恩斯主义，对经济生活实行广泛的干预，推动了西方历史上经济的高速增长。然而，这种干预也引致了70—80年代西方经济发展的“滞胀”。主流的凯恩斯经济学理论对此无能为力，非主流经济学，如货币主义、供给学派、新制度学派则应声而起，纷纷提出了自己的治国之策。货币主义从货币供应量入手，反对国家采用积极的货币政策干预经济，供给学派则反对凯恩斯的总需求拉动理论，重拾萨伊定律，认为供给在经济中占主导地位，需求会随供给的变化而变化，自由市场会自动调节生产要素的供给和利用，应当消除阻碍市场调节的因素。新制度学派则另辟蹊径，从制度入手分析制度变迁与经济增长的关系，这无异于为研究社会经济发展打开了一扇新的窗户。这扇商户可以让人不拘泥于唯美的经济学理论，从而对社会经济变革有着更深和更远的认识。这对于关心现实经济的决策者很有吸引力，对那些研究现实经济的学者也很有吸引力。

由于理论和现实的双重因素，诺思的制度变迁理论及他所开创的新制度学派引起了学界的关注，在学界产生了重要影响。在他的引领下，华盛顿大学已经变成新经济史研究的主战场。很多经济史学家乐于运用诺思的理论进行经济史研究。

一、诺思：理论贡献及有待进一步研究之处

诺思的制度变迁理论的贡献可以归结为五个方面：

第一，把制度“内生化”。以往的新古典经济学理论框架中，制度是外生变量。这种假定使得制度、经济结构、社会背景、文化习俗等因素都不能进入经济学分析中。在研究经济增长时，他们也习惯于研究资本、劳动以及技术等要素对产出的影响，而忽略了制度。他们假定，制度在短期是不变的，因此不会对经济产生影响。诺思通过历史的长期考察，发现制度是重要的。如果不考虑制度变化，就不能对历史上的经济发展有一个正确的解读。但是，如何把制度纳入经济增长和发展的解释中呢？一个关键的抓手是交易成本。诺思运用交易成本概念论证了在长期经济增长中，制度有着至关重要的作用。诺思认为，自亚当·斯密以来，经济模型都是建立在分工和交换基础之上的。因为，人类受主客观条件限制，只有通过交换才能获得经济增益。产权是交易的基础——资源的稀缺性和人类需求的无限性，必然导致人类的竞争和冲突，而这些竞争和冲突必然要求有合理的制度或规则来加以约束和规范。这些制度和规则中最重要的就是产权制度。只有产权制度才能使资源配置更为有效，才能使人类的合作不是一句空话。如果没有合理和明晰的产权制度，那么很可能导致资源的巨大浪费和社会的动荡不安，这自然会阻碍经济增长。因此，诺思认为，仅凭市场的调节、仅凭斯密所说的“看不见的手”，并没有给出经济持续快速增长的秘诀。

第二，超越了“理性人”的狭隘定义。诺思在《制度、制度变迁

与经济绩效》一书中写道："人类行为比经济学家模型中的个人效用函数所包含的内容更为复杂。有许多情况不仅是一种财富最大化行为，而是利他的和自我施加的约束，它们会根本改变人们实际做出选择的结果。"[1]在先前的另一本著作《经济史中的结构与变迁》中，类似的思考也有。他认为新古典经济学理论不能解释不以个人利益为动机的行为。诺思认为：为了解释制度的稳定与变迁，需要超越个人主义的成本-收益的理性计算原则。这也是他引入意识形态理论的缘由。虽然诺思意识到了"理性人"假定的狭隘，但他同时认为，作为分析的起点来说，理性人的假定还是有用的。事实也证明诺思的确没有抛弃新古典经济学分析范式。

第三，发展了交易成本理论。诺思在科斯、威廉姆森等学者的基础上，将交易成本定义扩展到整个人类社会制度范围，建立了涵盖广阔的人类行为理论。诺思对交易成本和生产成本的定义是，前者是实现来自社会分工、专业化的收益而投入到执行交易功能的资源损耗；后者是完成物质形态转变的资源损耗。诺思认为，他的这一定义优于以往的各种定义。首先，他建构了人类行为理论，不仅把人类行为的功能特征，如机会主义、有限理性纳入其中，而且将认知结构、行为动机纳入分析之中。这就使他不但能通过交易成本概念来分析和解释各种制度功能绩效问题，而且还可以通过主体行为发生学的解释，分析社会制度的变迁过程，从而解决一直以来困扰经济学家的一些问题，例如"怎样解释制度变迁的各种路径?""为什么有些制度变迁使得经济发展长期处于低绩效状态?"等。其次，他构建了交易成本、制度、技术三者间的互动联系，

---

1 ［美］道格拉斯·C. 诺思:《制度、制度变迁与经济绩效》，刘守英译，上海三联书店，1994，第27页。

克服了局部比较、静态均衡分析的局限，使得宏观、整体的制度绩效比较成为可能。

第四，将“意识形态”“国家”纳入制度变迁分析中。科斯提出了交易成本的存在，也隐约表达了对“制度选择”的认识。但科斯作为研究法学出身的学者，他更注重的是个案的分析，而没有从整体、宏观的角度进一步挖掘制度变迁同经济增长之间的联系，更没有考虑到“意识形态”“国家”对制度和经济的影响。而诺思则初步揭示了个人的目的和意识如何受到制度，特别是产权制度的影响。例如：产权制度的稳定或变迁会影响个人的效率观和公平观。在不同的产权制度下，不同个人会有不同的意识，从而有不同的行为表现。反过来，不同的意识又会使制度的变革方向不同，从而使经济绩效不同。在以往的经济学研究中虽然有公共选择理论对国家加以研究，但没能把“国家”整合到制度变迁研究中去。诺思完成了这一任务。这大大丰富了新古典经济学理论，使之更加现实化和科学化，摆脱了以往就经济论经济、从一个理性的假定出发运用数学知识抽象地研究资源配置的做法。这种做法是远离现实的，因为它不仅忽略了国家对经济活动的影响，也看不见人们的思想、文化、道德等内在因素对其从事的经济活动的影响。视域拓宽使得诺思的理论更令人信服。

第五，给出了制度、制度变迁与经济发展的基本逻辑。诺思从制度入手，分析了制度变迁和经济发展之间的联系，给出了一个基本逻辑。他认为，人类社会的所有制度——包括经济、政治等制度——都是变化的。这种制度上的变化决定了一个国家的技术进步和经济增长。制度变迁的推动者是组织和个人。制度变迁的动力来源于变迁主体对制度变迁的潜在利益的追求。无论是国家还是其他主体，凡是参与制度变迁或者维护制度稳定的，都是为了追求自身利益的最大化，都需要进行成本-收益的计算。制度变迁具有路径依赖性，容易锁定。一个好的开始，可能使制度变迁和经济增长形成良性互动，反之，则形成恶性循环。这个逻辑使制度成为动态的，不像以往的经济学家把它视为静态的。同时，它也反映了诺思作为新经济史学家的分析特色，尽管引入了意识形态，但他还是力图从不同利益集团的利益“博弈”上去解释制度变迁或者稳定的原因，并进而说明经济增长的良与莠。

总之，诺思的制度变迁理论以新古典经济学的分析范式为基础，以产权理论和交易成本理论为辅助，致力于分析制度的功能和机制，致力于说明制度变迁的原因以及这些原因之间的相互联系，说明制度在社会经济发展中的地位和作用。他的理论是对经济学和经济史的巨大贡献。对经济学的意义在于：走出了新古典的“静态”；对经济史的意义在于：理论和历史再次统一。

瞩目制度变迁理论的辉煌成就之时，也需正视诺思理论上存在的问题。在诺思的理论中，“理性人”“成本-收益分析”“效用最大化”等新古典经济学概念遍布。为了对历史有一个合理的解释，为了构筑一个符合经济学逻辑的制度变迁理论，诺思吸收了新古典经济学分析思想，试图将制度变迁理论成为西方新古典经济学理论体系中的一部分。但不可否认，这种分析范式存在一定缺陷，诺思理论的遗憾也缘于对此的继承。

第一，尽管诺思提出了意识形态概念，但制度变迁理论的分析出发点还是“理性人”假设。在他的理论中，国家、各种组织、个人都具有“理性人”特征，都是通过理性的利益计算来决定自己的经济行为。这或许可以解释历史上大部分主体的行为，但显然并不全面。当然，诺思也注意到这一点，但他没有改变分析的出发点。

第二，理论虽然富有逻辑性，但给人的感觉仍然是有点混乱。或许，推出一个能够全面、深刻地解读经济发展历史的理论太难，以至于这个批评实质上是一种奢望。但为了理论的进步，为了经济史研究的进步，还是要指出这点。因为，今天的行为经济学、博弈论、公共选择理论、经济社会学等学科又有了新的发展，这些发展还可以进一步整合到经济史研究的理论中。

第三，将人口数量变化作为制度变迁的根本动力，限制了制度变迁理论的解释力。根据诺思的理论，人口和资源禀赋结构的变化导致相对价格变化，而这个变化就孕育了制度变迁的潜在机会。如果有组织或者个人捕捉到这样的机会，那么制度变迁就可能发生。在之前的著作中，诺思也多次谈到人口数量变化对中世纪庄园制的影响。然而，在此我们不禁要问，人口数量的增加对于制度变迁的影响是绝对的吗？中国的人口数量变化为什么没有引起同样的制度变迁呢？

第四，制度变迁理论最终没有清楚地说明不同国家发展路径不同的根本原因。在之前的研究中，诺思分析了荷兰、英国、西班牙、法国等国家制度演变的不同。在《制度、制度变迁和经济绩效》中，他继续了这一话题。不断地追问差别根源究竟在哪里之后，诺思将答案归结到非正规制约上，即落实到文化上。制度毕竟是表层的东西，制度必须建基于一个国家和民族的文化土壤上。对于非正规制约的解读，诺思认为还没有一个明确的答案。他只是强调："非正规制约是重要的。要回答这些问题，我们有必要对由文化衍生的伦理行为以及它们是如何与正规制约发生相互作用的问题有更好的了解。我们对制度的严肃研究还只是一个开端。”[1]

二、诺思及新制度学派：“史”“论”统一之努力

诺思及其所代表的新制度学派为经济史研究做出了卓绝贡献。主要体现在两方面：一是“史”，二是“论”。在“史”的方面，他利用自己创制的制度变迁理论对西方世界的兴起、对经济史中的结构与变迁进行了重新解读。在“论”的方面，他在总结西方历史演进轨迹的基础上，推出了令人耳目一新的制度变迁理论。该理论不同于以往的任何理论，它是一个运用经济学理论的分析范式来审视制度变革的理论，是一个来自于经济史研究的理论。在具体的研究中，“史”和“论”是融合在一起的。

第一，以理论为工具重新解释历史。作为一名受过经济学理论熏陶的新经济史学家，诺思不满足以往的历史结论和研究历史的方法。早年，在新经济史革命的诞生地——美国经济史研究中，诺思就一反传统，引入经济学理论和其他一些经济学方法，对1790—1860年的美国的国际收支状况进行了经验性研究。之后，形成了《1790—1860年美国经济增长》一书。诺思一方面着力用经济学理论和方法研究历史上的经济增长，一方面，他也发现制度在解释经济增长上是不可忽视的。以往的研究习惯于把制度当作外生变量，只把经济增长归结到各种物质要素的变化和技术进步上。而且，技术创新论还风行一时。那么，到底制度重不重要，制度变迁在经济增长中起到什么作用呢？1968年，诺思

1 ［美］道格拉斯·C. 诺思：《制度、制度变迁与经济绩效》，刘守英译，上海三联书店，1994，第188页。

发表了《1600—1850年海洋运输生产率变化的原因》。在该文撰写过程中，诺思坚定了“制度是重要的”这一信念。之后，诺思正式将制度纳入经济史的研究与分析中，代表性的著作有两个：一个是戴维斯和诺思合作的《制度变迁与美国经济增长》(1971)；另一个是他和托马斯合作的《西方世界的兴起》(1973)。

他在《西方世界的兴起》一书中宣称：有效率的经济组织是经济增长的关键；一个有效率的经济组织在西欧的发展，正是西方兴起的原因所在。诺思认为，技术创新、规模经济、教育和资本积累都是经济增长本身，而不是源泉。厘清了这层关系之后，诺思进一步指出，长久以来被人们谈论的工业革命不是现代经济增长的原因所在，而恰恰是其结果。工业革命值得研究的内容也并不在于技术的发明，而在于之前的制度变迁。这种观点从某种角度上回应了法国经济史学家保尔·芒图的洞见。他曾在《十八世纪工业革命》中指出，商业革命实际上是工业革命的前奏[1]。

诺思不满足于对西方近代历史进行研究，他还要把理论应用于更长的历史进程上。他要用理论进一步解释人类的全部经济史。他研究了第一次经济革命，认为第一次经济革命产生了定居农业，并形成了配套的经济和社会组织，产权结构与过去相比发生了变化。农业本身的耕种、收获、灌溉、贮藏等问题造就了集体决策的高昂交易成本，这时，减少交易成本的组织——国家出现了，与国家联系在一起的是治理内部的规则、规则的实施以及与他国竞争的强制力。国家的出现是古代社会一项伟大的成就。诺思通过历史案例研究还指出，国家既是经济增

1 ［法］保尔·芒图:《十八世纪产业革命——英国近代大工业初期的概况》，杨人等译，商务印书馆，1983。

长的条件，也是经济衰退的根源。与第一次经济革命不同，第二次经济革命是建立在新知识富有弹性的供给曲线上。这些新知识转化为现代世界的科技进步，并且使持续增长成为可能。第二次经济革命导致了大规模的交换活动发生，取得了巨大的生产力收益，也付出了交易成本上升的代价。显然，生产力的收益超过了交易成本，否则，就不能使西方世界在近代取得显著进步。马克思看到了西方世界的变化，他在《共产党宣言》中说，“资产阶级在它不到一百年的阶级统治中所创造的生产力，比过去一切时代创造的全部生产力还要多，还要大。”[1]然而，在诺思看来，马克思没有把握住西方世界发展的实质，马克思把经济发展和异化归功于资本主义，但看看苏联社会主义社会的发展情况，就知道它们也面临着与西方世界相同的欺骗、偷懒和异化问题。因此，诺思认为合理的解释必须借助于专业化和分工，专业化和分工导致了生产力的极大进步，也导致了交易成本上升。极大进步的表现是经济的飞速发展，交易成本上升则会导致欺骗、偷懒和异化等问题。

从他的整个经济史研究看，尽管诺思的研究范围超出了纯经济领域，但他的方法还是纯经济的。产权的界定和行使取决于成本和收益，制度的变迁取决于成本和收益，甚至意识形态的作用也是使收益最大化。如果说，每一种专业的研究者都会用自己的哲学观和历史观来认识世界和解释历史的话，诺思则体现了一个经济学家的色彩。最终，他完成了他的理想和使命。经济史研究再一次回归到了经济学家族。

第二，以历史为土壤种植出自己的制度变迁理论。1971年，诺思初步尝试建构制度变迁理论，1990年，他的制度变迁理论框架基本确立。

---

1 《马克思恩格斯选集》第1卷，人民出版社，1972，第256页。

20年的时间，诺思一直都在辛勤耕耘。在耕耘过程中，他不是从理论到理论，而是坚实地以历史事实为依据，从客观实际出发，来修正和完善自己的理论。《制度变迁与美国经济增长》中的第二、三章讲理论，之后用历史检验理论。《西方世界的兴起》中的第一编讲理论，第二、三编用理论解释历史。《经济史中的结构与变迁》中第一篇介绍理论，第二篇用历史检验，之后将二者融合分析。从这个结构设计上看，诺思的理论乐于接受历史检验。他坚持认为，他的理论只是一个假说，这个假说正确与否，要看它与历史的相合程度。如果违背了历史，那么这种假说就要被抛弃或者被修正。诺思正是通过这样一种提出假说—历史检验—修正假说—历史再次检验—最终理论形成的循环往复的证伪过程，使他的理论解释力增强。

在《制度变迁与美国经济增长》中，戴维斯和诺思提出了制度变迁的初步构想和基本逻辑。他界定了制度变迁理论中的一些基本概念，比如制度环境、制度安排、初级行动团体、次级行动团体、制度装置等。制度变迁的过程一般分为5个步骤：第一，形成推动制度变迁的初级行动团体；第二，提出有关制度变迁的方案；第三，根据制度变迁的原则对方案进行评估；第四，形成推动制度变迁的次级行动团体；第五，两个团体合力实现制度变迁。应该说，此时诺思对制度变迁已经有了初步完整的想法。在对美国经济史的研究中，诺思不仅归纳出制度变迁的一般原则和过程，而且，他还注意到了制度变迁的产权意义，即制度变迁和产权结构之间的联系。

借助于产权理论，诺思对历史理解得更深了。他发现，产权制度是最根本的制度，西方近代以来进步的根本原因就在于产权制度的变革。《西方世界的兴起》试图发展出一套解释西方近代进步的理论框架。事实上，诺思也做到了。同时，他也发现了理论框架中需要进一步回答的问题：为什么有的国家能走上幸福的康庄大道，而有的国家只能在苦海中挣扎呢？为什么落后国家不能建立有效率的制度呢？为了回答这些问题，诺思推出了他的第二部力作：《经济史中的结构与变迁》。在这本著作中，诺思较为完整地勾勒了自己的制度变迁理论。它拥有产权理论、国家理论和意识形态理论三块基石。

为了进一步总结和深化理论研究，1990年诺思推出《制度、制度变迁与经济绩效》。它的目标是要对什么是制度、制度与组织有什么不同、制度和组织如何影响交易和生产成本等问题予以准确地说明。至此，诺思的制度变迁理论才算较为完善。可见，正是借助于历史，诺思才将自己的制度变迁理论不断细化和深化，理论的解释力才逐步增强。这个理论不仅对经济史研究具有重要意义，对新制度经济学的发展也功不可没。后来的有很多学者研究新制度经济学，都提及诺思的有关思想。[1]

诺思实现了“史”“论”统一。而且，这种统一非常有意义。因为在这种统一中，我们发现：没有经济史研究，就没有诺思的制度变迁理论；同样，没有诺思的制度变迁理论，也不会有新经济史研究的辉煌。这种统一给了我们一个非常重要的启示：经济史研究可以为经济学理论作出贡献，经济学理论可以用于经济史研究中。总之，新制度学派运用交易成本、产权和国家等研究成果，解释了西方世界兴起的根源，并创建了以产权、国家、意识形态理论为基石，以制度变迁的路径依赖理论为核心的一整套经济史研究的理论体系和分析框架，开创了一个经济史研究的新时期。

1　比如，V. W. 拉坦（V. W. Ruttan）和速水佑次郎（Hayami Yujiro）对诱致性制度变迁理论的研究以及中国的林毅夫对诱致性变迁和强制性变迁的考虑。

三、诺思：欧洲中心论的影子

所谓欧洲中心论，根据罗伯特·B. 马克斯（Robert B. Marks）的说法，是指对西方文化优越性的强调，认为西方所有的成分都是好的和进步的，发展和进步起源于欧洲，从那里向外辐射至世界其他地区；欧洲是主动的，其他所有地区都是被动的或者停滞的那种论调。[1]黑格尔堪称一个“欧洲中心论”典型，他根据精神自由的程度规划了人类社会进步的道路，认为中国人的精神发展得不好，完全没有自由，希腊人好一些，具有半自由，而德国人的精神发展最为充分，是完全自由的。历史的发展应该是自由的不断扩展，因此，世界重心的转移轨道也必然是从东方王国到日耳曼王国。黑格尔说：“地中海是世界的心脏，因为它是旧世界成立的条件和赋予旧世界以生命的东西。没有地中海，‘世界历史’便无从设想了。”[2]他认为，大河流域虽然养育了文明，但不利于历史进步。他说：“平凡的土地，平凡的平原流域把人类束缚在土壤上，把他卷入无穷的依赖性里边，但是大海却挟着人类超越了那些思想和行动的有限的圈子。”[3]可见，黑格尔身上有着多么浓重的“欧洲中心论”傲慢。

经济史学家也有着“欧洲中心论”的偏好。哈特（N. B. Harte）主编的《经济史研究：1893年—1970年就职讲演集》（1971）一书汇集了最著名的欧美经济史学家的21篇英文讲演。他们评述了大半个世纪

---

1 ［美］罗伯特·B. 马克斯：《现代世界的起源——全球的、生态的述说》，夏继果译，商务印书馆，2006，第14-26页。

2 ［德］黑格尔：《历史哲学》，王造时译，三联书店，1956，第131-132页。

3 同上书，第134页。

的同行们的研究工作。他们话语中所涉及的仅是欧洲、美国和大西洋经济，没有亚洲、非洲，好像其他地区都不存在一样。[1]多数经济史学家也愿意在寻找欧洲独特性的进程中展现出欧洲作为中心的证据。戴维·兰德斯在《国富国穷》中赋予了欧洲在气候上的优越性。他认为，大自然是不平等的，它给欧洲和美国带来的是一个好气候，在这种气候下，疾病少，人们工作的热情和效率也高；相反，在热带，人很容易疲惫，工作效率也低。正是这种差别导致了欧洲和美国的富裕。[2]布罗代尔也有"欧洲中心论"的"先见"，他在《菲力普二世的地中海和地中海世界》中，非常精致地描绘了地中海，并把它作为世界发展的底色。在布罗代尔的心目中，正是地中海造就了非常发达的贸易和商路，从而使欧洲在世界历史中脱颖而出。如果说黑格尔、兰德斯等人强调了欧洲地理环境以及气候的优越性，那么，马克斯·韦伯则从文化上对欧洲予以肯定。他认为，正是欧洲独有的新教伦理导致了资本主义精神的诞生，而这种精神恰恰能引领欧洲完成社会的转变，首先步入工业社会。[3]马尔萨斯认为欧洲与东方相比，其独特性在于人口的抑制方式。以中国和英国为例。他认为英国实行的是预防性抑制，即通过控制婚姻等手段来限制人口增长；而中国实行的是现实性抑制，即通过饥荒、疾病、战

1　N. B. Harte, *The Study of Economic History: Collected Inaugural Lectures: 1893-1970* (London: Frank Cass, 1971).

2　［美］戴维·兰德斯：《国富国穷》，门洪华等译，新华出版社，2002，第3-18页。

3　［德］马克斯·韦伯：《新教伦理与资本主义精神》，彭强、黄晓京译，陕西师范大学出版社，2002。

争等来抑制人口无节制的增长，这注定了两个地方不同的历史命运。[1]

诺思的身上也折射出“欧洲中心论”影子，只不过，他对欧洲崛起的历史解读不同于他者。他认为，有效率的经济组织是经济增长的关键；一个有效率的经济组织在西欧的发展正是西方兴起的原因所在。正如前文所述，诺思解释制度变迁的主要参数是西方世界人口数量的增减，然而却看不到东方世界人口数量的变化与制度变迁的关系。诺思的制度在欧洲经济发展中起着决定作用的观点实际上与魏特夫观点有某种一致之处。只不过，魏特夫强调的是，东方专制主义阻碍了这个地区的发展[2]。制度尽管是一个好的视角，却不可取，因为缺乏比较，没有将欧洲纳入世界视域。实际上，在诺思的研究中，他也指出了向新大陆移民对解决欧洲农业报酬递减所具有的作用。但是，诺思没有强调这个原因，他似乎更愿意看到欧洲的变化是人口这个“内生变量”引起的，而不是侵略、殖民等“外生变量”作用的结果。他也乐于把欧洲当作一个世界上难得的独特范例来研究，而不愿将之放在世界体系中。当然，他肯定也不同意弗兰克的看法：“西方最初在亚洲经济列车上买了一个三等座，然后包租了整整一个车厢，只是到19世纪才设法取代了亚洲的火车头的位置。”[3]

---

1 对此说法有争论。比如李中清、王丰认为清代的中国就有许多主动抑制人口增长的办法，比如溺婴、男女性别失衡导致生育减少、已婚生育率低等，因此，不能说中国的人口是节制地增长。而曹树基认为，马尔萨斯的说法在中国有一定的正确性。参阅李中清、王丰：《人类的四分之一：马尔萨斯的神话与中国的现实（1700—2000）》，陈卫、姚远译，生活·读书·新知三联书店，2000；曹树基、陈意新：《马尔萨斯理论和清代以来的中国人口——评美国学者近年来的相关研究》，《历史研究》2002年第1期。

2 ［美］卡尔·A. 魏特夫：《东方专制主义——对于极权力量的比较研究》，徐式谷等译，中国社会科学出版社，1989。

3 ［德］贡德·弗兰克：《白银资本：重视经济全球化中的东方》，刘北成译，中央编译出版社，2000，第69页。

第六节　诺思的改变、创新以及其他学者的努力

诺思提出了基本完整的制度变迁理论之后，并没有就此止步。他仍然通过深入思考或者通过与其他学者的合作继续完善制度变迁理论。而且，他把他的理论看作是一种制度认知方法。这说明，别人可以提出不同的方法。随着研究的深入，诺思把研究重心从正式规约转移到非正式规约，把经济制度转移到政治制度，把对制度的研究转移到对人的研究。其他学者沿着诺思早期开创的道路也在不断进行深化研究，并得出了非常有意义的见解。

一、20世纪90年代后期的深入思考

在1993年获得诺贝尔经济学奖的演讲中，诺思把自己的制度变迁理论归结为一种制度认知方法，这种方法提供了一种解释经济变化的分析框架。制度认知方法必须做到三点，才算是为增进我们对经济史的了解作出贡献：第一，能从经济绩效的很不平均的形态中发现规律；第二，制度认知方法应当说明路径依赖的特点；第三，该方法应当有助于了解经济变化总过程中制度、技术和人口之间的复杂的相互作用。为此，应该借鉴福格尔的人口理论[1]和莫基尔的对技术的探讨。

诺思认为，制度认知方法包含三方面含义：

第一，正规规约、非正规规约及制度实施机制共同决定了经济绩效。根据这个判断，可知把西方的市场经济的正式的政治和经济制度嫁

1　福格尔在计量学派分化之后，主要从事人口学方面的研究，取得了一些重要成果，比如技术生理进化等概念。

接到第三世界和东欧，不是获得好的经济绩效的一个充分条件。私有化不是解决不良经济绩效的灵丹妙药。

第二，政治组织显著影响着经济绩效，因为政治组织界定和强制实施经济制度。

第三，长期经济增长的关键是适应性效率而不是配置性效率。

适应性效率是一个非常重要的概念，不亚于交易成本。适应性表达出了一种衡量制度变迁好坏的动态含义。诺思认为，"适应性效率"与经济学家的配置性效率的标准尺度不同，而与一个社会接受和学习新知识的能力，革新精神，冒险精神和各式各样创造活动有关。在一个合适的框架机制里，人们会被鼓励尝试、实验和革新，并认为这样的标准应当由国家制订，是国家应起作用的重要内容。[1]"配置效率是一套给定制度下的静态概念，而持续良好经济运行的关键则是要有一个灵活的制度机制，它能够根据技术的发展、人口的变化以及制度的震荡来进行调整。一个稳定的政府以及一些补充准则的建立是制度必不可少的特征。成功的政治或经济体系就是在很长一段时间中发展了此种特征。"[2]诺思1992年在《加图杂志》上发表的文章《制度、意识形态和经济绩效》中，探讨了"适应性效率"与技术、经济组织和意识形态之间的关系[3]。

诺思在90年代后期多次来到北京发表演讲。在1995年北京大学中国经济研究中心的演讲中，他指出，有四条历史经验值得重视：第一，纵观历史，经济的发展是间断的、不均衡的，经常存在例外情况。第

1 ［美］诺斯：《国家经济角色的昨天、今天与明天》，出自［美］斯蒂格利茨：《政府为什么干预经济》，郑秉文译，中国物资出版社，1998。

2 ［美］诺斯：《新制度经济学及其发展》，《经济社会体制比较》2002年第5期。

3 Douglass C. North, "Institutions, Ideology and Economic Performance", *Cato Journal,* 11 (Winter 1992): 477-488.

二，大多数国家的经济在从部落经济向现代经济的演变过程中经常陷入困境。第三，在这个过程中，技术并不是起到限制性作用的因素。第四，从人格化交换到非人格化交换的转变已经成为经济发展中的关键性的制约因素。第五，路径依赖对变革起着制约作用。这些历史经验，在诺思看来，是检验制度变迁理论是否合适的标尺。如果改善的制度变迁理论不能够很好地解释这些历史经验，那么则被证伪，需要新的补充和完善。

通过研究制度和制度变迁，诺思认为有三点结论值得深入进行研究时参考：第一，路径依赖在今天仍然起着重要作用。也就是说，直到现在为止，我们的文化传统、信仰体系等根本性的制约因素仍在起作用。因此，做好研究必须了解历史。只有这样，才能清楚地面对未来和制约因素，选择我们的机会。第二，对所有愿意取得高效率，愿意实现现代化的国家来说，我们仍然面临着从人格化交易向非人格化交易转变的困境，仍然面临着彻底地、完全地重构社会的两难处境。第三，一个国家的政体起着根本性的、至关重要的作用，它仍然决定着经济结构和经济发展。从短期看，集权政府可以取得较高的经济增长率，从长期看，法制、保证合同执行的制度规则才是真正保证长期经济发展的至关重要的因素。[1]

1 ［美］道格拉斯·诺斯：《制度变迁理论纲要——在北京大学中国经济研究中心成立大会上的讲演》，出自北京大学中国经济研究中心：《站在巨人的肩上：诺贝尔经济学奖获得者北大讲演集》，北京大学出版社，2004。

二、诺思：21世纪的转变和创新

到了21世纪，诺思依然活跃在学界，并且不断推出新成果。他不断吸收其他学者的一些新的研究概念和结论，并将之内化到自己的制度认知方法中。比如，他对历史发展道路的非各态历经性的认识以及对不确定性的认识。经过不断探索，诺思在以下两方面取得了突破：

第一，与其他学者合作，提出了诠释人类历史的一个概念性框架。诺思、约翰·沃利斯（John Joseph Wallis）和巴里·温加斯特（Barry R. Weingast）认为，人类社会先后形成过三种不同的社会秩序。第一种社会秩序主宰了有文字记载之前的历史，这种原始社会秩序是狩猎采集社会的秩序。第二种社会秩序统治了过去的一万年，这差不多就是有文字记载以来的人类历史，这种有限准入秩序通过对经济体系实行政治掌控来解决如何约束暴力的问题，也就是通过限制进入来产生租金，以此来维持社会稳定和社会秩序。第三种社会秩序是在最近300年里发展起来的，这种开放准入秩序通过政治和经济上的相互竞争而非创设租金来维持社会秩序。社会秩序是由经济、政治、军事、宗教等各种体系构成的。其中组织对社会秩序的各个层面——经济、政治、宗教、社会而言，都至关重要。三种社会秩序以不同的方式建构组织。原始社会秩序无法支撑复杂的组织。有限准入秩序虽然可以支撑复杂的组织，但却限制了这种复杂组织的数量。开放准入社会支持组织的自由进入，从而造就了大批复杂的经济和政治组织。社会秩序构建人类组织的不同方式的同时也造就了一个社会的基本特征。有限准入秩序展现了制度化的设租、市场势力、特权以及精英与公民的区别；同时也阻碍了市场的持续繁荣和经济的长期发展。开放准入秩序展现了制度化的竞争、自由进入和流动；也培育了繁荣的市场，促进了经济的长期发展。一个国家和社会的发展源泉在于从一个有限准入社会转向为一个开放准入社会。政治体系和经济体系有机结合在一起，共同组成了社会秩序。在经济或政治体系中，如果有一个体系没有发生根本的变革，那么另一个体系也不会发生持续的根本变革。[1]有限准入秩序向开放准入秩序演进有个转轨过程。首先，在有限准入社会内，有可能建立成熟型的有限准入制度，在精英阶层内部先出现非人格化的交易。其次，统治联盟逐渐发现，非人格化交易的拓展有利于自身的利益，由此逐渐扩大准入的范围，转轨过程因之启动。非人格化交易在有限准入社会内出现需要三个“入门条件”：（1）精英阶层内部实现法治；（2）永续性的精英阶层的组织得到支持；（3）武力被有效地集中控制。[2]

第二，深化了对理性的认识，树立了经济发展中的人的位置。正如诺思所言：“经济学的理性假设认为人们知道什么符合自我利益，并会相应采取行动。如果真是这样，人类历史早就被改写了。实际上，人们却是在主观地构造着世界运行的规律，并相应地采取行动。”[3]实际上，制度、组织、市场、都是人类头脑的产物。宏大的社会结构是通过人类的主观思想形成的。从人心中的以某种形式存在的“现实”出发，人类建立了关于周围世界的理论、模型和理念体系，然后，再用这些理论、模型和理念体系认识、了解和解释周围的世界。在此基础上，汇总选择

---

1 ［美］道格拉斯·诺思、约翰·沃利斯、巴里·温加斯特：《诠释人类历史的一个概念性框架》，《比较》第30期。

2 ［美］道格拉斯·诺斯、约翰·沃利斯、斯蒂芬·韦伯、巴里·温加斯特：《有限准入秩序：发展中国家的新发展思路》，《比较》第33期。

3 ［美］道格拉斯·诺斯：《改变中的经济和经济学》，出自北京大学中国经济研究中心：《站在巨人的肩上：诺贝尔经济学奖获得者北大讲演集》，北京大学出版社，2004。

做出决定，并按照心中的决定建立并实施认为能够达到希望结果的制度框架。假如经济发展过程是各态历经的，认识就会收敛于真实世界。[1]有效率的制度框架是可以接受反馈并做出相应调整的系统。人们总是为了某种目标而建立制度，如果得到的结果不符合建构制度的初衷，则可以修改，直到产生合意的结果。这就是说，人类社会与人类自身是一个互动的过程。[2]社会结构是人类理念的产物。因此，诺思指出："理解经济变迁过程的关键在于促使制度发生变迁的参与者的意向性以及他们对问题的理解。"[3]理性假设没有充分解决心智和环境之间的关系。实际上，人类大脑的推理过程采取的是模式认知的方式。如果是这样，文化在分析经济发展历史上就有了更加明确的位置。人类理性的灯光可以照耀的地方，人类使用理性选择模型来达到自己的利益最大化。在理性之光难以企及的地方，人们求助于文化（信仰、宗教、巫术等）。文化是一个社会的基因，是一个社会连续性的保证，是人们历时共享的一种生活方式、思维模式、行为特征，是人类应对不确定性的一种习惯性的共同认可的选择。文化、环境和历史是人类认知过程中的基本内容。由此，诺思再一次扩大了自己的视野，再一次更新了自己的研究理论和工具。在这种更新和改变中，诺思已经越来越向传统的经济史学家的视域靠拢，当然不是简单地加入其队伍，而是既超越了新制度学派又超越了传统的

---

1 这时候的诺思对经济发展历史的认识实际上与希克斯对经济史认识有相似之处，都受到统计物理学的影响，认为人类社会发展存在统计上的规律。

2 乔治·索罗斯（George Soros）提出试错性、反射性等概念，秉承开放社会理念。与诺思的看法基本一致。实际上，这种一致还体现在哈耶克（Hayek）的历史哲学中。参见［美］乔治·索罗斯《开放社会：改革全球资本主义》，王宇译，商务印书馆，2001。

3 ［美］道格拉斯·诺思：《理解经济变迁过程》，钟正生等译，中国人民大学出版社，2008，第3页。

经济史研究。

三、格雷夫：制度和文化

新制度学派为经济史研究作出了贡献，同时，也有一些需要深入挖掘的地方。第一，新制度学派主要使用了交易成本理论、产权理论和国家理论来解读经济史，这就使得它的主要研究领域局限在以产权为核心的由国家界定和实施的制度上，而对于缺少国家和宪法体系强制下的自我实施制度，没有也无法进行系统深入的研究。特别是在制度变迁理论的现有框架内，诺思无法解释国家（本身意味着一种制度）的起源。在诺思眼里，国家的出现是排他性公有产权的要求，产权的界定和实施是由国家完成的。这等于是一种循环论证。另外，诺思的理论也不能解释影响制度变迁和组织发展走上特定轨道的非正式制度的作用。第二，为了使理论符合现实，符合历史，诺思超越了新古典经济学的分析范式，强调了意识形态在制度变迁进程中的重要性，相当于强调了文化在制度变迁过程中的作用。但尽管他意识到了意识形态、风俗习惯、价值观等文化因素对经济发展的作用，但直到21世纪初，由于缺少一个适用的理论框架和分析工具，他不能对这些非经济的社会和文化因素对制度变迁和路径依赖的作用做清晰的厘定和具体的考察。在诺思的著作中，他也不止一次地强调了对意识形态等文化因素对人的主观预期影响之研究的困难。[1]

---

1 ［美］道格拉斯·C. 诺思：《制度、制度变迁与经济绩效》，刘守英译，上海三联书店，1994，第113、115、117、138页。

当然，体察到文化在制度变迁中具有重要作用的不仅仅是诺思一人。美国斯坦福大学的教授阿夫纳·格雷夫（Avner Greif）通过对历史制度研究也发现了文化的重要性。他创造了一种方法——历史比较制度分析方法（Historical and Comparative Institutional Analysis）来深化诺思的研究。从方法论上看，历史制度分析有其独到之处。第一，它的研究对象是自我实施制度。历史制度分析把制度定义为：本身是自我实施的对行为的非技术决定的约束[1]。这样就拓展了新制度学派的研究内容。第二，它的分析工具是博弈论。历史制度分析研究自我实施的制度，这给博弈论应用带来了契机。运用该工具也得出了一些不同于新制度学派的结论。第三，历史方法和制度视角的结合。格雷夫说，历史制度分析本质上是历史的，它要揭示的是历史在制度产生、存在和变迁中的作用。因此，在进行具体的制度分析时，他特别重视历史的作用，遵循历史主义之原则。

格雷夫的主要研究对象是欧洲商业革命之前——11—12世纪地中海的经济史[2]。他将博弈论引入到经济史研究中，并且指出，在研究制度之前，应该超越新制度学派把国家作为制度唯一来源的分析范式，而且不能给制度下一个先入为主的定义，制度本身的含义是宽泛的。从博弈论的角度看，制度起源于积极的文化信仰，是自发演化的产物。通过对11—12世纪地中海地区两个最大的贸易集团：热那亚商人和马格里布商人之间文化信仰之间的差异比较，他得出结论：一个社会的制度是与文

1　转引自韩毅：《历史的制度分析：西方制度经济史学的新进展》，辽宁大学出版社，2002，第16页。

2　［美］阿夫纳·格雷夫：《大裂变：中世纪贸易制度比较和西方的兴起》，郑江淮等译，中信出版社，2008。

化因素相关的。两个贸易集团所属的文化不同，才使得他们的制度（包括经济、政治、社会、道德）有所不同。格雷夫得出的结论是：制度是在互动和博弈中被构造的，文化信仰的不同基点使得制度演进的路径不一致。从格雷夫的研究看，新制度学派的后继者把研究视野不断地从市场制度向非市场制度，从制度安排向制度环境，从经济、政治、法律制度向文化传统、价值观念和意识形态拓展，尤其重视影响制度诸因素中的文化传统、价值观念和意识形态的作用。

历史比较制度分析的方法给我们提供了两个启示。第一，制度是内生的，即制度是文化互动的结果而不是外生变量。这改变了产权外生的研究思路。以往学者的研究，尽管指出产权的诞生有其历史背景，但对产权本身没有进行讨论。似乎产权制度可以随着国家的需要同时出现。当国家要最大化自己利益时，产权制度就随之而来。实际上，产权作为一种基本制度，是内嵌于社会传统之中的。国家作为组织或者制度也是如此，不是凭空产生的，它有着深厚的历史基础，其形式与文化传统相关。这样，格雷夫关注的问题就比诺思更加深了一层。诺思看到了制度在历史研究中的重要性，指出了制度变迁与经济增长的内在关联。然而，对于制度的差别以及演进路径上的不同，诺思不能做根本性的回答。格雷夫在诺思的基础上，继续研究制度生成与进化的影响和决定因素，即研究经济制度差异性的根源。

第二，历史是重要的，即研究制度变迁或者进一步说经济分析是离不开历史的。现实的经济中，国家是必不可少的、各种组织和制度是必不可少的。它们充斥着我们的经济生活。因此，好的经济分析必须要回答这些组织和制度在经济增长中的作用。否则，经济分析就是纯理论的，就是在思辨的空间中审美，意义不大。如果要研究制度和组织以及它们表现的不同，那么就要研究文化和历史。因为历史是制度变迁的载体。抛开历史去研究制度变迁和制度创新，是得不出有价值的结论的。既然历史如此重要，经济分析就不能脱离经济史研究。这印证了麦克洛斯基的断言："一个经济学家如果没有历史之腿向前跳跃，他对当前的经济问题就会形成狭隘的眼光，浅薄的经济思想，对经济数据的力度和脆弱性缺乏恰当的评价，缺乏运用经济学驾驭重大问题的能力。"[1]

---

1 Donald N. McCloskey, "Does the Past Have Useful Economics?" *Journal of Economic Literature*, Vol. 14, No. 2 (Jun., 1976): 434-461.

第五章
对新经济史的解释

新经济史革命是经济史学史上的一个重要事件。从经济史学史角度和方法论角度解释新经济史有助于进一步理解新经济史革命及其所带来的方法论上的变化。

第一节　从经济史学史角度解释“新经济史革命”

一、经济学理论和经济史研究的再次携手

回顾经济史学史，不难发现，经济学理论和经济史研究经历了一个结合、分离到再次结合的过程。而再次结合的倡导者就是引领新经济史革命的新经济史学家。

早期的经济分析中，学者们乐于通过对实际现象的历史思考来把握经济运行中的奥秘。亚当·斯密的《国富论》被认为是经济学理论和经济史相结合的典范。英国经济史学家昂温曾指出《国富论》中没有任何一页是把经济学理论和历史事实分开的，斯密实现了经济学和经

济史的统一。[1]这种将经济学理论和经济史紧密结合的传统，在马尔萨斯（Thomas Robert Malthus）的《人口论》中也可以找到。偏好数学和物理学的大卫·李嘉图（David Ricardo）使这种结合发生了转向。从他开始，经济研究者在分析中喜欢运用更多的数学来对现实经济进行抽象。研究的着眼点是市场的自动均衡和市场配置资源的高效率。这种转向是时代的需要。因为当时资本主义制度已经确立，已不再需要研究制度的历史、制度变迁的历史动力和路径，而只需关注既定的资本主义制度下，资源如何最优利用以及收入如何和谐分配。因此，“最优、均衡、边际、替代”成了新古典经济学理论的核心概念。经济史研究没有跟随经济学的转向脚步，保留了历史方法的研究范式。至此，经济学和经济史分道扬镳。经济史研究在19世纪末20世纪初演化成一门单独的学科。

随着经济学理论的数学化，与主流经济史研究也渐行渐远。这时候，主流经济史研究为传统经济史研究，即反对主流经济学的过分抽象和对细枝末节的过分追求。经济史所关注的对象是宏大的，比如关注长期经济发展演化的规律。尽管也运用经济学理论，尽管也有数据统计，但这些都是为经济史研究服务的。经济史研究有自己的空间和套路。德国历史学派的施穆勒、英国经济史学家汤因比以及其他历史学家将经济史研究看成是现实主义经济学家的庇护所和恢复历史本来面貌的条件。被主流经济学家视为异端的熊彼特也给予经济史研究较高评价，认为其是经济分析中不可或缺的一部分和一种方法。在第一次参与方法论之争后，他便主动请求与施穆勒休战。主流经济学理论，或者说数理化的经济学理论抛弃了经济史研究，而经济史学家由于对现实问题的关切和对

1 R. H. Tawney (ed.), *Studies in Economic History: The Collected Papers of George Unwin* (London: Macmillan, 1927), p. 18.

新古典行为假定的过强持有异议，也尽量避免经济学理论对经济史研究施加影响。如此发展的一个结果便是，经济学方法论更多地来源于牛顿思维，来源于物理学，经济史研究的方法则更多地受到历史的启示，二者“井水不犯河水”。

经济学和经济史一分就是若干年。直到20世纪50—70年代的新经济史革命，两者才重新携手。再次携手是经济学理论本身的“帝国主义”情结使然，也是经济学和经济史在研究视域上取得共识后的表现。经济学的分析范式由于不断成熟，已经俨然成为一种标准的、合理的思维方法。因此，它不断地向社会学、政治学等其他学科渗透，包括历史。这种渗透为经济史研究回归到经济学家族创造了可能。经济史研究只要按照经济学家的思路装扮一下，便可以让自身重回经济学大家庭。同时，尽管经过众多经济学家的努力，经济学已然发展成一个庞大的家族，但从其与实践的关系上看，这种理论也越来越脱离现实。因为，新古典经济学理论把技术和制度都视为外生变量，但现实又表明：技术进步和制度变迁非常重要。工业革命是一个例证，“二战”后技术对一个国家经济发展重要性的日益体现也是一个例证。作为回应，经济学理论开始逐渐把技术因素及其进步纳入经济分析中，从而形成经济增长理论。这种理论把技术等其他一些因素作为全要素，并且提出全要素对经济增长的贡献不容忽视。在实证研究中，人们发现“全要素生产率”对经济增长贡献很大。这其中不仅包括技术，还有人力资本等因素。制度也是一个因素。于是，经济学家开始关注制度的研究。由此可见，正是由于经济学本身的发展，经济学和经济史在研究视域上取得了越来越多的共识。正是由于这种共识，经济史研究才再次回归到经济学家族。

新经济史革命发轫于美国，之后影响到其他国家。新经济史的研究方法首先应用于美国经济史研究上的常见问题，即铁路与美国经济增长之间的关系以及南方的奴隶制问题。代表学派为计量学派，代表学者为福格尔和诺思等人。计量学派在研究美国经济的历史发展方面做出了三方面的贡献。首先，他们从逻辑上解释了美国经济的发展历程。比如，诺思对美国经济增长的“三轨制”解释。第二，他们对这一发展过程中的科学技术变化做了重新审视。比如，福格尔对铁路与美国经济增长之间关系的研究。第三，他们的研究证明了各种经济现象的出现都有其理由。比如，福格尔和恩格尔曼对奴隶制的研究就表明，奴隶制的存在有其历史合理性。到了70年代，新经济史研究中的新制度学派出现了。这个学派明确地关注制度对经济增长的影响。新制度学派在分析方法上与新古典经济学理论的分析范式一脉相承，只不过把制度、产权、国家、意识形态等纳入理论框架之中，使之更具理论一般性，也更具现实性和历史感。而且，把历史作为证伪的工具，新建构的制度变迁理论必须能够对历史给出合理的解释，否则，理论是不完善的。诺思试图像马克思一样，实现历史和逻辑的统一。但诺思认为，能够反映人类社会发展逻辑的最好的分析范式是新古典经济学理论的分析范式，而不是马克思的阶级分析方法。随着思考的深入，诺思本人认识到新古典经济学理论分析范式一般化的局限，并试图再次超越。21世纪的诺思，已将自己的研究重心放到学习以及人的认知结构、文化上。

总之，新经济史方法论的显著特点是把新古典经济学的理论和方法应用于经济史研究中，将个体主义的新古典经济学分析范式融入历史进程中，把历史看成是“无数个性质相同的微观原子汇聚成的宏观故事”。新经济史学家的研究遵循科学逻辑和证伪主义标准。对理论和结论的证伪工具既可以是数据，也可以是历史事实。这种分析范式促使经济史研究从历史学家族回归到经济学家族。如果把新经济史革命置于经济史学史的长河中，不难发现，它是经济学理论和经济史研究的再一次结合。

二、再次携手的原因

为什么经济学理论和经济史研究可以取得共识，并最终靠拢到一起呢？这是因为随着经济分析的发展，两者相互需要，即经济史研究需要经济学理论来“深化”力度，经济学理论需要经济史研究来“广化”视野。也许，作为同样是研究人类社会经济现象的学问，二者本来就不应该分开。经济史研究对经济学理论视野的“广化”，主要包括三方面：

第一，经济史研究作为实证工具，可以对经济学理论进行经验验证。这有助于推进经济学理论的创新和发展。英国的经济学家布劳格（Blaug）指出：“现代经济学的主要弱点在于不愿使它所产生的一些理论包含一种可以明显地被驳倒的结论，随后又普遍地不愿把这种结论同事实相对照。”[1]美国经济学家艾克纳（Eichner）也对新古典经济学理论提出了批评。他说新古典经济学理论养成了“一种几乎是不可更改的演绎推理的偏好”，“过分强调完全公式化理论体系的发展，而缺乏足够的行为假设和前提条件等的经验基础”[2]。这种只重视数学逻辑的经济学显示出了非历史倾向和非现实倾向。经济史可以纠正经济学理论这种发展趋势，因为，经济史研究作为实证工具，可以对经济学理论的正确和错误进行证实性和证伪性检验。比如，在新古典的经济增长模型中，要素只有资本、劳动和技术。如果技术水平不变，资本和劳动的投入量不

1 ［英］布劳格：《经济学方法论》，石士钧译，商务印书馆，1992，第250页。
2 ［美］艾克纳：《经济学为什么还不是一门科学》，苏通译，北京大学出版社，1990，第2页。

变，那么经济总量就不会有所变化，即没有经济增长。然而，诺思通过研究1600—1850年美国海洋运输业发现，制度是促进海洋运输效率大大提高的主因。该研究推动了经济学理论对制度的关注。经济史研究可以促进理论学说进步还体现在发展经济学家刘易斯（W. Arthur Lewis）的研究上。刘易斯通过对1870—1913年世界经济史的考察，对自己提出的"二元经济"模型和"增长发动机"理论进行了实证，并在历史经验基础上，就工业化向发展中国家扩展问题提出了"核心"和"外围"的理论假说。[1]董志凯通过研究中国现代经济史也指出，新中国的许多经济学理论"创见都来自中国实践，来自中国的经济历史"[2]。

第二，经济史研究可以使经济学理论增加历史感，并促使经济学理论从静态向动态发展。诺思对新古典经济学理论提出两点批评：一是新古典经济学理论没有时间概念，它只研究某一时点的资源配置；二是新古典经济学理论没有交易成本概念，所有的交易都是在一种无摩擦的环境下完成的。这种思维使得经济学的逻辑性较强，然而却不涉及制度分析。新古典经济学之所以如此，究其原因，在于缺乏历史感。因此，诺思提出了超越新古典经济学理论的制度变迁理论。将制度纳入经济分析中，无疑增强了经济学理论的解释力。实际上，熊彼特早就指出，经济史研究对于经济学家来说是一门必备的功课，否则，将会在经济分析时犯错误。终其一生，熊彼特都试图实现经济学理论的动态性，实现理论与历史的统一。他认为人类社会经济发展是一个有机过程，没有历史感的经济学理论根本解释不了现实。

第三，经济史研究可以引导经济学走向多因素分析。经济史强调，

1 ［美］刘易斯：《增长与波动》，梁小民译，华夏出版社，1987。
2 董志凯：《经济史与经济学的"源"、"流"之辩》，《中国经济史研究》2006年第1期。

人的动机是复杂的，不仅仅只受到经济因素的影响。因此，经济学研究实际上逃避不了对人的非经济行为和社会发展中的非经济因素的分析。如果要涉及非经济因素，现有的经济学理论显然不够。经济史和历史经济学对开拓经济学分析思路有所帮助。德国旧历史学派的罗雪尔曾言："国民经济学并非单纯的货殖学或单纯的致富术，而归根结底是一种认识人类、支配人类的政治科学。我们的目的在于记述各个国民在经济方面想了些什么，要求了些什么，发现了些什么；他们做了些什么努力，有了些什么成就；以及他们为什么要努力，又为什么获得成功。这样的记述只有同有关国民生活的其他科学，特别是同法制史、政治史以及文化史紧密地结合起来，才能做到。"[1]罗雪尔强调心理、道德和法律因素对经济的决定作用，认为他的学派是历史的、伦理性的，他反对古典经济学将自利作为分析社会经济生活的唯一的合理出发点，认为伦理道德才是普遍存在的因素，生产、分配、分工和交换等不仅仅是经济问题，而且是道德问题，需从道德的角度给予解释。除此之外，马克斯·韦伯强调了文化因素，他在《新教伦理与资本主义精神》中着重分析了新教改革和资本主义精神之间的联系，并得出结论：新教改革促进了资本主义精神的形成。[2]对经济之外的多因素的强调，有助于经济学走向多因素分析。

经济学理论对经济史研究也有裨益，其"进驻"经济史也能为经济史研究开辟一条新路，主要有三方面。

---

1 ［德］威廉·罗雪尔：《历史方法的国民经济学讲义大纲》，朱绍文译，商务印书馆，1981，第7-8页。

2 托尼（R. H. Tawney）的观点与其不同。在《宗教与资本主义兴起》一书中托尼表示，不是宗教影响了资本主义之发展，而是资本主义社会改变了宗教。

第一，经济学理论可以为经济史研究提供一种理论解释框架。凯恩斯（John Maynard Keynes）说："经济理论与其说是一种学说，不如说是一种方法，一种思维工具，一种构想技术。"[1]在经济史研究中，从第一步收集整理资料开始，到最后将这些资料连缀起来并且能够对历史现象做出正确的、合理的解释，实际上都需要经济学理论。正像英国的经济史学家阿什顿所比喻的，经济学理论像渔网，只有用它才能捕捉到大海里的鱼。如果没有一定的经济学理论提供的思维方法和构想技术，是无法进行经济史研究的。实际上，每一个经济史研究者都在不自觉地使用理论，包括经济学理论。有些学者由于经济学理论素养不足，所依据的理论很可能不正确。这便不能对历史进行正确解释。相反，如果具备一定的经济学理论素养，那么可以根据理论来识别一些错误，修正一些错误。这当然有助于经济史研究。经济史研究要突出经济方面，即要关心商业贸易、工农业生产、货币财政制度、政府、企业等组织的活动以及它们之间的互动。如果要把它们之间的联系厘清，不借助经济学理论是不可能的。即便描述出来，也是表面文章，没什么深度，而且，还很有可能闹笑话。经济学理论是经济学家不断研究历史和现实总结提炼出来的，其本身应该是一种工具，是挖掘历史内涵的有效手段。

第二，经济学理论有助于经济史学家发现值得研究的问题。经济史研究总要围绕一些问题。有些问题来自直觉，当然这种直觉是在思考历史的过程中产生的，有些问题也可以从理论研究中发现，比如为了验证理论，产生了对某一问题的兴趣。经济学理论处于童年时，大多数经济史学者所研究的问题是从现实中发现的。比如，欧洲商业复兴、城市兴

---

1 转引自吴承明：《经济史：历史观与方法论》，上海财经大学出版社，2006，第210页。

起，贸易中心从地中海转移到北欧等。随着经济学理论的不断发展，经济史研究的问题进一步细化。比如，宏观经济学理论诞生后，人们就可以研究GDP增长和各种要素之间的关系，经济结构演进的规律等。正是在这种研究视域下，人们发现了“索洛剩余”，并进而发现了技术和制度的重要性。产权理论、公共选择理论（国家理论）等又帮助经济史学家认清了制度与经济增长之间的关系。

第三，经济学理论有助于为经济史研究提供合理的计量工具。从史学本身的发展路径来看，到20世纪中期，政治史、外交史的研究逐渐让位于社会史、经济史。政治史和外交史的研究往往与大人物的活动联系在一起，是“英雄人物”在历史中扮演主要角色。社会史和经济史打破了这种“偶像”崇拜，把研究的重心放在千千万万的“普通百姓”身上，放在群体行为上。经济史学家们相信，群体行为推动了社会经济发展，在经济变革中起主要作用。如果要研究群体行为，计量方法（包括统计）是一种有效工具。计量方法作为数学、统计学和经济学三者共同催生的产物，可以被应用在经济学研究中，同时，也可以合理地应用于经济史研究。建立计量模型需要有经济学理论做支撑，检验模型的优劣既需要数学和统计学知识，也需要经济发展的现实。这样，历史、经济学理论和数学（统计学）就有了关联。好的历史研究必须是遵从客观现实的，好的历史研究必须是能够从史料中挖掘出更多意味的。如果停留在表面上的描述和叙述，不能达到“以史为鉴”的目的。为了深度分析历史，需要采用经济学理论和计量工具。

总之，经济学理论和经济史的结合不是偶然的，是有其内在理由的，是趋势使然。计量学派和新制度学派完成了这一历史使命。

三、新经济史与传统经济史的疏离

传统经济史研究强调根据事实说话，即让史料说话，在新经济史研究那里，事实变成了数据的同义语。对于习惯于分析历史的新经济史学家来讲，这些数据是诱人的。即便没有经济模型中所涉及的变量的直接数据，也可以通过计量经济学的技巧，比如工具变量、代理变量等来解决数据上的不完善。变量替代方法在研究初期相当盛行，比如，用所拥有的庄园数量代替财富，用工资率代替收入，用租金代替利润，用士兵的身高代替生活水平等。[1]数据通过整理、组合和重构，形成方程式中自变量和因变量的时间序列。通过回归、检验等技术手段，可以分析出模型参数，从而完成对已有历史结论的证实和证伪。

然而，这也使得新经济史和传统经济史研究之间的裂痕加深。对于经济史的研究状况以及这门学科的前途，在20世纪90年代成为热门话题。很多学者担心经济史会消失，比如，威尔森（Wilson）和哈德温（Hadwin）在其研究中发现，经济史在本世纪末可能会消失。[2]凯恩克罗斯（Cairncross）在1988年的纪念英国经济史学家托尼的演讲中，也指出经济史的研究局面是令人不安的，是不平静的。他认为，新经济史革命使经济史学科丧失了应有的前途。因为，新经济史不像传统经济史研究那样具有大众性，不是那么有趣，而且，也遗弃了传统经济史研究中

---

1 Julian Hoppit, “Counting the industrial revolution”, *The Economic History Review*, New Series, Vol. 43, No.2 (May, 1990): 173-193.

2 R. G. Wilson, J. F. Hadwin, “Economic and Social History at Advanced Level”, *The Economic History Review*, New Series, Vol. 38, No. 4 (Nov., 1985): 548-568.

所具有的概括性的描述。[1]

针对传统经济史学家对“假设-演绎模式”的批评，新经济史学家反讥传统经济史学家在历史叙述中也有暗含的假设。传统经济史学家对此毫不介意，他们认为，公开或者深究这种暗含的假设没有意义。历史本来就是仁者见仁、智者见智。每一位经济史学家，尽管追求公正客观，但实际上都逃离不了个人思想情感影响历史材料拣选的法网。然而，对于新经济史学家来说，明确指出前提假设是重要的，而且模型的约束条件也需明示。这实际上反映了历史学和经济学研究之间的分歧。历史学以还原历史、描述历史的真相为目的。因此，其中充满了或然性、个性。而经济学作为一门社会科学，追求的是必然性、共性，总想从大量的事件关系中找出其中蕴含的规律。对于历史学家来说，不需要假设人类的行为是理性的，而对于经济学家来说，那是模型分析的前提条件；对于历史学家来说，时间是历史的本质，它见证了人类社会经济的增长与衰退、停滞与适应，而对于经济学家来说时间却是一个不好处理的因素，它使模型变得不具有稳定性，使结论变成短期有效的结论。历史学家的兴趣在长期，此时所有的因素都在变化，而且变化的方向不确定，所有的因素对人类社会的经济发展都有影响和牵连。而经济学家的历史研究却习惯于忽略这些非经济因素对经济的影响，他们乐于关注那些能够纳入经济学理论当中的因素，比如资本、土地、人口、教育水平等，以此来保证模型结论的准确性。然而直觉和经验证明那些非经济因素，比如技术、文化、政治甚至风俗习惯对经济发展都有显著影响。计量学派的高潮过后，新经济史学家的认识开始变得清醒，一方面关注

1　A. K. Cairncross, “In Praise of Economic History”, *The Economic History Review*, New Series, Vol. 42, No. 2 (May, 1989): 173-185.

非经济因素对经济的影响，比如制度和文化对经济的影响；一方面也在经济史的研究中，重新拾起传统经济史的叙述、分析、解释和比较的传统。比如，诺思对经济史中结构与变迁的研究。

新经济史和其他历史之间的分歧鸿沟同样加宽了。其他历史还是历史家族的孩子，而经济史俨然已经回到经济学家族的怀抱。数据的分析和文学的优雅是两个不合适的伙伴。当数据统计和数学模型占据优势，叙述已经变得多余时，历史的文学性被彻底否定了。一位新经济史学家在1968年发表了一篇“它将不再是文学”文章时，这种否定就明确化了。[1]在否定文学性的同时，还否定了个人的作用，在新经济史那里，个人已经消失了。过去仅仅是数据的时间序列。个人的消失并没有引起新经济史学家的过多注意。他们认为，根据某一特点而集合起来的团体才有意义。这种局面也被称为“统计使历史非人性化”。这引起了传统经济史学家的担忧。凯恩克罗斯在1988年的演讲中指出了经济史学科重新崛起的道路，即大众化。他期待着在经济史研究领域出现现代版的屈维廉（G. M. Trevelyan）[2]。

总之，新经济史革命确实为经济史的研究带来了清新之风，然而，对于普通读者来说，数据也的确让人感到冷漠，让历史变得非人性化。新经济史（主要是指那些偏重于计量模型的新经济史）学家不能扭转人们对文字的喜爱。不管他们驾驭数学和计量方法的能力有多高，文字始终是表达事物本质的有力媒介。文字可以记载大量的一般信息，文字可以将故事的细节表达清楚，文字可以使经济史研究变得生动。当然，数

1 Lance Davis, "'And it will never be literature' the new economic history: a critique", *Explorations in Economic History*, 2nd series, VI (1968).

2 在屈维廉的观念中，历史是文学艺术而不是科学。

据也并不仅仅是冷漠，它可使经济史研究变得精确，带来另一种美感。文字和数据本来可以相辅相成，但在计量学派那里，却成了数据对文字的过分替代。新制度学派对计量学派进行了纠偏。在新制度学派那里，数据成为文字背后的支撑，文字再一次走上前台表达了它的大众性特色。这是一个可喜的变化，但传统经济史研究和新经济史研究的隔阂消弭尚需时日。

第二节　新经济史研究方法论的特点及不足

计量学派和新制度学派在方法论上具有共性特征，同时，这些特点也存在一些不足，主要体现在以下诸方面。

一、科学逻辑和实证主义标准

无论是计量学派，还是新制度学派，在经济史研究中，都表现出对科学逻辑的偏爱。这种偏爱一方面体现在认识论上，另一方面也体现在方法论上。

首先，从对历史的认识上看，新经济史学家认为历史像自然科学一样，可以被理论和逻辑解读。也就是说，在新经济史学家眼里，历史与自然科学一样有规律。人们通过自身的理性，可以认识和把握历史，可以实现历史和理论相统一。在这种认识下，新经济史学家就有理由在经济史研究中引入更多的数学方法，引入更多的成熟理论，引入更多的模型。因为，数学是人类认识和把握现实世界的一种理性工具。借助于数学，人们可以更清楚地认识存在于世界中的各种数量关系，可以更理性地掌握历史发展中存在的各种规律。当然，这些都是建立在信仰之上的，也就是说，只有相信世界所蕴含的规律可以用数学表达时，才可以把外在世界还原成一种具有理性逻辑的系统，才可以用数学来分析所面临的世界。然而，大千世界，尤其是人类社会，并不必然意味着可以用数学表达。在自然科学中，借助于数学表达事物之间的彼此联系似乎不难做到。因为自然科学的研究对象具有机械性之特征，它们的运动变化规律可以用数学的逻辑加以简单概括。物理学正是在这样的条件下发展起来的。

作为把握人类社会的社会科学理论，经济学也试图总结出蕴含在社会发展之中的规律。因此，"李嘉图的恶习"才使得经济学越来越靠近数学。也就是说，经济学越来越想把自己打造成"科学"。但这种"科学"梦在实践过程中屡遭质疑。熊彼特就认为李嘉图把经济学理论的探讨引上了歧路。奥地利学派的门格尔与德国历史学派的施穆勒的"方法论"之争也反映了研究认识上的不同。经过30年的论战，历史学派让位于边际主义者。然而，是不是真理就一定在胜利一方呢？不一定。经济学的研究对象与自然科学的研究对象有区别。自然科学的研究对象是物体，它们没有意识，是完全被动的，而社会科学的研究对象则是人，而人有意识，具有主动性。这使得经济学难以成为自然科学意义上的"科学"[1]。但经济学家让经济学变成"科学"的脚步从没有停止。他们把

1 在此，笔者不认可莱昂内尔·罗宾斯（Lionel Robbins）在《经济科学的性质与意义》一书中的坦陈："经济学是把人类行为当作目的与具有各种不同用途的稀缺手段之间的一种关系来研究的科学。"更赞同马歇尔（Alfred Marshall，1842—1924）的说法："经济学是一门研究财富的学问，同时也是一门研究人的学问。"参见［英］莱昂内尔·罗宾斯《经济科学的性质与意义》，朱泱译，商务印书馆，2000，第20页；［英］马歇尔：《经济学原理》，朱志泰、陈良璧译，商务印书馆，1981，第23页。

一个个“人”等同于一个个“原子”，然后抽象出这些，原子的某一种共性，即“理性人”的属性。在此基础上，假定信息没有成本，不存在非对称，交易没有成本，不存在败德行为，从而在一个无摩擦的世界，构建出经济学理论的大厦。这些理论就像牛顿物理学中的定律一样，虽然得自真空条件下，但这些定律对于分析现实生活中的事物有帮助。虽然得自一种抽象和简化，但却是分析现实世界的一块基石、一种基准。新经济史学家笃信经济学理论的正确性，因此，他们相信，分析历史时也应该运用这些理论。历史只不过就是过去的现实而已。通过引入更多的数学和经济学理论，就能够把历史变成可以从逻辑上加以解读的科学，这些也是新经济史学家的信仰。他们把经济学的“科学”追求延伸到经济史。这不能不说是又一个跨越。因为，之前把经济学变成类似于“自然科学”的科学就是一个跨越。从数学到经济学，从经济学再到经济史，一以贯之的就是对科学的诉求。然而，经济学能否变成科学，这本身存在疑问。更何况经济史与经济学又有很大区别。经济史本身虽是经济学和历史学的交叉学科，但本质上属于历史。历史很难和科学画等号。如果是这样的话，新经济史学家试图用经济学理论的理性逻辑来解读经济史，就仅仅是推崇科学逻辑的一种表现而已，并不能代表这种解释的正确性和唯一合理性。实际上，这种方法仅是研究经济史的众多方法和理论中的一种方法和理论而已（对于解释性经济史来说尤其如此）。这个方法内含了新经济史学家的“科学”梦想。

其次，从研究方法上看，新经济史学家主张一种科学研究方法。这种研究方法反映了新经济史学家对科学逻辑的推崇。在传统经济史研究中，历史方法占据主导地位。到了新经济史学家那里，这种研究方法被认为是非科学的。他们认为研究历史应该与研究其他学科一样，先要有假设和模型，然后看历史能否验证该模型，如果通过历史检验，则该模型正确，如果历史证明有谬，则修正原来的假设和模型，使之向正确的方向逼近。[1]这种研究方法实质上是一种实证主义，是经济学研究中证伪逻辑的体现。证伪方法被认为是一种科学研究方法。新经济史学家力图以科学研究方法研究经济史。这一点可以从福格尔和诺思的著作中观察到，也可以从新经济史学家的话语中感知到。诺思在《西方世界的兴起》和《经济史中的结构与变迁》中都是先提出自己的理论或者假说，然后进行历史的证实。在他所掌握的史料条件下或者说在他的视域下，他的理论得到了证明。福格尔的方法相反，他先假定传统的说法是正确的，然后综合运用史料、数据和模型，最终证明传统的结论有谬。这是一种"证伪"策略。当然，他们的假说和论证，都有假设前提，即新古典经济学理论中的预设：每一个主体都会追求自己的利益最大化，都有能力计算自己的利益得失，偏好具有一致性。呼应这种方法的学者很多。比如，美国哈佛大学的格申克龙（Gerschenkron）声称："历史研究本质上就是用得自于经验的各类假设结论说明经验的材料，并且检验由此产生的配合是否契合，以期这个途径证实某些共性，某些典型的状态以及在这些典型状态下各种个别因素之间的典型关系。"[2]

无论从对历史本体的认识上看，还是从研究方法上看，新经济史学家都表现了追求科学的诉求，都表现出对科学逻辑的一种推崇。如何看待这种认识论和方法论呢？笔者认为，科学逻辑的追求是否适合历史研

1　比如，迈耶和康拉德反对波普尔（Popper）把历史科学和自然科学区分开来的做法，而认同亨佩尔（Hempel）的看法：一般法则在历史中起的作用和在自然科学中相似。

2　转引自［美］杰弗里・巴勒克拉夫：《当代史学主要趋势》，杨豫译，上海译文出版社，1987，第98页。

究依赖于如何理解经济史研究。经济史研究分为两个层面。第一层面是描述性的经济史，即经济史研究的目的在于把事实说清楚，即过去到底发生了什么。这是不易做到的。有些学者认为，能够把过去的历史事实认识清楚对一个经济史学家来说就是重任，就是“皓首穷经”才能做到的事情。认识需要循环往复，需要不断地深化和更新，因为史料是逐步丰富的，有些认识清楚的东西由于新史料的出现就可能变得不清楚了，需要重新认识。历史也就与以往不同，需要重新书写。这个层面上的经济史研究就不能遵从科学逻辑，而应该以史料为依据，应该在占有大量史料的前提下，形成经济史学家的“史识”，然后形成一个连贯的历史。如果遵从科学逻辑，很可能“削足适履”。第二个层面是解释性的经济史，即经济史研究的目的在于给出一个对过去历史的解释，该解释见仁见智。这种研究不妨遵从科学逻辑。我们可以假定历史是一种理性的产物，可以预设历史具有一定的逻辑性。因此，可以利用各种成熟的理论和数学工具进行解释。当然，人们可以不同意这种解释，可以有自己的解释。从研究方法上，可以采取科学的研究方法，即先有假设和模型，然后据此对历史进行解释，如果历史证明，原有假说不完备，那么修正之，然后再解释，再修正，不断地循环往复，最终形成自己的一种独特解释。这是深化历史认识的一种方法。当然，仔细地区分描述性经济史和解释性经济史也是不易的，因为二者经常相伴而生。叙述时就掺杂着叙述者的解释，解释也不能凭空产生，也必须建立在掌握一定的史料基础上。尽管如此，在方法上也还有个侧重的问题。如果目的在于告诉读者过去发生了什么，最好不要先有“成见”，不要先有理论，而是注重把可得史料按照时间的顺序、按照事件之间的联系连缀起来。如果目的在于对过去的历史有个大胆的解释，那不妨运用理论和数学，运用科学逻辑，就像新经济史学家一样，这对历史研究同样有意义。

总之，科学的方法论成为新经济史研究的显著标志，从而使其有别于传统经济史研究。新古典经济学理论和数学工具的引入，不仅为解释人类经济史提供了全新的视角，也丰富了对过去经济发展历史的解释。

二、新古典经济学理论及其分析范式

在传统经济史研究中，理论同样被认为是不可缺少的工具。法国年鉴学派的第二代大师布罗代尔曾说“没有理论就没有历史”，然而，传统经济史学家所用的理论庞杂，以至于不是很明确。作为历史方法的坚决捍卫者，他们主张以事实（过去的事实即史料）为基，理论要服从于历史事实，理论仅仅是解读历史的一种工具而已。因此，在这个时期，经济史著作中布满了社会学、经济学和人类学等社会学科的语言和分析智慧，它们组成一套解释话语向人们展示历史的真相。新经济史学家指出了这种方法的主观性和片面性。其主观性在于没有共同认可的学术交流平台和可以通约的范式。每一位历史学家都有自己暗含的预设和暗含的主观偏好。其片面性在于这些经济史学家总是依据相对有限（虽然尽可能丰富）的史料或者自己拣选的史料作推导。因而，容易导致这样一种局面，即“公说公有理、婆说婆有理”，也就是经济史研究中的“相对主义”。因为采用的史料不同，且都是例证法，所以有时还会得出截然相反的结论。新经济史学家对这种研究的未来很不乐观。

新经济史学家坚持经济学理论的重要性，认为新古典经济学理论作为分析经济史的工具是最合适的。况且，他们认为，新经济史学家理应用自己的学术武器——经济学理论去认识世界和解释历史。计量学派在这方面体现明显。计量学派正是通过运用新古典经济学理论构建了模型，以此来检验一些传统观点。如果没有经济学理论作基础，模型的建立就没有基础，那相当于将高楼大厦盖在沙地上，是不稳固的，也没什么说服力。可见，计量学派在其研究中是离不开经济学理论的。从众多的计量经济史学家的著作和文章中可见一斑。福格尔在研究铁路与美国经济增长之间的关系时，运用了新古典经济学理论。诺思早年研究美国经济发展模式时，使用了分工和交换的理论思想。"三轨制"经济发展模式正是建基于此。那些重点研究生产率、技术传播的新经济史学家也使用了大量的新古典经济学理论。比如，帕克对小麦产量的研究，戴维对收割机技术传播的研究。新制度学派也大量应用经济学理论。比如，在《西方世界的兴起》一书中，讨论人口数量增长的效应（人口数量增长导致移民，然后导致资源禀赋不同，从而可以产生交换和分工，并进而扩大了市场）时，就利用了新古典经济学理论。在《经济史中的结构与变迁》一书中，国家性质的分析实际上就吸收了公共选择理论的思想。交易成本概念的引入更是新制度经济学理论对新制度学派的影响。没有众多的新制度经济学家的铺垫，比如科斯、威廉姆森，诺思不会对交易成本有全面的认识，也不能把它很好地应用于新经济史的研究中。可见，经济学理论在新经济史研究中起着非常重要的作用。这与传统经济史研究不同。传统经济史研究所用的理论是凌乱的，也是多方面的。在新经济史学家那里，经济学理论的作用凸显，尤其是新古典经济学理论。

诺思在后期发展了自己的理论——制度变迁理论。但这个理论实际上是新古典经济学理论的一般化。因为，在研究组织和制度时，保留了新古典理论的三个"硬核"：稳定性偏好、理性选择模型和均衡分析思想。因此，制度变迁理论只不过是修正了新古典经济学理论的“保护带”[1]。修正包括：主体面临的约束变了；主体拥有的信息量变了。在新制度学派那里，主体面临的约束包括正式规约、非正式规约以及制度的实施机制；主体也不再拥有完全信息，因为，信息存在成本，即在有交易成本的条件下研究主体的选择和资源配置。组织是个体相互作用的一种方式，也是主体进行理性选择的一种约束。国家作为最大的组织，它可以影响制度（产权），进而影响主体面临的约束。诺思引入的意识形态理论是新古典经济学理论一般化过程中的扩展和补充，通过它让新古典经济学理论具有更强的解释力。

每一位研究者在研究问题、观察问题、分析问题时，都会使用某一套概念和话语，都会遵循某一种方法和原则，这构成了范式[2]。经济学家有经济学家的分析范式，社会学家有社会学家的分析范式。因为他们观察问题、研究问题的概念、话语、方法、角度、原则不同。而且，不仅是学科之间存在范式的差别，同一学科之间范式也不尽相同。比如古典经济学和新古典经济学的分析范式存在区别。古典经济学的范式中认为经济学的研究对象是不仅仅是经济，还包括政治等上层建筑。而在新古典经济学那里，经济学的研究对象是稀缺条件下资源的有效配置。古典经济学信奉“看不见的手”，即认为价格在经济运行中很重要。新古典经济学则进一步扩展了这一认识，认为价格在瓦尔拉斯市场均衡时实现了资源配置最优（帕累托标准）。

1　“硬核”和“保护带”的概念参见［英］伊·拉卡托斯《科学研究纲领方法论》，兰征译，上海译文出版社，1986。

2　“范式”是美国著名科学哲学家库恩在《科学革命的结构》中提出的一个词，此作一问世，该词立刻被学界接受。在库恩看来，“范式”的内涵有两层意思：（1）科学共同体的共同承诺集合；（2）科学共同体共有的范例。

范式对于研究问题、分析问题、解决问题来说很重要。新经济史学家也有他们自己所倚重的分析范式，即新古典经济学的分析范式。这可以五点得到证明。

第一，分析基于“理性人”假定。在《十字架上的岁月：美国黑人奴隶制经济学》中，正是基于理性人的假定，福格尔才认定奴隶主没有理由大规模地出卖他们的奴隶，因为出卖奴隶所获得的收益对具有企业家素质的奴隶主来说是微不足道的。正是基于理性人的假定，福格尔才认定奴隶主鞭打奴隶的次数并不会很多，因为这没有必要，理性的奴隶主可以选择其他的激励方式来提高奴隶的生产效率。在《西方世界的兴起》一书中，诺思同样预设理性人的假定。如果没有理性人的假定，他的整个分析框架就不能建立。因为，如果不是理性人，那么经济主体很可能不去追求制度变迁的潜在收益，制度变迁也可能不会发生。在《经济史中的结构与变迁》中，虽然融合了意识形态理论，但诺思并没有改变其理性人的假定，他仍然假定人具有完全的计算能力，能够选择对自己最有利的行动，比如“搭便车”。不仅如此，诺思还把理性人的概念进一步扩展到国家，在诺思眼中，国家作为一个组织，也有自己的理性追求。在短期生存利益的逼迫下，国家会认可不好的产权制度，在长期发展利益的驱使下，国家也会忍受制度变迁的“阵痛”，而构建一个好的产权制度。

第二，边际分析思想。在《铁路与美国经济增长》中，福格尔在讨论水运的运价时，认为因为水运的运输量并不饱和，所以水运的边际成本不会提升，从而可以维护其运价稳定。这是运用了新古典经济学中的理论。因为，在新古典经济学中，市场均衡时的每一种产品和要素的价格都等于其边际成本。在诺思的著作中，边际分析的思想也时有体现。

比如，在讨论要素的禀赋结构发生变化时，诺思就指出：随着劳动的增长速度大于土地的增长速度，劳动的边际收益递减，从而导致要素的相对价格发生变化。而要素相对价格的变化又会影响产权制度。在分析农业替代狩猎采集时，诺思也用了边际收益递减的思想。正是由于狩猎采集的边际产品价值小于农业的边际产品价值，人类社会的第一次经济革命才诞生了。

第三，成本-收益分析方法。这种方法实际上与“理性人”的假定相关，新古典经济学理论中大量采用并以此研究资源配置和生产领域中的决策行为。新经济史学家将成本-收益分析进一步扩展到研究人与人之间的关系。他们要对人们的行为方式和策略选择进行成本-收益分析，从而为社会经济生活提供统一、深入而又更加现实的解释。比如，诺思分析制度时就是运用成本-收益分析方法对制度变迁的一般原则进行了研究。制度也类似于一种产品，只有所获得的收益大于生产成本时，制度创新才会出现。诺思认为，制度是被“理性人”规划、设计和建构出来，并在“理性人”追求个人利益最大化的理性计算中不断变迁的。[1]尽管运用该理论解释历史时陷入了困境，他还是用意识形态理论来弥补了这一缺陷，使其理论能自圆其说。然而，意识形态理论的引入并没有改善成本-收益分析方法，反而使制度分析复杂化了。福格尔在研究美国南部奴隶制的经济效率时，也大量采用成本-收益分析之法。比如，他在批判瑞姆斯戴尔的观点时，就指出棉花价格没有下降，因此，收益没有降低。尽管奴隶的价格上升（成本上升），但不能得出奴隶制的净

1　这种分析与1974年获得诺贝尔经济学奖的哈耶克的基本理论有着本质的差异：诺思强调的是建构理性，哈耶克强调的是演化理性。诺思认为制度变迁可以设计，而哈耶克强调秩序的自发性。笔者认为，这是诺思理论的不足之处，即以新古典经济学理论为基石。

收益已经降低的结论。而且，通过成本和收益分析证明：奴隶制并非没有经济效率，事实上，南方的奴隶制之效率并不低于北方的工厂制度。

第四，个体主义原则。由于采用新古典经济学理论分析范式，新经济史学家的分析实质上是从个体出发来进行分析的，即坚持个体主义方法论。诺思不喜欢马克思，就在于马克思在分析人类社会发展变化时，将阶级作为分析单位。阶级是一个抽象的集体概念。这个概念不等于个人的加总。而在新经济史学家那里，个人是基本的分析单位，只不过，由于个人同质，即偏好相同，都会在约束下进行理性选择，因此可以将个人加总。诺思所讲的西方兴起的故事，实际上是无数个同质的微观原子汇聚成的宏观故事。在福格尔那里实质上也是那样，所有种植园的奴隶主和奴隶都是典型的理性主体，都能进行理性的合意计算。诺思提出超越新古典经济学理论的制度变迁理论，将组织、制度纳入新古典的分析框架中，然而，诺思的组织、制度也是个体加总的产物。个人能够形成一个组织，在于其可以借助组织获得更大的净收益。制度变迁的推动者可以是组织，也可以是个人。但制度变迁的动力在于无数个微观个体的理性计算。总之，由于选择了新古典经济学理论作为分析的基石，新经济史学家的方法具有明显的个体主义特征。

第五，自由主义理念。自由主义理念与波普尔（K. Popper）的证伪主义一脉相承。证伪主义认为理论不能用经验证实，只能证伪。一个命题只要它是可以检验的，或可证伪的，它就是科学的，反之不可检验、不能证伪的，就属于非科学的、形而上学的。[1]波普尔的证伪主义深刻影响了弗里德曼的方法论立场。弗里德曼认为，事实从来都不能证明一

1　转引自夏基松:《西方科学哲学》，南京大学出版社，1987，第136页。

个假说的正确性，只能证明一个假说的不正确性[1]。之所以二者秉承证伪逻辑，在于他们共同的开放社会的思想。在一个开放的社会里，允许思维大胆创新，允许人们在思维和行动上纠错，即有一个宽容机制保证人们可以进行各种尝试。由于社会是宽容的，人的自由创造精神便可以充分发挥。而且，体现人们自由选择的制度和组织也是符合社会需求的。社会没有终极真理，有的只是在批判或者说证伪过程中的理论进步。福格尔和诺思秉承了自由主义理念。在这种理念下，福格尔认为奴隶制的存在是理性主体自由选择的结果，诺思认为，国家、企业等各种组织是理性主体合意计算后自由选择的结果。国家存在和干预经济都必须首先保证人们的自由权利。国家不能凌驾于个人自由之上。

从以上五点可以看出，新经济史学家是在运用新古典经济学的分析范式来研究经济史。这种分析范式有一定的好处，但也存在一些问题。

第一，"理性人"的假定过于简化。通过假定每一个人都是理性的，人就变成"同质"的原子。这种假定意味着单一个人的效用和福利函数可以加总。然而，现实生活中的直觉告诉我们人们的偏好不尽一致，每一个人的效用和福利函数不同，难以加总。因此，消失了"个体差异"的新经济史研究有其内在缺陷。而且，"理性人"的假定本身就存在疑问。现实中，尽管每一个人都或多或少地追求自己的私利，但由于"理性"程度的不同，一些人的理性在另外一些人看来或许就是不理性。也就是说，理性人的假定实际上没有现实意义。

第二，从利益角度分析人的行为存在缺陷。"人是被利益所驱动的"

---

1 ［美］弗里德曼：《弗里德曼文萃》，高榕、范恒山译，北京经济学院出版社，1991，第196-198页。

这一规则被人类认识由来已久[1]，把利益引入到经济学分析也由来已久。中国汉代的司马迁在论述如何治理国家时，指出："故善者因之，其次利导之，其次教诲之，其次整齐之，最下者与之争"[2]。司马迁看到了以"利"治国的不足。亚当·斯密则发现了利益在经济发展中的作用。他说："我们每天所需的食料和饮料，不是出自屠户、酿酒家或烙面师的恩惠。而是出于他们自利的打算。我们不说唤起他们利他心的话，而说唤起他们利己心的话。我们不说自己有需要，而说对他们有利。"[3]正是借助于这个洞见，斯密看到了"看不见的手"的作用。正是每个人都对自己私利的追逐，才使得社会普遍利益得以增长。然而，利益分析有其自身的局限性。首先，利益的计算太复杂，以至于理性人难以掌握。每一个主体都是根据有限的信息，然后衡量自己的利益（效用），都是根据自己对未来的判断来进行选择，而这种判断在有限信息的条件下基本上是一个主观活动。而且，因为可选择的信息太多，且每一个主体的历史背景不同，所以对某些选择所赋予的权重也不同，这样计算结果也不同。由于这些方方面面的原因，利益的计算其实非常复杂，甚至于根本不能计算。其次，利益的内涵很难界定清楚。在现实社会中，人们纳入利益范围内的事物非常多，既有经济方面的，也有社会方面的，比如社会关系的培育。这在东方社会中非常明显。人们会在社会关系中进行较多的投资。但在新古典经济学理论中，社会关系是很难予以考虑的。因为其不好量化，但在现实经济发展中，社会关系却在理性人的决策中占

1　中国古语断言："天下熙熙，皆为利来，天下攘攘，皆为利往"；"人为财死、鸟为食亡"；中世纪的西方也流传着"利益不会撒谎"之格言。

2　司马迁：《史记·货殖列传》。

3　［英］亚当·斯密：《国民财富的性质和原因的研究》，郭大力、王亚南译，商务印书馆，1972，第14页。

据很重要的位置。诸如此类应该纳入利益范围内的事物还有很多。但新古典经济学理论却不能涵盖之。对于丰富生动的现实经济来说，新古典经济学理论显得单薄，对于时间进程中的制度变迁和经济发展，利益分析则更加显得简化。

另外，从利益角度进行分析实质上是一种功能主义式的分析，具有同义反复的特点。比如说，经济学假定人是理性的，人的行为取决于自己的成本-收益比较。这就相当说，人预知了做某件事情的利害之后，然后理性选择——两害相权取其轻。可是，如何判断其是理性选择呢？经济学家的方法是看结果。根据过程的结果来分析主体选择的理性。比如，面临两个选择A和B的主体选择了A，那么就可以说，A对主体来说净收益大。因此，经济学家的解释往往是马后炮。这种解释逻辑也反映在诺思的历史分析中。英国崛起了，那么崛起的原因在于有好的制度安排，该制度净收益大。农业代替了狩猎采集，那么就是农业的产权制度优于狩猎采集的产权制度。这种分析实际上等于什么都没说，只是说了一个逻辑。利益分析的方法曾经受到马克斯·韦伯批评。韦伯说："直接支配人们行动的不是思想，而是物质利益和理想利益"，但是，"由思想所创造的世界观念经常像扳道工一样，决定着利益火车头所推动的行动轨道"[1]。诚然若是，经济学中的利益实际上是深嵌在历史文化之中的，是深嵌在每一个行为主体的思想观念之中的。经济学的分析作为一种事后分析，看起来有道理，但却没有什么用。

对利益分析的自信有时候也与历史事实相违背。获得美国克拉克奖的经济学家达龙·阿西莫格鲁（Daron Acemoglu）曾在一篇文章中讨

1　Max Weber, "The social psychology of the world religions", in H. Gerth, C, Wright Mills (eds.), *From Max Weber: essays in sociology* (New York: Oxford University Press, 1964), p. 280.

论促成西方国家在19世纪逐步扩大选举权覆盖面的因素。阿西莫格鲁认为，之所以扩大选举权，在于当权集团害怕没有选举权的人们暴力反抗。在理论上，预防暴力反抗有两种方式，一种是给予潜在的反抗者更多的好处，一种是给潜在的反抗者选举权。他认为，第一种方式不具备时间一致性，因此，第二种方式成为实际选择。但这种理论上的推断与事实不相符，西方选举权范围的扩大并不是利益计算的结果，而是自我价值之觉醒所带来的。因此，从利益角度来分析人类行为有一定的局限性。

三、定量研究方法

定量方法不仅能估计出经济现象之间的联系，也可以帮助我们测定出它们之间的联系程度。这种方法不仅能解释一般的经济现象并预测未来，还可以帮助我们分析政府政策的经济效果，作为国家施政方针的参考。正如库兹涅茨所说："经济制度在功能和结构上的质变……其重要性是无法确定的。只有借助于定量数据和统计分析，看看这些定性的确定事件意味着在经济制度本质表现上有怎样的定量贡献，质变的效果才能真正体现出来。"[1]新经济史革命后，定量方法和经济史研究结合得更为紧密。新经济史学家用这种方法来分析经济史上的重要问题，而且很快受到了学界的注意。福格尔正是通过严谨的定量研究方法，证明铁路对货运的"社会节省"不如想象的大，只不过占国民生产总值的5%。铁路对工业的影响也较小，美国钢铁工业的发展并非由铁路带动。正是

1　Robert William Fogel, *Railroads and American Economic Growth: Essays in Econometric History* (Baltimore and London: The Johns Hopkins Press, 1964), p. 147.

通过审慎的定量研究方法，福格尔证明了美国南方奴隶制的效率，证明了黑人奴隶的生产生活境遇并不像观察家所描述的那样糟糕。奴隶们所遭受的剥削也并非惨不忍睹。两部著作的结论都掀起了轩然大波。肯定和质疑的声音同在。有些学者还专门对其数据进行了讨论，有些学者运用其开创的定量研究方法深化福格尔的研究。诺思对定量研究方法的偏爱程度不如福格尔，但也不像传统经济史学家那样反感数据。相反，诺思对定量研究方法表现了宽容和接受。

新经济史研究中采用定量方法有其原因。第一，计量经济学的迅速发展，特别是60—70年代以来，计量经济学的方法从单一方程模型扩展到联立方程模型，由确定性的函数关系进展到概率性的函数关系，从解释经济现象到利用模型预测经济现象的未来变动。第二，统计方法在社会科学上的普遍应用。统计上的抽样原理、推定原理和因素分析广泛应用于经济学。第三，统计资料日臻充实和完备。"二战"后，世界各国都纷纷建立统计资料库，以作分析之用。由于政府政策以及研究、决策的需要，资料内容也一天天充实和完备，资料的范围也日趋扩大。同时学者们为了研究问题，也常常根据史料和所掌握的资料，整理数据库，以备论证之需。第四，计算机的应用日趋扩大。计算机的计算能力强，工作效率高，原来不可能完成的统计工作，现在可以轻松完成，这加快了定量方法的应用进程。第五，年轻学者对数学的兴趣渐浓。数学是一种语言，也是科学的表达工具。年轻学者乐于吸收数学知识，比如微积分、微分方程、高等代数、线性规划以及拓扑学等等。这些知识会影响新一代学者倾向于使用定量方法，作为分析经济现象的工具。

新经济史学家的著作和论文显示了他们对定量研究方法的偏好。的确，定量研究方法为新经济史学家赢得了声誉，对经济史研究方法的深化也起到了显著作用。然而，问题也随之出现。人们过度依赖定量研究方法，以至于该方法俨然已经成为衡量经济史研究水平的一把标尺。新经济史研究著作越来越乏味。若没有一定的数学或者计量经济学的基础，新经济史的研究著作简直是天书。新经济史和传统经济史研究之间的裂痕没有被弥补，反而加深。这些问题促使我们深入思考定量研究方法。

关于定量方法的局限性，陈振汉和吴承明等学者都多次强调：运用定量方法一定要先有适合使用该法的条件。人类社会是复杂的，其发展的进程就更加复杂。这种复杂性不仅体现在其所包含的地域之广，不仅在于它所涵盖的时间跨度之大，而且，还体现在生活在其中的人的复杂性。数据能够反映事件之间联系的能力是有限的。很多因素，是数据难以表达的，比如，人的情感等。我们可以通过身高、体重等各种维度的数据将人复原出来，但是不能复原出一个有思想、有激情的人来。借用马克思的术语，也可以这样说，数据只是反映了量变，而不能反映质变。

不仅有些因素不能用数据加以表达，即使有些因素能够表达，可能也会因为其过分强调总体，强调大众行为中的共同因素而忽视个体和例外因素。定量研究方法需要数据，因此，难免会将注意力转向那些易于统计分析的对象而忽略那些不易于进行计量的对象，从而或许会形成认识上的盲区。新经济史学家自身也认识到这一点。比如，艾德洛特、博格（A. G. Bogue）和福格尔就指出：在这种方法中，尝试要做的是更有效地利用选择出的部分证据：抓住那些能够利用数学手段进行严格处理的资料，对它们进行更细致的分析……限制关注范围是就某一论题获得更可靠结论必须付出的代价。[1]

即便能够对数据进行统计分析，真正解释好历史也是不容易的。正如艾德洛特、博格和福格尔所言：统计操作仅仅是重新安排证据；它们无法回答一般性的理论问题。对于历史学家们感兴趣的解释来说，计量的作用也不大。[2]也就是说，对于历史解释，仅有计量是不够的。统计学也许有助于揭示或者阐明一种特定的趋势，但如何对这种趋势进行解释，则需要训练有素的历史判断能力。而这种历史判断能力，似乎传统的经济史学家更强一些。因为，历史判断能力不是来源于数据的整理、统计，而是来源于对整个历史大势的了解和把握，对历史情境的熟悉。

定量方法依赖于经济学理论。这也是定量方法的一个弱点。因为，所依赖的理论不同，可能会得出不同的结论。理论不正确，自然也会产生歪曲的结论。对借助于经济学理论来进行研究的经济史学家们，实际上有三种理论可供挑选：新古典经济学理论，马克思主义理论和凯恩斯的经济学理论。当然，新经济史学家更喜欢新古典经济学理论及其分析范式。然而，喜欢不一定代表着正确。新古典所暗含的理性假定、最大化利益的行为和偏好不变的预设都存在争议。进一步说，理论永远没有完美的，任何理论都是历史长河中的适应某一种历史条件的理论而已。因为，在历史解释中，如何使用相符合的理论是一个先于计量的问题。在一个特定的文化传统和历史情境下，一种理想状态下的经济学理论可能不具有太大的解释力。比如，新古典经济学理论忽视了时间维度，并且假定市场是外在的制度条件。这种理论对于那些正在建构市场的国家

1　W. O. Aydelotte, A. G. Bogue and R. W. Fogel (eds.), *The Dimensions of Quantitative Research in History* (Princeton University Press, 1972), p. 9.

2　同上书，第10—11页。

来说，可能解释力就有限。

强调定量方法，实际上还有一个史观的问题。运用统计旨在分析出蕴含在数据背后的规律。数据代表了一种历史事件的原因和结果。因此，通过计量可以准确地解释因果联系。这种方法实际上需要一个前提，即认为这些历史事件具有统计学意义的共性。但这种前提对于历史研究或许是不成立的。历史非常复杂。近来混沌理论的发展又启示我们人类社会经济发展道路的复杂性。一个简单的非线性方程组，它的解可能会呈现出一种混沌状态，即没有规律可循。一个简单的方程组尚如此，复杂的人类社会又会如何呢？如果世界本来就没有统计意义上的规律，统计、计量又有什么意义呢？

第六章
中国学者对新经济史研究方法的评述和运用

第一节 对新经济史研究方法的评价

新经济史革命发轫于美国，之后广布世界。20世纪70年代末80年代初期，新经济史研究方法也传入中国。一批学者相继发表评述文章，比如何顺果发表了《从“苦难时代”一书看美国“历史计量学派”》（《世界历史研究动态》1979年第1期），何培忠摘译了芝井敬司的《现代历史学与数量方法》（《国外社会科学》1982年第5期），陈春声发表了《统计分析方法在史学研究中的应用》（《学术研究》1985年第3期），彭泽益发表了《中国经济史计量研究的基础》（载中国人民大学出版社1987年出版的《中国经济史论文集》）等。对这种新方法，有的持欢迎态度，有的则比较审慎。持欢迎的学者对新经济史给予了较高评价，持审慎态度的学者则强调“史无定法”，主张切莫局限于某一单一方法。比如刘佛丁说：“这种新方法的运用，开辟了许多过去无法进行研究的新学术领域，并可以检验以往历史研究中那些未经计量的定性判断，使那些符合或基本上符合实际情况的结论得到证实，而把那些错误的结论加以纠正，提出科学的新见解。”[1]张宇燕认为：“福格尔的整个推理过程——即假定、模型和对原始统计数据的修正——毫无例外地均可被检验，也恰是从这一意义上看，福格尔作为一位经济史学家，至少在我看来，其成就与其说是以某种不同寻常的方式为历史赋予了新的意义，倒不如说是为我们思考历史、评价社会进程提供了一种思路或方法。”[2]持审慎态度的学者较多，以陈振汉、吴承明为代表。总体来说，中国经济史学者虽然认可新经济史研究方法，但不主张把其作为经济史研究的基本方法。中国的经济史学者认为，经济史研究需要经济学理论的指导，需要把经济学理论尝试着运用到经济史研究中去，但不能把经济史研究变成经济学理论的推导和经济学模式的演绎。经济史学科应该建立在实证研究的基础上，应该立足于史学。经济史要凭材料说话，经济史资料的收集整理是第一位的工作。

一、陈振汉：新经济史的研究方法是失败的

在《西方经济史学与中国经济史研究》一文中，陈振汉对福格尔和计量学派的方法进行了评述。他批判了福格尔的“反事实度量法”，指出“反事实度量法”只是根据一些简单理论假设的逻辑推理，不是研究历史的方法。正因为福格尔只是根据经济学理论而不是从历史实际出

---

1 刘佛丁:《经济史学创新的关键在于新理论和方法的引用》,《中国经济史研究》1996年第1期。

2 张宇燕:《假如没有……谈谈一九九三年度诺贝尔经济学奖得主福格尔》,《读书》1994年第3期。

发来研究铁路问题，所以福格尔的考虑是不周全的。在他看来，“铁路的间接经济作用要比直接作用（国民产值的增加）重要得多和复杂得多，不能用简单的新古典经济学概念来予以分析”[1]。福格尔和恩格尔曼用新古典经济学的范畴和概念来分析和描述奴隶制经济并且把当时种植场棉花生产的赢利完全归功于奴隶制的“高效率”和“生命力”，归功于奴隶主和奴隶双方的优越资本主义本质。陈振汉认为这是完全按照经济学理论的要求，把原始历史资料割裂开来加工处理之后再行利用，并且忽略了社会伦理道德等多种因素，该书是一部完全脱离了原来社会历史面目的历史学。借助于为《西方世界的兴起》中译本写序，陈振汉总结了历史计量学派的方法：“在史学观点和方法上，历史计量学派的主要特点是：以西方经济学理论为指导，对不同社会历史上的经济成败及其缘由作数量的分析研究。他们认为经济史研究不止是搜集、考订、分析史料和叙述史实，更重要的是要能解释史实，说明其中彼此的相互关系。”[2]

对于《西方世界的兴起》，陈振汉一方面肯定了诺思说明西方世界兴起的分析框架，另一方面也指出这种分析框架的新古典经济学特色。他认为，诺思和托马斯“他们只是就历史事物与经济增长之间的明显相互关系立论，而不是要探索历史发展动力或事物之间的前后因果决定性关系。”[3]对于《经济史中的结构与变迁》，他也同样认为这是分析经济史的框架。也就是说，诺思的这两本著作本身都不是历史，而是研究历史的方法，是史学理论。“它们的特点是把传统经济史家根据经济学理论

1　陈振汉：《社会经济史学论文集》，经济科学出版社，1999，第683页。
2　同上书，第673页。
3　同上书，第675页。

而建立的经济内外部因素的界限拆除，把有些如同所有权、国家组织和意识形态等过去属于法学、政治学或文化社会学领域的问题，一律纳入经济史学的范围，用经济学理论，即便不是新古典派理论，也是根据理性选择、交易成本等基本经济原则推导而得的经济学理论，而不是法学或政治学理论来做解释，所以两书只能说是经济学家而不是历史学家的经济史理论。诺思1981年的书甚至可以说是一套新经济史观，一套用现代经济学理论来解释历史的历史理论。”[1]

在评述新经济史研究方法之后，陈振汉提出了对中国经济史研究的看法。在《我国历史上国民经济的发达和落后及其原因》（1987）小引中，陈振汉强调“经济史是经济科学的一个分支，但它是跨学科的，是介于历史学与经济学之间的学科，可以说它的本质或主体是历史。经济史所担负的科学任务主要是一种历史学的任务，它自然同时是一门历史科学。史学不同于理论学科，它要通过具体的历史事实来说明社会发展的规律，说明事物间的关系。这种关系可以是因果关系（也就是规律），也可以是一种彼此间的相互关系，互为因果关系。经济史要称得起是科学，那就不只是描述具体的事实，更重要的是要说明为什么会出现这些事实，要解释其中的关系，从而使人们获得经验教训”[2]。在明确了经济史学的任务之后，他提出：经济史的研究不能述而不作，不能没有自己对于历史事件的看法，不能没有史论；经济史的研究要有数量概念；要有比较研究。[3]他在《西方经济史学与中国经济史研究》中，再次强调自己的观点：我们的经济史研究是历史学研究；我们应与社会史学家密

1 陈振汉：《社会经济史学论文集》，经济科学出版社，1999，第685页。

2 同上书，第650页。

3 同上书，第650-651页。

切合作；可以运用数量分析的采用数量分析，但不是唯有数量分析。

对数量分析，陈振汉一方面强调，一方面也指出辩证看待的重要性。他指出："经济史不同于政治史、思想史和历史人物传记。要说明经济上的演变发展，必须有一个数量的概念。没有一个数量的概念，所作的判断就很可能是不确切的。"[1]但过分强调数量分析和计量方法的应用，会让研究者忽视经济史研究中的"历史研究"成分，因此陈振汉在《社会经济史学论文集》中表露了对数量分析的辩证态度。在《西方经济史学与中国经济史研究》一文中谈到数量分析和对社会经济史的研究时，他认为经济史的研究目的，是用历史事实，特别是政教文物制度、宗教信仰、伦理道德、社会风俗和日常生活习惯等方面变化的史实来看是否对生产技术和国民经济发展有什么影响。因此在这些历史因素中，有的显然无法彼此区别，因而对之根本不能进行任何数量分析；有的在很长时期里停滞不前，它们的社会经济影响但凭经济观察就能了然无遗，无需什么数量分析。总之他强调了经济事件只能在某种社会环境中发生，所以数量分析不能背离时代历史进行。他还重视经济史学中的比较研究，认为"不经过比较，概念就不容易明确，论断就不容易符合实际。比较包括同一地区不同时间的比较和同一时间不同空间（不同国家、地区）的比较。只有通过比较研究，对问题的认识才能够准确中肯"[2]。

总体来说，陈振汉是不太赞成新经济史研究方法的，他认为新经济史的研究方法是失败的。由于过多地关注于经济因素，忽略了其他因素，新经济史学家得出的结论也很难说正确。陈振汉认为，中国的经济

1　陈振汉：《社会经济史学论文集》，经济科学出版社，1999，第651页。
2　同上。

史研究可以借鉴新经济史研究的定量方法，但一定要有辨证的认识。中国的经济史研究应该以历史方法为主。

二、吴承明：新经济史方法论的良窳

20世纪80—90年代，吴承明在经济史学理论与方法上有很多研究。吴承明赞扬严中平重倡“四新”之举[1]。他认为研究经济史应根据不同对象和史料条件，采取不同方法；方法论有新老学派之分，但没有高下、优劣之别。他主张：文献学、考据学、历史唯心主义、经济计量学、发展经济学、地区经济和周期论、社会学以及系统论等都是经济史研究的方法。对于计量学派中所运用的“反事实度量法”，他认为福格尔在发表《铁路与美国经济增长》后之所以批评踵至，在于“铁路的社会文化效益不能进入其所设模型”。同样，从《十字架上的岁月：美国黑人奴隶制经济学》一书得出结论：南北战争前，南方奴隶制农业的效益高于北方自由劳动者的农业，经济增长率也高于北方，也缘于“自由平等人权价值不能进入史学家的模型”。如果这些因素不进入历史学家的视野，那么，“何足以言历史？”[2]

吴承明认为，诺思的经济史理论是以新古典经济学为基础的。新古典经济学研究短期经济现象，把国家、意识形态以及制度安排都视

1 严中平是中国经济史学会第一任会长，吴承明是第二任。严中平在《科学研究方法十讲》一书中从学科性质、治学作风、选题、积累资料、分析方法和理论联系实际等方面，系统地总结了老专家们的经验，他强调研究中国近代经济史要多做比较，要破“四就”（即不能就中国论中国、不能就近代论近代、不能就经济论经济、不能就事论事），立“四新”（即要提出新问题、提出新观点、提出新材料、运用新方法）。

2 吴承明：《经济史：历史观与方法论》，《中国经济史研究》2001年第3期。

为已知的、既定的或外生变量，不予考虑；这是非历史的。诺思改变这种观点，把它们都纳入经济史研究范围，是正确的。他提出以制度安排为核心，研究各时期的结构变革和经济组织的有效性，并审定其实际绩效，这是经济史方法论上的一大启发，但在应用上不可胶柱。在诺思的具体经济史、特别是古代史的著述中，经常可见人口和移民、战争、技术以至黑死病等非制度因素的重大作用，而他的著作也命名为“结构与变革”而非“制度与变革”。再则，制度变革，如希克斯《经济史理论》所说，常是经济发展的结果而不是它的原因。在国家理论上，吴承明以为不宜把国家与人民的关系作为利益交易关系，这只能解释部分经济现象。在意识形态问题上，诺思的观点就更加狭隘。总之，吴承明认为产权理论、交易成本、制度变迁等概念可用于中国经济史研究，但应注意具体的研究对象与资料。

吴承明认为经济史研究必须有历史学的修养和经济学的基础。对于经济学，他认为“在经济史研究中，一切经济学理论都应视为方法论”[1]。“任何伟大的经济学说，在历史的长河中都会变成经济分析的一种方法。”[2]吴承明提出经济史研究不能只讲“纯经济的”现象，应该有整体视野，比如他认为经济史学家应有历史学修养，应能从自然条件、政治制度、社会结构诸方面，包括思想文化方面研究经济发展与演变。因此，历史主义的方法论有价值。在《经济史：历史观与方法论》中，他从六个方面对经济史的研究方法进一步梳理：一、进一步肯定了实证方法的基本性。他说“实证主义是研究历史的基本方法，不可须臾或

1　吴承明:《市场·近代化·经济史论》，云南大学出版社，1996，第102页。
2　同上。

离”[1]。尽管“对历史的认识有相对性（卡尔）、时代性（克罗齐）、思想主观性（柯林武德）”，但探求历史真实、对认识不清楚的实践不断重新认识还是经济史研究的第一要务。对历史模式论、逻辑实证主义、决定论和目的论的研究法，他均不赞同。二、进一步强调了经济学理论只是一种方法，经济史是源、经济学是流。“经济史研究的东西，包括体制、制度、社会结构、文化思想以致习俗惯例，远比经济学广泛，而且是活生生的。”[2]经济史为经济学提供材料，拓宽视野。三、关于结构主义和整体史观。他认为，整体史观是必要的，但对中国的经济史研究来说，“分工合作，先专后宏”才是入手的办法。布罗代尔的结构主义也可资借鉴。三个层次中，布罗代尔本人注重长时段的结构史、中时段的动态史。而吴承明认为，事件史对于中国的经济史研究也作用很大。而且，中国传统史学中的“以史带论”或者“论从史出”的叙述笔法很高明。四、关于经济计量学方法。他主张：“凡能计量者，应尽可能做定量分析。盖定性分析只给人以概念，要结合定量分析才具体化，并改正概念的偏差。”[3]。然而，对于中国经济史研究，明中叶以前不适用计量，因为古代文献不准确，记载不连续。此后可以用，但资料必须可靠。而且，要注意：不同时代的度量衡可能不同，数据资料不能直接运用。他的《中国资本主义发展述略》，就是使用了系统论述与计量分析结合的方法。另外，经济计量学方法不适于研究生产关系，因为其只见量变不见质变，可用于检验定性分析，但不宜建立新理论。经济史研究不能单凭计量学方法做出结论。五、关于制度变迁与经济发展。他认为：“历

---

1 吴承明：《吴承明集》，中国社会科学出版社，2002，第386页。
2 同上书，第394页。
3 同上书，第397页。

史是复杂的、多元的和多因素的，不能把制度安排作为唯一的原因。”六、经济发展、制度变迁和社会与文化思想变迁的关系。社会和文化属于经济史研究中的非经济因素，但若要对经济发展路径有很好的理解，这两个方面应纳入研究视域。吴承明认为经济发展—制度变迁—社会变迁，在最高层次上都要受文化思想的制衡。

总之，吴承明对新经济史的研究方法有着深刻的理解，指出了这种方法的优缺点。在他看来，计量方法、制度分析等新经济史的研究方法都不是万能的，都有一定局限性。中国的经济史研究要多层次、多角度、多方法。

第二节　计量方法的数据问题

对于计量方法如何具体运用到中国经济史研究上，中国经济史学界有两种倾向性意见：一种意见强调尽量使用。比如张仲礼认为：“经济史作为一门学科，在计量方面应比一般的史学有更高的要求，能用数量统计的应尽量用数量统计，以显示事物量的变化过程，能定量的尽可能做定量分析，以确定事物变化发展的程度。只有建立在大量扎实的资料工作基础上的研究工作才是真正扎实的。经得住考验的研究工作，其成果也必定是坚实可靠的。”[1]另一种意见则强调“谨慎”。比如，唐传泗对有关近代经济史的数据资料的搜集、考察、审定和加工整理等提出了具体意见，认为数据错误比文字错误“往往更不易为人们所察觉”，因而

1　张仲礼：《理论研究资料开拓和选题调整》，该文是经济史研究的回顾与展望笔谈一部分，《中国经济史研究》1990年第1期。

工作上必须精细小心，强调搞计量研究应先要打好数据资料基础工作。[1]章有义也从农业史计量研究角度提出了类似的告诫。他说："计量材料的缺乏给我们带来了难以克服的困难，但绝不能采取'饥不择食'的态度，而必须付出艰苦的劳动，对已有的不准确的材料，逐一进行细致的审订和校正，变无用为有用。计量分析对于历史尤其经济史的研究，固然重要，但必须有比较切实的数量可据。"[2]也有学者阐述了计量方法应用在经济史研究中值得注意的事项。在此，选取彭泽益和杨联陞的文章为代表来进行说明。

一、彭泽益：中国经济史计量研究中的数据问题

彭泽益认为经济史计量研究很重要。[3]经济史"研究的是在一定历史条件下的物质资料的生产、交换、分配和消费等等的经济关系和经济活动，因而不能忽视数量关系和数量分析。"[4]然而，中国经济史的研究现状总的来说是不大注意数量概念，缺少定量分析。经济史文章，一般是定性论述和论断比较多，对问题的具体分析不够。实际上，中国的历

---

1 唐传泗：《关于中国近代经济史研究的计量问题》，《中国近代经济史研究资料》，上海社会科学院出版社，1985。

2 章有义：《关于近代农业生产计量研究的几则根据》，《中国社会经济史研究》1990年第2期。

3 彭泽益1942年毕业于中山大学历史系，1945年获武汉大学文科研究所文学硕士学位。中华人民共和国成立后，历任中国社会科学院经济研究所副研究员、研究员，中国社会科学院研究生院教授。著有《中国近代手工业史资料》《十九世纪后半期的中国财政与经济》《中国近代经济史统计资料选辑》《中国工商行会史料集》《清代工商行业碑文集粹》等，并有论文《鸦片战后十年间银贵钱贱波动下的中国经济与阶级关系》《中国经济史研究中的计量问题》《中国行会史研究的几个问题》《试述明代植棉和棉纺织业的发展》《近代中国工业资本主义经济中的工场手工业》等。

4 彭泽益：《中国经济史研究中的计量问题》，《历史研究》1985年第3期。

史文献中有很多数量统计资料。这些可以为数量分析提供方便。梁方仲先生编著的《中国历代户口、田地、田赋统计》就为经济史计量研究作出了贡献。20世纪50年代，在严中平主持下，中国科学院编纂的《中国近代经济史统计资料选辑》同样提供了不少有价值的资料。此外，汤象龙编著的《中国近代海关税收和分配统计》，也深具功力。然而，这些资料对于严格的数量研究还不够。有些资料“不是地区不全，就是年份项目不齐，或者是计量单位不统一，如此等等，不一而足”[1]。

在严格考察了中国历史上的经济统计资料后，彭泽益提出了几个在应用中值得注意的问题。第一，要注意区别虚数和实数。所谓虚数就是指一种象征性地而非确定地使用的数据。这在古代文献中很多。清代学者汪中在所著《述学》中有一篇《释三九》的文章，就讲到“三”和“九”在古代文献中多是虚数。[2]彭泽益举了两个例子。其一，广州十三行的名称由来。过去国外学者有一种意见，认为它代表着行商的数目是“十三家”。然而，通过考证发现，从康熙到鸦片战争之前，行商数量只是在个别年份才是“十三”，其余都不是“十三家”。这说明“十三”并不是一个实数。其二，明清时期松江土布上市量问题。有的文章估计嘉庆时期约为2500万匹到3000万匹，明后期大约也有2000万匹左右。经过合理推断，彭泽益认为这个数据是不可思议的，因此，显然是一个虚数。另外，还要注意，即使是实数，还要考察这个实数的可靠性如何，因为在政治利益的驱使下，人口和土地数量的数据很可能都不实。

1　吴承明:《吴承明集》，中国社会科学出版社，2002，第397页。

2　汪中《述学・释三九篇》云：一奇、二偶，一、二不可以为数，二乘一则为三。故三者，数之成也。积而至十，则复归于一。十不可以为数，故九者，数之终也……因而生人之措辞，凡一、二之所不能尽者，则约之三，以见其多；三之所不能尽者，则约之九，以见其极多。此言之虚数也。

第二，要准确地弄清历史上的经济计量单位。中国历史上很注重度量衡的统一问题，但由于利益集团的利益和老百姓的习惯等问题，中国历史上的计量单位混乱的现实也是较为普遍的。这对于中国经济史研究显然不利。彭泽益对各地区农工商各业曾经使用的各种特定的计量单位进行了说明，比如盐引、盐票；茶引、蓖、圆、筒、件；篓；墨；块、合以及亩、晌、绳等。通过比较，他发现，虽然有时单位相同，但所包含的意义不同。比如，关外东北田土不计亩而以晌计，一晌有等于六亩的，也有等于十亩的，各地不一。彭泽益得出的结论就是计量单位很复杂，研究时一定要审慎。

第三，要精心考订名称相同的计量单位，并注意可比性。在历史资料的记载中，有很多相同的计量单位。遇到这种情况，千万不能按字面理解。这是因为同样名称的量词在不同时间和地区可能代表不同的数量。他举了亩的例子。明清以来，由于步尺参差，亩有大小之分。各地州县向上级汇报工作时，可能采用大亩，而在下面征收赋役时，则按照小亩来计算。另外，他还强调数据的可比性，即数据在计算范围和计算方法上的可比性。

第四，估计要有可靠的基本数据。科学的估计推算是统计工作的一个重要组成部分，统计并不排斥估计。但是，估计必须要有可靠的基本数据，不能拿“合理的假设作为出发点”，也不能用后期或当代经济生活中的某种比例关系来代替历史实际。

总之，彭泽益认为计量方法对于中国经济史研究有裨益，但是一定要注意它的复杂性。他说：“我们一定要实事求是，尽量避免把中国经济史的计量研究流于数据游戏，那不仅不会有多少科学价值，而且无补于揭示历史的实际。”[1]

二、杨联陞：计量研究中的数据问题

杨联陞认为中国史料中数据很多，这是个好事，然而，文献中数词和量词的一些用法也增加了处理数据的难度。经济史研究者一定要小心。有四点值得注意[2]。

第一，要留心查出印刷及书写上的错误。汉字的一、二、三等非常容易被弄混淆，因为它们仅仅相差一横。四的古体字写成四横，也增加了混淆程度。七和十也很容易被弄错。因为，在古文中，七和十的书写都是一横一竖，只不过十的那一竖来得长一些，因此，需要多加注意。另外，千和十也只有一撇之差，这也是容易犯错之所在。量词的印刷错误中，最重要的是“升”误为“斗”或“斗”误为“升”（升、斗是容量单位，一斗等于十升）。从敦煌发现的中世手稿中，可知这两个字的行书写法非常相似，读者极容易把它们搞混。抄写的错误可能是历史学家本身从文件中抄录数据时不够小心而犯下的。这种例子有。[3]实际上，

1　彭泽益:《中国经济史研究中的计量问题》,《历史研究》1985年第3期。

2　本部分内容主要参考杨联陞:《中国经济史上的数词与量词》，发表于中国台湾《食货月刊》1980年第9卷第12期，第495-500页。

3　举例来说,《通典》卷6页34下，列出780年（唐德宗建中元年）总岁收的约略数据如下：收到的现金有3000万贯，其中950万贯用为京师的支出，而其余2050万贯则用于帝国境内其他地区。收到的谷物有1600万石，其中200万石供给京师，1400万石供给帝国境内其他地区。《新唐书》卷52页1下，记录了同样数量的现金征收额，可是谷物征收额的数据却不同：京师食用了1600万石，而帝国境内其他地区食用了1400万石。这显然是一大错误，很可能是从《通典》中抄录数据时一时大意的结果。另外三种资料所记载的同年现金征收额为1089. 8万贯，而谷物的征收额为215. 7万石。虽然这些数据多少比《通典》所载京师消费的数量为大，可是它们的确可以支持《新唐书》错误的说法。

不仅是传统的史料文献中有此错误，就是在近代学者的权威著作中也有类似的谬误。

第二，要留心区分虚数和实数。杨联陞指出，象征性地而非科学地使用的数据是虚数，因此，不应从字面上的意思来了解。例如“千金”这个措辞，通常仅用来指一大笔财富，而不一定要指一千个单位的黄金或白银。相反的，某些看来像是虚数的数据实际上却是实数。以“半”为例。根据《后汉书·职官志》，东汉时代官员的薪水一半是以现金，另一半是以谷物支付的（半钱半谷）。书中记载了九个不同等级的官员应得的现金与谷物的数量。九个等级中就有四个是不折不扣的一半一半。可见，在这个文献里，“半”为实数。另一个例子是“太半”（或“大半”，字面上的意思是较大的一半）和“少半”（或“小半”，字面的意思是较小的一半）这种措辞的使用，在一般近代文献中都用来表示比一半大或比一半小。可是汉代或者汉代以前，它们是用来表示三分之二和三分之一。

第三，要注意史料中实数的可靠性程度有所不同。只有对其背景做过仔细的检查，才能确定它的可靠性有多少。人口数据与耕地的数据可能是其中最著名的例子。大多数情况都是土地数量以多报少，这主要是因为政府可能无法对那些豪强所拥有的土地加以登记。有少数的例子是地方官出于好意，而将数据少报——其目的是想要对一般百姓有所帮助。比如明代中叶时，通过土地调查，发现许多人拥有的土地比他们所登记的要多。地方官怕中央政府起意增加原本已经相当沉重的赋税，因此将标准亩折换成各种较大的亩，这样可以在报告中把他们的上司蒙骗过去。在人口数量上以少报多，这主要是因为地方官员乐于伪造数据来取悦好大喜功的皇帝。

第四，要注意度量衡的问题。同样的量词在不同的时、地，可能也代表不同的数量。官方的度量衡标准在整个中国史中逐渐增高可以说是尽人皆知的。有些时候甚至旧单位与新单位也同时使用。比如说，隋唐时代就有大尺与小尺、大斗与小斗、大两与小两之分。这三组各自的比率分别是一点二比一、三比一、三比一。在官方的标准之外，不同的地方性度量衡也曾在不同的地方，甚至相同的地方使用。近代对江苏省无锡县22个村落所做的一项调查发现，至少有173种大小不同的亩制为人使用，从一亩等于2.683公亩到8.957公亩不等（标准亩为六又三分之二公亩）。这或许是一个极端的例子，但在同一个地方同时使用好几种度量衡则为常见之事。中国政府始终想在名义上把度量衡标准化，但从来就没有得到太大的成功。很显然，既得利益者从这些不同的计量单位中获取了好处。这种歧异性的出现可能一部分是因为同一个大单位并不能等于同样数目的小单位。比如说，清朝时候，土地丈量用的标准"弓"（或"步"，等于五尺），根据1751年（乾隆十六年）皇帝所批准的一个奏折，当时使用着好几种不同的"弓"，从等于3.2尺到7.5尺不等。官方每亩240弓或步（平方步）的标准也难得被遵守。

总之，运用计量方法研究中国经济史要时刻注意数据问题。否则，无论计量模型多么完美，也说明不了实际现象。

第三节 中国学者对新经济史研究方法的运用

一、对计量学派方法的运用

吴承明精通计量方法，重视运用计量方法作实证分析，并始终贯彻于经济史研究之中。他对近代中国工、农、交、商等各部门的收入、各类资本在不同时期的增长、国内市场的变化等进行了一系列的计量分析，这些分析使人们对近代中国经济史上主要数量关系有了较为清晰而深入的了解。他在广泛考证了各种资料后指出，粮食、茶叶、蚕茧、棉花等主要农产品的商品值按不变价格计，1840—1894年间年均增长率不足13%，但比起鸦片战争前已大大加速，1895—1920年间年均增长率为16%，1920—1936年间约为18%，他又用海关的土产埠际贸易统计和历年厘金收入、常关税等还原法估算1870、1890、1908、1920、1936年五个基期市场商品总值（包括进口货）分别约为104、117、230、661、1202亿两（规元），五个基期之间的年均增长率分别为120%、114%、628%、289%。[1]这些数据使人们对中国国内市场不断扩大的状况有了大致清楚的了解。总之，从20世纪40年代以来，他先后发表了多篇关于帝国主义在华投资、中国近代资本集成、工农业和交通运输业产值、市场商品量等估计的专题论文，对中国近代经济的发展水平作了比较全面的评价，受到了学术界的重视。

李伯重在经济史研究中，既强调理论的应用，也注重利用史料中的数据进行实证和量化研究。他于1978年开始致力于唐代江南农业的

---

1 吴承明：《中国资本主义与国内市场》，中国社会科学出版社，1985；吴承明：《近代国内市场商品量的估计》，《中国经济史研究》1994年第4期。

研究，并有专著问世[1]。从1982年起，他专注于明清时期江南经济的整体性考察，并逐渐将着眼点放在农业研究上，共发表论文和研究报告近20篇，并于1998年发表“Agricultural Development in Jiangnan，1620-1850”，The Macmillan Press，Ltd.（England）& St. Martin’s Press，Inc.（USA），1998。他对江南地区的农业生产率计算提出了自己的看法，认为计算中国传统农业的劳动生产率不能运用现代工业中的劳动生产率的概念，在现代工业中，劳动生产率是按劳动日或小时计算，中国的传统农业则应该按年计算；现代工业中的劳动生产率是以人为单位，而中国传统农业的计算应以家庭为单位；现代工业中劳动生产率所计算的是某一单一工种，而计算传统农业则须综合考虑大田和工副业多种劳动。根据这个看法，他运用史料中的数据对江南传统农业的大田劳动生产率进行了计算。除此之外，他还运用丰富的史料对江南早期的工业发展、人口统计学上的变化等进行了量化研究。[2]

萧国亮于1980年根据秦代的农业劳动生产率的数据，对秦朝覆灭的原因给予了别样的解读[3]，于1983年借助于史料中的数据资料，对沙船业的年利润率和沙船主的剩余价值进行了量化研究[4]。除此之外，还运用现代经济学理论和计量方法对松江府土布的产量和商品量进行了估计[5]。他根据“棉花的年产量必然制约着土布的年产量，而土布的年产量

1　李伯重：《唐代江南农业的发展》，农业出版社，1990。

2　李伯重：《江南的早期工业化：1550-1850年》，社会科学文献出版社，2000。

3　萧国亮：《秦二世而亡的经济原因》，收录于萧国亮：《中国社会经济史研究：独特的“食货”之路》，北京大学出版社，2005，第190-199页。

4　萧国亮：《清代上海沙船业资本主义萌芽的历史考察》，收录于萧国亮：《中国社会经济史研究：独特的“食货”之路》，北京大学出版社，2005，第321-352页。

5　萧国亮：《关于清前期松江府土布产量和商品量问题》，收录于萧国亮：《中国社会经济史研究：独特的“食货”之路》，北京大学出版社，2005，第401-406页。

又必然制约着土布的商品量”之原理，从棉花产量入手，测算土布的生产量和商品量。并且还运用经济学原理对此进行了比较检验，发现结果可靠。萧国亮不仅在研究中应用计量方法，而且阐述了对计量方法的看法。他认为，定量研究方法是极其有用的，在进行数量描述、计量相互关系、研究社会结构及其变迁上都很有用。在进行数量描述时，他强调三点：（1）要注意区别实数和虚数；（2）要准确地弄清历史上的计量单位；（3）估计要有可靠的基本数据。[1]

刘佛丁和王玉茹运用新方法，对中国近代的经济增长和周期性波动、国民经济结构的变动、收入分配、消费和积累等进行了定量研究，意在阐明近代中国百余年间生产力的变化。该著作根据经济学理论得出了一些新结论：第一，依据大量经济变动的数据资料，首次判定中国近代经济发展过程中存在着大约周期为25年左右的中长期波动。第二，重新估算了中国近代经济发展中一些代表性年份（主要为中长期波动的转折点）的国内生产总值和人均国民收入，从而计算出各时期的经济增长率。第三，对中国近代化过程中产业结构、各种所有制的比例关系、市场组织和交易成本、国民收入分配、消费结构、储蓄和投资的变动趋势进行了宏观的统计分析。[2]在研究的同时，刘佛丁还强调“呼唤新的理论和方法固然需要，但不能止于介绍和引进，更应着力于应用，以求有所发现”[3]。王玉茹也认为，理论是科学研究的灵魂方法，是科学研究

1　萧国亮：《中国社会经济史研究：独特的“食货”之路》，北京大学出版社，2005，第64-68页。

2　刘佛丁、王玉茹、于建玮：《近代中国的经济发展》，山东大学出版社，1996。

3　刘佛丁：《经济史学创新的关键在于新理论和方法的引用》，《中国经济史研究》，1996年第1期。

得以实现的手段。[1]

陈争平认为，“计量方法是史学现代化的有力工具。它可以应用现代数学方法和电脑技术来揭示历史发展过程中的数量关系。它要求定性分析要与定量分析相结合，它可以检验已有的定性分析以尽量避免随意性定性判断，它还可以揭示多种变量相互之间的内在关系，揭示经济事物发展变化趋势，可以使人们对许多历史问题的认识不断深化，特别是对于经济史领域深入进行历史连续性研究有重要作用。”[2]他还通过对1895—1936年中国国际收支的研究，认为外国资本对旧中国国际收支状况影响极大。[3]

陈春声通过研究发现，乾隆年间广州府米价的季节性变动要小于20世纪30年代广州市米价的变动，但根据多种因素分析，不能得出18世纪广州米市场的供给要比20世纪更为有效。[4]赵凌云运用道格拉斯生产函数对资本、劳动、技术三要素对经济增长的贡献进行了分析，主要针对中国现代经济史。[5]

除了大陆，台湾地区也有一些学者采用经济学理论和计量方法来研究经济史。如全汉昇和王业键[6]对粮价和市场之间关系的研究。全汉昇

1　王玉茹:《经济史理论与方法创新的思考》,《南开经济研究》2001年第3期。

2　陈争平:《在多样化发展中注重历史连续性——新世纪经济史学刍议》,《中国经济史研究》2000年第3期。

3　陈争平:《中国国际收支研究》，中国社会科学出版社，1996。

4　陈春声:《市场机制与社会变迁——18世纪广东米价分析》，中山大学出版社，1992。

5　赵凌云:《1957-1985年中国经济增长格局的历史剖析》,《中国经济史研究》1992年第3期；赵凌云、向新:《1979-2001年中国经济增长格局的历史剖析》,《中国经济史研究》2005年第1期。

6　王业键曾随费正清（John King Fairbank）、杨联陞等名家学习，同时跟从近代中国农业史专家柏金斯（Dwight H. Perkins）撰写博士论文。王业键在台大经济研究所期间，受中国经济史专家全汉昇教授指导。王业键是研究清代粮价的杰出学者。

是最早研究清代粮价的学者，其论点一直指导着后人的研究。全汉昇和克劳斯（A. Kraus）考察了1713—1719年苏州米价的季节变化，发现其变动幅度竟比1913—1919年上海米价的季节变动还小。粮价平稳的原因主要在于米粮的长距离贩运。[1]王业键在1984年从若干城市（代表几个大区）粮价的长期趋势研究中，看出全国性的同步化，从而对流行的封建割据论和施坚雅（G. W. Skinner）的大区孤立性（autarkic）理论提出挑战。[2]随后，王业键以1738—1789年苏州、杭州、广州、汉阳、淮安（代表华北）米价的变动为依据，发现存在相当大程度的同步性或连动性。任何两地的相关系数均为正数，多数在0.6或以上；尤其苏州与各地的相关最为显著，反映了它在米市场上的中心地位[3]。接着，王业键又选择了15个城市（代表15个省）1738—1740年的米价进行研究。他发现由于运输改进、市场扩大和人口密度变迁，地区间米的价格差缩小了。他的结论是：在17世纪大部分时间里，中国市场的整合程度要高于欧洲，但是，到18世纪中叶，欧洲经济的一体化已超过中国了。[4]

目前中国的经济史学界也有一些年轻学者致力于计量研究[5]。这对于

---

1 Han-sheng Chuan and Richard A. Kraus, *Mid-Ch'ing Rice Markets and Trade: An Essay in Price History* (Cambridge, Mass. : Harvard University Press, 1975).

2 Yeh-chien Wang, "Spatial and Temporal Patterns of Grain Prices in China 1740-1910", *Paper presented at the conference on Chinese economic history*, Bellagio, Italy, 1984.

3 Yeh-chien Wang, "Food Supply and Grain Prices in the Yangtze Delta in the Eighteen Century" ,《第二届中国近代经济史讨论会论文集》, "中央研究院" 经济研究所，1989。

4 Yeh-chien Wang, "Secular Trends of Rice Prices in the Yangtze Delta, 1638-1935", in T. G. Rawski and L. M. Li (eds.), *Chinese History in Economic Perspective* (Berkeley: University of California Press, 1992).

5 其中比较有代表的一部著作是彭凯翔:《清代以来的粮价：历史学的解释与再解释》，世纪出版集团上海人民出版社，2006。该书对近代中国地方米价的数据进行了系统整理，并对所建立的米价指数进行了计量分析。

丰富中国经济史的研究方法，对于检验一些传统结论，对于历史研究的精确化，都大有裨益。目前，致力于方法学习者众，而钻到故纸堆里挖掘和整理数据者少。一则可能是受古文功底所限；一则可能在于数据挖掘的工作太过辛苦。这或许也是计量学派在中国影响力有限的原因。

然而，这并不是说计量学派在中国经济史研究中没有前途。中国有2000多年未曾中断，而且有丰富多样的历史记录。正统的《二十五史》中都有专业记载赋税、田亩、人口以及其他经济情况的《食货志》，这些《食货志》中包括大量数据资料。在众多的地方志中，数据资料也很丰富。这些为计量研究创造了一个很好的基础。只要运用合理的理论框架，采用科学的计量分析方法，在中国经济史研究中，计量方法还是大有可为。

二、对新制度学派方法的运用

新制度学派是伴随着新制度经济学理论进入中国的。1987年，威廉姆森应邀到中国社会科学院工业经济研究所讲学，系统地阐述了他的"交易成本经济学"，引起了很大反响。1987年诺思的《西方世界的兴起》在中国翻译出版，诺思的名字开始被学术界知晓。1988年，科斯的"企业的性质"被翻译成中文，发表在《中国：发展与改革》杂志上。1990年，科斯的《企业、市场与法律》中译本由上海三联书店出版。1991年诺思的《经济史中的结构与变迁》中译本由两家出版社出版，并引起了学术界高度重视。1993年他的《制度、制度变迁与经济绩效》中译本又由上海三联书店出版。这一年，诺思也获得了诺贝尔经济学奖，因此，他的名字在中国学界变得"家喻户晓"。新制度学派的研究方法也引起了经济史学界的重视。

伴随着新制度经济学和新制度学派的影响，中国学界出现了一批介绍性的文章和著作，比如张军的《现代产权经济学》。随着时间的推移，中国学者越来越多地把精力从介绍转向评论和批评，再到应用制度变迁理论对中国的经济发展历史进行分析。在这些学者的著述中，也包含了越来越多的独创性。比如，林毅夫的“诱致性制度变迁和强制性制度变迁”[1]，汪新波的“对企业性质的重新思考”等。同时，中国学界还出现了以制度变迁理论为分析工具的专著，比如盛洪的《分工与交易》和张宇燕的《经济发展与制度变革》。到了90年代，新制度经济学几乎成为研究的时尚。1992年，《经济研究》召开了以制度经济学为主题的研讨会；1990—1994年，上海三联书店举办的年度经济学研讨会也主要以制度经济学为主题。1995年成立的北京大学中国经济研究中心，也称以研究过渡经济学为己任。他们中的许多学者，比如周其仁、姚洋等都对中国农地的制度变迁进行了深刻的研究。

林毅夫认为，中国既是一个发展中国家，也是一个从计划经济体制向市场经济体制过渡的转型国家。因此，分析中国问题时应把技术和制度当作经济体系的内生变量来研究。《制度、技术与中国农业发展》实际上是林毅夫的一个论文集，包含10篇文章。其中《集体化与中国1959—1961年的农业危机》运用博弈论解释了劳动积极性下降，农业生产率滑坡的原因主要是农民失去了退社自由；《李约瑟之谜：工业革命为什么没有发源于中国》从经验、科学和技术发明之间的关系入手，指出中国在古代之所以科学技术发达，在于那时候的发明主要源自工匠和

1　林毅夫：《关于制度变迁的经济学理论：诱致性变迁与强制性变迁》，出自《财产权利与制度变迁：产权学派与新制度学派译文集》，上海三联书店、上海人民出版社，2002。

农夫的经验，而在现代社会，发明主要依赖于科学知识，然而，由于采用科举制度使得中国科学革命不能发生，欧洲恰恰相反，因此，近代以来，欧洲的经济发展走到了前边。[1]《中国的奇迹：发展战略与经济改革》（林毅夫、蔡昉、李周）讨论的是有关经济发展、国家兴衰的重大论题。该书再现了1994年之前近半个世纪，特别是改革开放后十多年来中国的历史和现实。林毅夫认为优先发展重工业的"赶超战略"是传统经济体制形成的逻辑起点，而扭曲的宏观政策环境、资源的计划配置制度和毫无自主权的微观经营机制三位一体的传统体制，是由于选择和实行这一战略的要求而内生地决定的。[2]《再论制度、技术与中国农业发展》一书是一部以规范的经济学方法来研究中国农村、农业和经济发展中的制度与技术问题的专著。林毅夫认为，农村改革成功的关键是农民能自主经营，赋予农民使用经营权能激励他们创业。[3]

杜询诚在十年史料收集的基础上，运用制度变迁理论解读了中外近代的金融制度变迁史。他声明自己所用的方法就是最新的经济学理论。杜询诚认为，"过分追求资料细微末节的齐全，过分追求琐碎的资料考订，则无疑会遮掩理论演绎的光辉，甚至丢掉理论思维的灵魂。"[4]在这种研究思路下，他解读了中国金融制度的诱致性变迁、西方国家金融制度的诱致性变迁、意识形态对诱致性制度变迁的影响、中国近代金融制度的强制性变迁、西方国家金融制度的强制性变迁、意识形态对强制性制度变迁的作用，然后又分析了金融制度变迁的需求与供给、以诱致性

1 林毅夫：《制度、技术与中国农业发展》，上海三联书店、上海人民出版社，1994。

2 林毅夫、蔡昉、李周：《中国的奇迹：发展战略与经济改革》，上海三联书店、上海人民出版社，1994。

3 林毅夫：《再论制度、技术与中国农业发展》，北京大学出版社，2000。

4 杜询诚：《金融制度变迁史的中外比较》，上海社会科学院出版社，2004，第30页。

变迁为基础的强制性变迁和不以诱致性变迁为基础的强制性变迁等。对比分析后，他引入“政治性周期”概念来解释中外金融制度变迁路径的差异。他的结论是中国金融制度变迁的路径是政治性周期、世界市场经济周期和本国经济因素三者交互作用的结果。[1]

周其仁运用制度变迁理论对中国农村改革进行了研究。他解读了中国农地的所有权变迁过程。20世纪80年代的中国农村改革，一方面是国家集中控制农村社会经济活动的弱化，另一方面是农村社区和农民私有所有权的成长和发展。新产权制度的形成不是国家主动赋予的，而是农户、各类新兴产权代理人以及农村社区精英广泛参与的结果，是国家和这些博弈群体讨价还价并达成互利交易的结果。[2]

盛洪致力于制度的结构、起源与变迁的研究。他的专著《分工与交易》是新制度经济学的研究方法在中国的成功尝试之一。在一般理论框架的基础上，探讨了中国工业分工和专业化的发展及问题，指出在传统计划经济体制下和经济改革过程中，中国经济制度决定的商品和要素交易的单位费用过高，导致经济主体宁愿选择非专业化的生产方式。[3]另外，他还主编了新制度经济学经典论文集《现代制度经济学》[4]。

此外，还有张宇燕对经济发展和制度改革的讨论[5]、樊纲对中国渐进

1　杜询诚：《金融制度变迁史的中外比较》，上海社会科学院出版社，2004。

2　周其仁：《中国农村改革：国家和所有权关系的变化——一个经济制度变迁史的回顾》，载张曙光主编《中国经济学：1994》，上海人民出版社，1995；《产权与制度变迁：中国改革的经验研究》，社会科学文献出版社，2002。

3　盛洪：《分工与交易》，上海人民出版社，2006。

4　盛洪主编《现代制度经济学》（上、下册），北京大学出版社，2004。

5　张宇燕：《经济发展与制度选择》，中国人民大学出版社，1992。

改革的分析[1]、姚洋对中国农地制度的研究[2]。

总之，中国学者对新制度学派理论和方法的运用较多。运用制度变迁理论研究中国经济史的前景也是令人乐观的。

第四节　关于中国经济史的研究方法

如今，新经济史研究方法又成为中国经济史研究方法论中的一部分。中国的经济史学者对中国的经济史研究有着比较成熟的看法。兹举二例。

一、吴承明：史无定法

吴承明对于运用各种经济学理论研究中国经济史有着多方面的贡献。对于研究方法，他亦有过最为高明的总结，即“史无定法”。该观点是在他对各种理论和方法论的深刻思考基础之上提出的。他坚持认为，历史方法是经济史研究的基本方法，然而也有不足：第一，史学是叙述式的，缺乏分析；又常是事件和史例的罗列，或用单线因果关系将它们联系起来，而缺乏整体性和结构性的研究；第二，强调历史事件、人物和国家的特殊性和个性，而不去研究一般模式和存在于过去的普遍规律，因而其解释是个别的和相对主义的；第三，在考察史料时采用归纳法和实证论，这种经验主义的方法不能在逻辑上肯定认识的真实

1　樊纲：《渐进改革的政治经济学分析》，上海远东出版社，1996。

2　姚洋：《农业制度与农业绩效的实证研究》，《中国农村观察》1998年第6期。

性；在解释史料和做判读时，由于缺乏公理原则和强调个性，就仅凭史学家的主观推理和直觉，而这是背离科学的；第四，或是根据伦理、道德取向来评议是非、臧否人物；或者是一切受时间、地点和历史环境决定，没有绝对的善恶；第五，脱离自然科学和社会科学来研究历史，认为历史学的唯一目的是真实地再现和理解过去。弥补这些不足，需要吸取其他方法，包括经济学方法。这在前文已有论述。值得强调的是吴承明方法论见解的高屋建瓴。他指出："我国早有'史无定法'之说，我赞成此说。这当然不是说可任意判断，而是说治史可因对象、条件之不同，采用不同方法。……就方法论而言，有新老、学派之分，但很难说有高下、优劣之别；新方法有新的功能，以至开辟新的研究领域；但就历史研究来说，我不认为有什么方法是太老了，必须放弃。我以为，在方法论上不应抱有倾向性，而是根据所论问题的需要和资料等条件的可能，做出选择，同一问题可用不同方法论证者，不妨并用；若结论相同，益增信心；若不同，可存疑。……所有的方法都有其局限性，这也说明，没有一种万能的方法，而应'史无定法'吸取各家之长。"[1]在"史无定法"的思想指导下，中国经济史研究才善于吸收不同学科、不同学派的优点，才能不为某种理论、某种学派所局限，从而走出中国特色的经济史研究道路。

二、李伯重：史料考证为基、采用多种方法

李伯重认为，历史学和经济学的方法是经济史研究的两大基本方

1　吴承明：《中国经济史研究的方法论问题》，《中国经济史研究》1992年第1期。

法。由于经济史是历史研究中的一部分，因此，历史学的方法是经济史研究最基本的方法。经济史要把过去的经济实践清楚地描绘出来并展示给世人。在这方面，没有其他方法可以替代传统的史学方法。经济史的研究内容主要是经济制度和经济事件。在这种研究中，定性方法是主要的，这也是史学方法之所长。另外，史料学和考据学方法对于经济史研究也是非常重要的。这已经被诸多经济史学家所强调。比如，李根蟠认为，“经济史研究需要经济学理论的指导，应该鼓励把经济学理论，包括西方经济学理论应用到经济史研究的各种尝试，努力使经济学和经济史结合起来；但不能把经济史变成经济学理论的推导和经济学模式的演绎。经济史学科应该建立在实证研究的基础上，应该立足于史学。”[1]然而，历史学方法也有其先天不足。若要克服这些缺点，就要从其他学科的研究方法中汲取营养。从这个角度看，经济学方法是最重要的。经济学方法之所以重要，乃是因为经济学为经济史研究提供了主要的理论框架。从经济学的一般原理出发，可以对经济史上的一些问题做出更为合理的判断。当然，经济学并不是万能之方法，它也有适用范围，也有局限性。这时，就需要从其他学科借鉴方法，这些学科包括政治学、社会学、社会心理学、人口学、社会地理学、经济地理学等。当然，也可以从自然科学中获得新元素。[2]

李伯重在《中国经济史应当怎么研究》一文中，通过介绍李丹（Daniel Little）的观点，进一步阐述了对经济史研究的看法。李伯重认

1 李根蟠：《中国经济史学百年历程与走向》，《经济学动态》2001年第5期。

2 李伯重：《理论、方法、发展趋势：中国经济史研究新探》，清华大学出版社，2002，第142-156页；《历史上的经济革命与经济史的研究方法——从〈“选精”、“集粹”与“宋代江南农业革命”〉引起的反响谈起》，刊于《中国社会科学》2001年第4期。

为，李丹对经济史作了很有意义的解释。李丹认为经济史，乃是“以证据为基础，经济史学家对一个确定的时空范围内的经济的主要特征进行描述。这些特征包括：该经济所生产的工农业产品的种类、数量与质量，用以进行生产与分配的技术与制度，人口的规模及人口所享有的物质福利，等等”[1]。经济史研究包括以下三个主要部分：首先，充分搜集、确认各种与经济现象有关的资料（如价格、工资、消费水平等），以此作为基础，来重现过去的经济事实和经济行为。其次，辨认那些明显的经济方式（不论这些方式是否发生了变化）。再次，对这些方式进行解释。李伯重认为，“由于经济史研究包括上述三个主要部分，而每个部分的研究方法都有所不同，因此我们不能简单地把适用于其中某个部分的方法夸大为整个经济史研究的主要方法，而应当根据不同的研究，什么方法合适，就使用什么方法。在这里，我们特别要警惕那种在经济史研究中盲目迷信经济学方法的倾向。”[2]在经济史研究中，应当尽可能全面地看问题，把各种因素考虑进去，从而看到彼此之间的关联。由于研究不同因素往往需要不同的方法，我们要避免研究方法的单一化。中国的经济史学家只有敞开胸怀，努力改进研究方法，才能把过去经济实践的认识尽可能地接近真实。[3]

1 李伯重：《中国经济史应当怎么研究》，《中国经济史研究》2006年第2期。

2 同上。

3 李伯重：《历史上的经济革命与经济史的研究方法》，《中国社会科学》2001年第6期。

第五节　对中国经济史学界影响不大的原因

美国新经济史革命对中国经济史研究产生了影响，但总体来说，就像对欧洲的影响一样，这场革命对中国的经济史研究影响不是很大。尽管有些中国经济史学者吸收、借鉴了这一方法，但传统经济史的研究方法依然占据主导地位。之所以会如此，原因主要有三点：

第一，中国的经济史研究者大多是学历史出身，虽有一些学者对经济学理论和计量方法比较精通，但不是主体。由于接受的是历史学训练，因此，在研究中习惯于使用历史方法，而不大注重其他社学科学的理论和方法的运用。当然，也有一些学者，他们接受过经济学理论的训练，还有一些学者虽然经济学功底略差一些，但经过学习，他们也对经济学理论和方法有很深的造诣。在经济史研究中，也会运用计量方法和经济学理论。然而，从总体上说，这些都不是主流，中国的经济史研究的主流方法还是以历史方法为主，那种运用新经济史研究方法进行研究的成果不多。

第二，中国经济史研究的数据史料虽然丰富，但可用于建立计量模型的数据序列不是很多。如果运用新经济史研究方法，就需要做大量的数据整理工作。这是一项苦差事。首先，需要将数据从浩如烟海的史料中提取出来，这是一件非常耗时耗力的工作，如果没有一定的经费支持，没有抱有极大兴趣的学者，恐怕很少有人乐于做此项工作。其次，将数据从史料中挖掘出来还不够，还需要对数据进行比对和甄别，从而去除伪数据和多余的数据。这更是一件难上加难的工作，不仅需要研究机构在财力上给予支持，还需要学者有相当高的学术素养，否则此项工作难以继续。应该说，没有一定的历史学知识，没有相当大的研究兴趣，甄别数据的工作很难完成。可喜的是，目前有些学者和学术机构都在开展数据挖掘和整理方面的研究，并且小有成就。比如，清华大学的李伯重就在整理江南的GDP数据以及反映其结构的各种数据，并且试图将之与同时期荷兰的数据加以比较。

第三，从事经济史研究的学者队伍规模小。改革开放以来，中国的经济史研究队伍一直都不是很景气。在众多经济史学家的努力下，虽然学术成果很多，但也遏制不住经济史研究“江河日下”之状态。在经济学的各学科发展中，经济史研究始终不是热门。当然，这与中国的经济发展水平相关。中国还是一个发展中国家。国家需要大量的应用型人才，需要把这种人才充实到银行、保险、金融、制造业企业、国家机关等各种岗位上去。而经济史研究的人才除了教学和科研，难以将自己投放到市场以迎合市场的需求。因此，相对于其他的经济学科分支来说，经济史研究的人才队伍相对萎缩。在这样一种局面下，自然也就不会有学者专门从事新经济史方面的研究了。

这三点原因决定了中国经济史研究很难受到新经济史革命的强烈影响。有理由相信，随着经济史研究的深入和研究队伍的发展壮大，运用新经济史研究方法进行研究的学者会比过去多。

余论：方法、理论和中国经济史研究

第一节　方法、理论与史观

一、假设、计量与经济史研究

在新经济史学家的著作中，无论是福格尔的，还是诺思的，方法上的共同特点是运用假设-演绎模式。这种方法受到很多学者的质疑。因为，在这些学者看来，历史是不能假设的，研究假设的历史没有意义。历史研究的目的在于求真务实，因此，必须从史料出发，不能把研究建立在没有出现的虚构的史实上。那么，对于经济史学科来说，假设到底有没有用武之地呢？

要回答这个问题，必须对经济史本身进行讨论。经济史研究包括两个主要层次：一是描述性的经济史，即要把事情说清楚；二是解释性的经济史，即要把事情之间的关系说明白。对描述性的经济史来说，那是确实不能胡乱假设的。正如吴承明所讲，假设中国没有秦始皇，中国的经济史将改写，但这样的假设对研究是无意义的，因为，秦始皇已经出现了。经济史研究的目的是要把过去发生的事情说清楚，然后告诉给世人。[1]如果掺杂着大量臆想，那就不是好的研究，也可能会误导大众。从这个意义上说，经济史研究确实不能假设，假设没有意义。只能借助一些历史方法来分析史料，然后形成一个连贯的经济史。对于这个层面的经济史研究，历史方法是非常重要的。兹举两例。第一，史料中有真伪和讹传。由于政治等各种原因，在史料记载中，存在着刻意的捏造虚构和无意的失察误漏。第二，史料中有异同和错乱。同一个历史事实，却有着不同的记载，而且有的记载还出现了明显的矛盾。这些都需要考辨。因此，历史方法对于描述性的经济史来说是非常重要的。在这个层面，不能假设，应该老老实实地从史料出发，应该以历史方法为主。

在解释性的经济史层面，不妨运用假设。第一，人类社会经济发展的历史本身很复杂。认识复杂的事物，需要运用一定的模式加以简化。可以说，假设是进行解释性研究的不可或缺的前提。人们用以解释经济史的理论框架的确立，必然要经历过假设的阶段。马克思的理论框架也是从假设出发的。正如列宁所说："马克思在40年代提出这个假设后"，花了不下二十五年的工夫加以研究，直至"《资本论》问世以来，唯物主义历史观已经不是假设而是科学地证明了的原理。"[2]诺思对西方世界兴起的解释也是建立在他的制度变迁假说之上。第二，假设可以丰富人们对经济史的认识。在解释性的经济史研究中，每一位经济史学家都是从自己的立场观点出发的，他们的著作实际上都暗含着假设。比如，有的经济史学家认为，政治在经济发展历史中起到相当大的作用。因此，他们对经济史的解释就包含政治因素。由于人类社会的运动规律非常复杂，经济发展历史的动力也不是单一的。因此，每一种解释性的经济史

1 这是笔者拜访吴承明先生时，他对我的讲述，觉得很受触动，所以加以运用。

2 《列宁选集》第1卷，人民出版社，1984，第110、112页。

实际上都是一种假说而已。但这些假说是有意义的。我们也正是在各种各样的解释中深化了对历史的认识。如果没有这样或那样的假说，经济史研究将活力不足。因此，对既定的历史事实提出新的假说没有什么不好，它将会有助于经济史研究的深化。从这个意义上讲，经济史研究可以尝试假设。

另外，尽管有很多经济史学家对福格尔创立的“反事实度量法”有微词，但这种方法也不是完全没有意义的。的确，对于经济发展的过去，人们无能为力，因为时间是单向度的，它永远向前，历史不能重来。但是，前进的方向是否有别的可能路径呢？这一点值得深入思考。即便我们承认历史发展存在规律或者趋势，总体的历史趋势也不等于在一定时间之内必然出现某些事件。在一定程度上，历史必然性相当宽泛，历史趋势有很大的变化空间，因此事件不是绝对的，唯一的。如果历史事件是环环相扣的，那么人类面前就像铺了一条火车道一样，人类自身什么努力也不用做了。这岂不陷入了“历史决定论”。历史到底有没有规律，实际上是未知的。经济发展的历史道路由人的实践所创造，而人有主体性、选择性，所以道路的多样性是必然的。历史存在着大量不确定性和随机性。如果认识到这一点，那么历史研究就可以假设。通过假设，可以对别的可能的潜在结果进行估量，可以把得到的实际结果与或许可能得到的结果加以比较。这并非没有意义。当然，假设不能是无边无际、毫无根据，应该具有现实可能性。如果假设关公战秦琼，那是没有意义的。引入假设的方法，有利于彰显出现在历史进程中的某些“失误”“缺憾”和“教训”，促进人们对历史和现实进行反思。只有能够对历史反思，才能真正实现“以史为鉴”。事实上马克思主义经典作家也不排除对以往的历史做出不同假设。恩格斯本人就曾针对19世纪美国工人运动提出与实际历程不同的假设[1]。新经济史学家在这方面做出了榜样，在解释性的经济史研究中，不妨借鉴之。

另外，在目前的中国经济史研究中，应该尝试计量方法。同时，计量结果可以和经济史叙述结合起来。

第一，对于经济史研究来说，计量方法有它的局限性，也有它的长处。计量方法作为方法之一，可以应用到经济史研究中，只不过要多加小心。计量方法可以成为众多方法中的一种。计量方法的长处在于可以深入挖掘数据背后隐藏的信息，可以加深对历史中的各种因素之间关系的理解。挖掘海量数据背后的含义，有些是不能借助于人脑和人手完成的，而必须借助于计量方法，借助于计算机等先进的计算工具。数据挖掘对于经济史研究来说也是有意义的，因为经济发展历史进程中的部分特点就体现在数据中。

第二，计量结果可以融入历史写作中，即分析和叙述可以实现一定程度的兼容。20世纪60年代，休斯（H. S. Hughes）在其著作《作为艺术与科学的历史》中指出，历史研究必须采用社会科学的分析方法，然而这并不是说社会科学可以取代历史。对历史分析方法的强调，也并不意味着对传统叙述历史之价值的否认。相反的，企图对人类的生活经验，作出完全和真实具体的描述，正是历史不同于其他社会科学之处，而描述永远是历史的特质之一。因此，史学家的任务是将传统史学说故事的功能与新史学分析的方法，密切地结合起来，使“如何”与“为何”并行不悖，而不是在叙述与分析之间，画下鲜明的鸿沟。[2]实际上，

1 《马克思恩格斯全集》第36卷，人民出版社，1975，第567页。

2 H. Stuart Hughes, *History as Art and as Science: Twin Vistas on the Past* (Chicago: University of Chicago Press, 1975).

计量分析的结果可以和叙述相得益彰，即计量研究的结果可以为历史方法服务。安格斯·麦迪森1995年出版的《世界经济二百年回顾》是对世界各国经济两个世纪以来的发展状况所进行的有史以来的最大空间和时间跨度的全面的定量比较。这本书很好地利用了计量结果，并且能够基于数据把历史事件之间的联系说清楚，实现了计量方法和历史方法的一种结合。

总之，假设和计量在中国经济史研究中并非没有用武之地。只要认清合理使用的条件，就能发挥它们的作用，促进中国经济史研究深入。

二、解释历史的理论：尚需创新

理论和历史的关系永远是一个争论不完的话题。有学者称：理论先于历史，没有理论不能有历史。也有另外一些学者称：历史优先于理论。如果不把历史置于一种优先的地位，则很可能用理论曲解了历史。这实际上是一个永远也说不清的问题。但无论何者优先，都必须承认，历史和理论是紧密地联系在一起的。对于经济史研究来说，尤其如此。经济学的现象日益复杂，没有现代经济学理论做支撑，想要深入了解现象背后的机制，不啻于一种妄想。然而，如果单纯地认为历史仅仅是理论在现实生活中的展开，则也是大错而特错的。经济史研究所需的理论在社会科学日益发展的今天已经多种多样。研究者的思路也日益打开，不再拘泥于某一种学科或者某一个学术团体的习惯性方法，而是吸收各方面的养料。这是一个好现象，也给了经济史学科继续发展的养分。但也不得不承认，直到今天，尽管已有诺思的制度变迁理论的创建，有马克思理论的宏大建构，有熊彼特对周期、突变、创新等的思考，有波兰尼对资本主义未来的睿智，但解释历史的理论仍然是不充分的。

熊彼特的理论在他活着的时候，并没有引起人们太多的共鸣。相反，人们把热情给了与其同一年出生的凯恩斯。或许是熊彼特的思想太令人费解，而不像凯恩斯那样，从简单的三个合乎常理的“规律”入手，分析了宏观经济的运行规律，并指出了国家在经济发展中的作用。相比之下，熊彼特对历史的感情要甚于凯恩斯。熊彼特倾其一生想把历史和经济学理论融合在一起，把均衡、边际、突变、创新整合在一个框架中。他提出了“创造性毁灭”的洞见。这对于理解历史很有帮助，但理论轮廓不清晰，更类似于一种思想。诺思用人口作为制度变迁的主要参数。诺思以新古典经济学理论为基石，通过引入交易成本，将组织、制度等纳入新古典的分析中。诺思的理论具有“动感”，相比那些静态的经济学理论，诺思的理论更适合于历史。因为，历史就是不断发展变化的。尽管如此，诺思理论中的瑕疵也不容忽视。其中，最大的瑕疵就是对新古典理论“硬核”的秉承，他仅仅是修正了“保护带”。新古典经济学理论的解释力增强了，但并不代表其正确了。现实经济中，有太多的例子证明新古典核心假定的谬误。比如说企业以最大化利益的方式进行定价和生产。然而，事实却是，企业根据行业竞争者的行动而行动。它模仿竞争者的举动，包括生产方式和定价策略。在变动的市场（产品市场和要素市场）上，企业家并不能充分计算最大化利益。企业能够生存在市场上，也并不见得是生产经营管理和技术水平最好的那一个。或许，它可能仅仅因为适应了当时的环境才得以幸存。变化是时时发生的，如果说存在均衡的话，那么这个均衡也是不长久的。变化是历史的真谛，而不是静态的均衡。

鉴于此，在物理学、数学中获得了太多灵感的经济学理论，也许应该冷静思考一下自己的未来。而且，若要解释经济史，把人类社会还原成无数个同质的原子是不够的。用机械的物理学或者用统计的物理学思维也是不够的。或许，可以从生物学、人类学方面找到更多的隐喻。诺思本人也正在发生着这样的转变，他试图从心理学等学科中汲取更多的养分。文化等本不应忽视的因素也进入了诺思的视野。但不管怎样，目前的理论还不足以让历史学家信服。

历史是复杂的，开放的，是人与环境、人与人博弈的结果。历史从来不会重演，但也会惊人的相似。诺思放大了“人”在经济发展中的作用，这是非常可取的。而且，诺思也纠正了自己对经济发展道路的各态历经性的认识。在21世纪，他讨论更多的是非各态历经性和不确定性。

三、历史观：不可忽视的哲学

历史观是指人们对历史的看法。有什么样的历史观，就会有什么样的历史。因为，历史本身是过去事情的发生和演变过程。历史的鲜活程度和可信程度，一方面取决于历史资料的完整性，另一方面决定于写作者的历史观。因此，历史观问题非常重要。古往今来，对历史的本体论思考从未间断。中外大体上有三种历史观：历史循环论、历史退化论和历史进化论。

历史循环论者主张人类社会的发展变化是一种简单的重复循环。在中国，汉朝时的刘歆用五行说来解释中国上古时期历史的发展变化，比如，他认为太昊伏羲氏属木，炎帝神农氏属火，而黄帝轩辕式属土。[1]

1　顾颉刚：《中国史学入门》，北京出版社，2002，第23页。

在西方，18世纪的意大利思想家G. B. 维科（Giovanni Battista Vico）认为各民族的发展历史都要经历三个时代：神祇时代、英雄时代、古典时代。人类社会经历了这三个时代之后，还会重新回复到神祇时代，如此周而复始，循环不已。历史退化论者认为历史没有发展和进步，而是呈现出退化。古希腊的历史学家赫西俄德认为人类社会从黄金时代渐次退化为白银时代、青铜时代和黑铁时代。中国北宋时期的邵雍认为三皇时是“以道化民，尚自然”，五帝时是“以德教民，尚让”，三王时是“以功劝民，尚政”，五霸时则是“以力率民，尚争”，是一代不如一代。[1]

历史进化论者认为历史是向前发展的。中国明清之际的王夫之认为唐虞以前，“狉狉獉獉，人之异于禽兽者无几也”，三代之世，“国小而君多”，“暴君横取，无异今川广之土司”[2]，这与“言必称三代”的退化论者的观点恰好相反。西方也有很多人主张历史进化论。比如，黑格尔将世界历史的发展分为四个阶段：东方王国、希腊王国、罗马王国、日耳曼王国。从经济发展角度看，历史退化论和循环论是不可取的。工业革命促进了社会进步，提高了人类社会水平。尽管哈蒙德夫妇认为生活在1760年的工人要比生活在1830年更幸福，但米塞斯批评说那是历史学家的一种田园牧歌般的想象。[3]因此，总体上看，人类社会进步是显然的。进化历史观是一种正确的看法。

赞同进化观之后，还要审视历史进化有没有统一的模式，即是否所有的国家和地区都会遵从一种进步模式来发展自己。从历史演化过程

---

1 吴承明：《经济史：历史观与方法论》，上海财经大学出版社，2006，第83-112页。

2 （清）王夫之：《读通鉴论》卷二十。

3 ［英］F. A. 哈耶克：《资本主义与历史学家》，秋风译，吉林人民出版社，2003，第179页。

看，每个国家都有一定的独特性。中国没有经历马克思主义学者所言的资本主义阶段，越过了所谓的“卡夫丁峡谷”。相反，欧洲充分发展了资本主义社会。即便同样是资本主义社会，其发展道路也不尽相同。英国是一种个人资本主义模式，是在一种相对自由的环境下，通过个人的奋斗建构的。德国则是政府通过有目的的制度安排来激励工业化实现，该模式被称为有组织的资本主义模式。[1]美国在英国的基础上进行了技术和制度创新，加之政府强有力的政策指导，建立了更先进的生产模式。法国的资本主义发展相对上述几个国家则来得更加迟缓和漫长。它的工业化没有明显的起飞阶段，经济以一种平稳的、没有大起大落的状态增长。[2]总之，由于各国的国情不同，其经济发展道路也不相同。

然而，“欧洲中心论”的影子还在。希克斯晚年写就了《经济史理论》，试图从历史中概括出具有共性的发展模式。他认为，“每一桩历史事件都有它独特的某一方面；但几乎总有另一些方面，它在其中只是一个团体中的一个成员。如果我们感兴趣是后面那些方面中的一个，那我们要予以注意的将是这个团体，而不是个人；我们将设法予以说明的是那个团体的平均数。”[3]这里暗含着统计学的原理，即大量发生的事件比很少发生的事件更接近于一般性。然而，希克斯的经济史理论主要来源于英国经验。因此，他所概括的经济史理论很难说就是人类社会发展的共性。中国经济发展的道路就与之不同。与之类似，罗斯托在《经济增长阶段：非共产党宣言》中提出的经济增长阶段理论也不适用于所有国

1 ［英］M. M. 波斯坦、D. C. 科尔曼、彼得·马赛厄斯：《剑桥欧洲经济史》第7卷（上册），徐强等译，经济科学出版社，2004，第709页。

2 马克垚：《世界文明史》（上册），北京大学出版社，2004，第641页。

3 ［英］约翰·希克斯：《经济史理论》，厉以平译，商务印书馆，1987，第9页。

家。他的假说对经济史研究具有一定的学术价值，但是若把现代化的世界进程纳入一个单线的历史演进模式中，则显简单化。诺思对西方世界兴起的分析也有“欧洲中心论”之嫌。

新经济史革命带来了经济学理论和历史的携手。同时，也把统一模式的思维带到了经济史研究中。他们是在“欧洲”的路灯下审视全世界的问题。欧洲率先崛起是一个历史事实，对其进行合理的解释是必要的，但过分扩大欧洲历史的普适性则是一种片面的历史观。

第二节　研究方法的不足与中国经济史研究

新经济史革命固然为经济史研究带来了很多新东西，也有助于深化经济史研究，但同时，我们也要清醒地看到，它研究方法上的不足之处。第一，科学逻辑不是经济史研究的最高境界。经济史研究的最高境界应该是把过去的经济发展历史认识清楚，解释明白。为了这个境界，什么理论和方法都可以运用。只不过都应该是为经济史研究服务的。如果为了迎合某种理论，或者是为了给经济学理论做历史注脚，那么很可能就会犯“削足适履”的错误。第二，目前的经济学理论还有很多不完善的地方，尽管它在不断地发展。经济学理论对于解释经济发展实践有一定的指导价值，但这并不表明它与现实可以完全吻合。事实上，经济发展的历史是非常复杂的，它的促进因素也非常多，而且还交织在一起。构成经济发展动力的，不仅仅是经济，还有政治、社会、文化等。因此，分析经济发展的历史是一个非常不容易的过程，目前已有的经济学理论还不能将政治、文化等整合在一起。第三，定量方法是一种好的方法，它可以使研究更为精确。但值得注意的是，数据也和文字史料一样，是材料而已。对于这种材料，一定要仔细研究，要去伪存真，否则意义不大。第四，新古典范式分析人类行为也有很多问题。事实告诉我们，人不见得是理性的，至少不是完全理性的。而且，还不仅如此，很多人还是非理性的。这种非理性如果左右了重要人物的思想和行为，那么不能说它对经济发展的历史道路影响不大。

在借鉴新经济史研究方法时，一定不要唯“科学”“理性”是从，而要从历史的实际出发。这个历史的实际就是经济史的研究对象乃人类社会的经济发展。它所涉及的要素非常复杂，它是一门研究人类行为的学问。经济史本质上是历史，这被很多经济史学家不断强调。奇波拉指出：“经济史本身就是一种划分，而且是最为任意的划分。其所以这样划分是为了分析和教学上的方便。但生活中并没有这种界限，有的只是历史。”[1]经济史学家庞兹（N. J. G. Pounds）同样认为，社会科学的各个学科不是彼此孤立的六角形，而是在内容和方法上有着一定联系和渗透的，作为研究人类社会过去的历史学尤其如此。因此，以历史学家的眼光看待经济史，许多社会和文化因素都应该进入经济史的研究领域，因为在社会生活中，没有纯粹的经济活动，人类行为的因果联系无限延伸，没有尽头。[2]幸好，中国的经济史学家坚守了社会经济史研究的传统。陈振汉一直强调，中国经济史研究者应该加强与社会史学家的合作。综合性的科学研究已经成为不可抗拒的世界潮流，在进行经济史研

---

1 ［意］卡洛·奇波拉：《欧洲经济史》第1卷，徐璇等译，商务印书馆，1988，导言，第3页。

2 N. J. G. Pounds, “What Economic History Means to Me”, in *Living Economic and Social History*, ed. P. Hudson (Glasgow: Department of Economic and Social History University of Glasgow: Economic History Society) 2001, pp. 288-291.

究的时候要综合考虑人与自然，经济与社会文化等多方面的因素，而不应该孤立地就经济论经济。

在经济史研究中，一切理论和方法都应该视为研究方法，不存在哪一个方法更好，哪一个方法更高明的问题。正所谓“史无定法”。采用什么方法，是由具体的研究对象决定的。经济学的理论和方法在实践中可以运用，但不是唯一的。经济史研究也没有必要为了使自己变得更像所谓的“科学”而失去原有风采。经济史是一门专门的学问，有自己的独立范式。这种范式应该既有经济学范式的特点，又带有史学范式的风姿。经济史所使用的理论不应该局限于经济学理论，大凡可以用来解释人类社会变迁的理论都应该纳入经济史研究中来。

主要参考文献

中文著作
（依作者姓名汉语拼音字母为序）

阿塔克，杰里米、帕塞尔，彼得：《新美国经济史》，罗涛等译，中国社会科学出版社，2000。

埃格特森，思拉恩：《经济行为与制度》，吴经邦等译，商务印书馆，2004。

艾克纳，阿尔弗雷德·S：《经济学为什么还不是一门科学》，苏通等译，北京大学出版社，1990。

巴克霍尔兹，托德：《已故西方经济学家思想的新解读：现代经济思想导论》，杜丽群等译，中国社会科学出版社，2004。

巴勒克拉夫，杰弗里：《当代史学主要趋势》中译本，杨豫译，上海译文出版社，1987。

北京大学中国经济研究中心编《站在巨人的肩上：诺贝尔经济学奖获得者北大讲演集》，北京大学出版社，2004。

巴泽尔：《产权的经济分析》，费方域、段毅才译，上海三联书店、上海人民出版社，1997。

波兰尼，卡尔：《大转型：我们时代的政治与经济起源》，冯钢、刘阳译，浙江人民出版社，2007。

波普，卡尔：《历史决定论的贫困》，杜汝楫、邱仁宗译，华夏出版社，1987。
伯克，彼得：《法国史学革命：年鉴学派，1929—1989》，刘永华译，北京大学出版社，2006。
布劳格：《经济学方法论》，石士钧译，商务印书馆，1992。
布劳格，马克：《凯恩斯以后的100位著名经济学家》，冯炳昆、李宝鸿译，商务印书馆，2003。
布罗代尔，费尔南：《15至18世纪的物质文明、经济和资本主义》，顾良、施康强译，三联书店，1992。
布罗代尔，费尔南：《菲利普二世时代的地中海和地中海世界》，唐家龙等译，商务印书馆，1996。
布洛赫，马克：《历史学家的技艺》，张和声、程郁译，上海社会科学院出版社，1992。
布洛赫，马克：《为历史学辩护》，张和声、程郁译，中国人民大学出版社，2006。
陈岱孙：《从古典经济学派到马克思》，北京大学出版社，1996。
陈启能、于沛、黄立茀：《苏联史学理论》，经济管理出版社，1996。
陈振汉：《步履集》，北京大学出版社，2005。
陈振汉：《社会经济史学论文集》，经济科学出版社，1999。
邓力群、钱学森等著：《经济理论与经济史论文集》，北京大学出版社，1982。
杜维运：《变动世界中的史学》，北京大学出版社，2006。
杜维运：《史学方法论》，北京大学出版社，2006。
凡勃伦：《有闲阶级论》，蔡受百译，商务印书馆，1964。
弗拉德，罗德里克：《计量史学方法导论》，王小宽译，上海译文出版社，1997。

弗兰克，贡德：《白银资本：重视经济全球化中的东方》，刘北成译，中央编译出版社，2001。

弗里曼，克里斯、卢桑，弗朗西斯科［英］：《光阴似箭：从工业革命到信息革命》，沈宏亮译，中国人民大学出版社，2007。

格雷夫，阿夫纳：《大裂变：中世纪贸易制度比较和西方的兴起》，郑江淮等译，中信出版社，2008。

古奇，乔治·皮博迪：《十九世纪历史学与历史学家》，耿淡如等译，商务印书馆，1989。

哈耶克，F. A.：《资本主义与历史学家》，秋风译，吉林人民出版社，2003。

韩毅：《历史的制度分析：西方制度经济史学的新进展》，辽宁大学出版社，2002。

赫尔普曼，E.：《经济增长的秘密》，王世华、吴筱译，中国人民大学出版社，2007。

何兆武、陈启能：《当代西方史学理论》，上海社会科学院出版社，2003。

何兆武：《历史理论与史学理论：近现代西方史学著作选》，商务印书馆，1999。

侯建新：《经济——社会史：历史研究的新方向》，商务印书馆，2002。

霍布斯鲍姆，埃里克：《史学家：历史神话的终结者》，马俊亚、郭英剑译，上海人民出版社，2002。

霍奇逊，杰弗里·M.：《演化与制度：论演化经济学和经济学的演化》，任荣华等译，中国人民大学出版社，2007。

霍奇逊，杰弗里·M.：《经济学是如何忘记历史的：社会科学中的历史特性问题》，高伟等译，中国人民大学出版社，2008。

伽达默尔，汉斯-格奥尔格：《真理与方法——哲学解释学的基本特征》，王才勇译，上海译文出版社，1999。

卡尔，爱德华·霍列特：《历史是什么》，吴柱存译，商务印书馆，1981。

凯恩斯，约翰·内维尔：《政治经济学的范围与方法》，党国英、刘惠译，华夏出版社，2001。

柯林武德：《历史的观念》，何兆武、张文杰译，商务印书馆，1997。

科斯，R.、阿尔钦，A.、诺斯，D.：《财产权利与制度变迁——产权学派与新制度学派译文集》，刘守英等译，上海三联书店、上海人民出版社，1991。

柯武刚、史漫飞：《制度经济学：社会秩序与公共政策》，韩朝华译，商务印书馆，2000。

克罗切，贝奈戴托：《历史学的理论和实际》，傅任敢译，商务印书馆，1982。

拉卡托斯，伊：《科学研究纲领方法论》，兰征译，上海译文出版社，1986。

勒高夫，雅克、诺拉，皮埃尔：《史学研究的新问题、新方法、新对象》，郝名玮译，社会科学文献出版社，1988。

勒高夫，雅克、诺拉，皮埃尔：《新史学》，姚蒙编译，上海译文出版社，1989。

李伯重：《理论、方法、发展趋势：中国经济史研究新探》，清华大学出版社，2002。

利科，保罗：《法国史学对史学理论的贡献》，王建华译，上海社会科学院出版社，1992。

鲁滨孙，詹姆斯·哈维：《新史学》，齐思和译，商务印书馆，1964。

陆象淦：《旧大陆VS新大陆》，社会科学文献出版社，2006。

罗哈斯，卡洛斯·安东尼奥·阿居雷：《拉丁美洲：全球危机和多元文化》，王银福译，山东大学出版社，2006。

罗斯托，W. W.：《经济增长的阶段：非共产党宣言》，郭熙保、王松茂译，中国社会科学出版社，2001。

罗斯托，W. W.:《这一切是怎么开始的：现代经济的起源》，黄其祥、纪坚博译，商务印书馆，1997。

罗雪尔，威廉:《历史方法的国民经济学讲义大纲》，朱绍文译，商务印书馆，1981。

马克斯，罗伯特 · B.:《现代世界的起源：全球的、生态的述说》，夏继果译，商务印书馆，2006。

麦迪森，安格斯:《世界经济二百年回顾》，李德伟、盖建玲译，改革出版社，1997。

麦迪森，安格斯:《世界经济千年史》，伍晓鹰等译，北京大学出版社，2003。

芒图，保尔:《十八世纪产业革命：英国近代大工业初期的概况》，杨人等译，商务印书馆，1983。

米尔斯，约翰:《一种批判的经济学史》，高湘泽译，商务印书馆，2005。

米切尔，B. R.:《帕尔格雷夫世界历史统计：美洲卷，1750—1993》，贺力平译，经济科学出版社，2002。

诺思，道格拉斯:《理解经济变迁过程》，钟正生等译，中国人民大学出版社，2008。

诺思，道格拉斯 · C.:《经济史中的结构与变迁》，陈郁、罗华平译，上海三联书店、上海人民出版社，1994。

诺思，道格拉斯，C.:《制度、制度变迁与经济绩效》中译本，刘守英译，上海三联书店1994。

诺思，道格拉斯、托马斯，罗伯特:《西方世界的兴起》，厉以平、蔡磊译，华夏出版社，1999。

彭慕兰:《大分流：欧洲、中国及现代世界经济的发展》，史建云译，江苏人民出版社，2003。
皮朗，亨利：《中世纪欧洲经济社会史》，乐文译，上海人民出版社，2001。
皮雷纳，亨利：《中世纪的城市》，陈国樑译，商务印书馆，2006。
普雷斯曼，史蒂文：《五十位经济学家》，陈海燕等译，江苏人民出版社，2005。
奇波拉，卡洛：《欧洲经济史》，徐璇等译，商务印书馆，1988。
塞利格曼：《经济史观》，陈石孚译，商务印书馆，1920。
施建生：《伟大的经济学家熊彼特》，中信出版社，2006。
斯密，亚当：《国民财富的性质和原因的研究》，郭大力、王亚南译，商务印书馆，1972。
斯皮格尔，亨利·威廉：《经济思想的成长》，晏智杰等译，中国社会科学出版社，1999。
斯坦利，L. 布鲁：《经济思想史》，焦国华、韩红译，机械工业出版社，2003。
斯威德伯格，理查德：《熊彼特》，安佳译，江苏人民出版社，2005。
索罗斯，乔治：《开放社会：改革全球资本主义》，王宇译，商务印书馆，2001。
汤普逊：《中世纪经济社会史》，耿淡如译，商务印书馆，1963。
汤普逊，詹姆斯·W.：《中世纪晚期欧洲经济社会史》，徐家玲等译，商务印书馆，1992。
汤因比，阿诺德：《历史研究》，刘北成、郭小凌译，上海人民出版社，2005。
托波尔斯基，耶日：《历史学方法论》，张家哲等译，华夏出版社，1990。
托尼，R. H.：《宗教与资本主义的兴起》，赵月瑟、夏镇平译，上海译文出版社，2006。
托什，约翰：《史学导论》，吴英译，北京大学出版社，2007。

汪荣祖:《史学九章》，三联书店2006。

王尔敏:《史学方法》，广西师范大学出版社，2005。

王国斌:《转变的中国：历史变迁与欧洲经验的局限》，李伯重、连玲玲译，江苏人民出版社，1998。

王家范:《史家与史学》，广西师范大学出版社，2007。

王晴佳、古伟瀛:《后现代与历史学：中西比较》中译本，山东大学出版社，2006。

王晴佳:《西方的历史观念：从古希腊到现代》，华东师范大学出版社，2002。

韦伯，马克斯:《新教伦理与资本主义精神》，彭强、黄晓京译，陕西师范大学出版社，2002。

魏特夫，卡尔:《东方专制主义——极权力量的比较研究》，徐式谷等译，中国社会科学出版社，1989。

威廉姆森，奥利弗·E.:《资本主义经济制度：论企业签约与市场签约》，段毅才、王伟译，商务印书馆，2002。

沃勒斯坦，伊曼纽尔:《所知世界的终结：二十一世纪的社会科学》，冯炳昆译，社会科学文献出版社，2002。

沃勒斯坦，伊曼纽尔:《知识的不确定性》，王昺等译，山东大学出版社，2006。

巫宝三、陈振汉等:《经济思想史论文集》，北京大学出版社，1982。

吴承明:《经济史：历史观和方法论》，上海财经大学出版社，2006。

吴承明:《市场·近代化·经济史论》，云南大学出版社，1996。

吴承明:《吴承明集》，中国社会科学出版社，2002。

吴承明:《中国的现代化：市场与社会》，三联书店2001。

希克斯，约翰:《经济史理论》，厉以平译，商务印书馆，1987。

项观奇：《历史比较研究法》，山东教育出版社，1986。
项观奇：《历史计量研究法》，山东教育出版社，1987。
萧国亮、隋福民：《世界经济史》，北京大学出版社，2007。
萧国亮：《中国社会经济史研究：独特的“食货”之路》，北京大学出版社，2005。
谢弗，D. 保罗：《经济革命还是文化复兴》，高广卿、陈炜译，社会科学文献出版社，2006。
熊彼特，约瑟夫：《从马克思到凯恩斯》，韩宏等译，江苏人民出版社，2003。
熊彼特，约瑟夫：《经济分析史》，朱泱等译，商务印书馆，2001。
徐浩、侯建新：《当代西方史学流派》，中国人民大学出版社，1996。
杨联陞：《中国制度史研究》，凤凰出版传媒集团、江苏人民出版社，2007。
伊格尔斯：《德国的历史观》，彭刚、顾杭译，译林出版社，2006。
伊格尔斯：《二十世纪的历史学：从科学的客观性到后现代的挑战》，何兆武译，辽宁教育出版社，2003。
伊格尔斯：《历史研究国际手册：当代史学研究和理论》，陈海宏等译，华夏出版社，1989。
伊格尔斯：《欧洲史学新方向》，赵世玲、赵世瑜译，华夏出版社，1989。
张广智、张广勇：《现代西方史学》，复旦大学出版社，1996。
张宇燕、高程：《美洲金银和西方世界的兴起》，中信出版社，2004。

中文期刊
（依作者姓名汉语拼音字母为序）

格雷夫，阿弗纳：《历史制度分析：从经济史视角研究制度问题的新进展》（韩毅翻译），《经济社会体制比较》2003年第5期。

格雷夫，阿弗纳:《自我执行的制度：比较历史制度分析（上）》，《经济社会体制比较》2008年第2期。
格雷夫，阿弗纳:《自我执行的制度：比较历史制度分析（下）》，《经济社会体制比较》2008年第3期。
陈郁:《大胆假设、小心求证——记93年诺贝尔经济学奖获得者罗伯特·福格尔》，《上海经济研究》1994年第1期。
陈招顺:《论证制度对经济增长的重要性：谈1993年诺贝尔经济学奖获得者福格尔和诺思》，《社会科学》1994年第3期。
陈争平:《在多样化发展中注重历史连续性——新世纪经济史学刍议》，《中国经济史研究》2000年第3期。
邓翔、胡国松:《制度·经济增长·新经济史：1993年诺贝尔经济学奖获得者道格拉斯·诺思学术观点述评》，《天府新论》1994年第3期。
董全瑞:《诺思国家理论述评》，《江苏社会科学》2005年第6期。
董志凯:《经济史与经济学的"源"、"流"之辩》，《中国经济史研究》2006年第1期。
杜询诚:《近代中外金融制度变迁比较》，《中国经济史研究》2002年第3期。
杜询诚:《中国经济史研究趋势谈》，《中国经济史研究》2006年第1期。
方竹兰:《论诺思方法与马克思方法的互补性：思考中国转轨阶段的制度分析方法》，《学术月刊》2005年第3期。
傅兆军、史纪新:《经济体制必然是一个动态的演进过程——诺思的经济史观和制度变迁理论新解》，《江苏社会科学》2001年第6期。
韩毅:《西方制度经济史学的历史演进：评价与思考》，《中国经济史研究》2002年第3期。
何立胜、杨志强:《政府行为外部性与"诺思悖论"的相关研究》，《江汉论坛》2006年第1期等。

贾根良：《制度变迁理论：凡勃伦传统与诺思》，《经济学家》1995年第5期。

靳涛：《诺思的成就与困惑：新制度经济史学制度变迁理论的绩效与问题》，《郑州大学学报（哲学社会科学版）》2003年第3期。

李伯重：《20世纪初期史学的“清华学派”与“国际前沿”》，《清华大学学报（哲学社会科学版）》2005年第5期。

李伯重：《历史上的经济革命与经济史的研究方法》，《中国社会科学》2001年第6期。

李伯重：《历史上的经济革命与经济史的研究方法——从〈“选精”、“集粹”与“宋代江南农业革命”〉引起的反响谈起》，《中国社会科学》2001年第4期。

李伯重：《中国经济史应当怎么研究》，《中国经济史研究》2006年第2期。

李根蟠：《中国经济史学百年历程与走向》，《经济学动态》2001年第5期。

厉以平：《新经济史学的启示》，《中国经济史研究》1995年第2期。

林岗、刘元春、张宇：《诺思与马克思：关于社会发展和制度变迁动力的比较》，《中国人民大学学报》2000年第3期。

林勇：《经济增长的制度分析：刘易斯与诺思比较》，《经济学动态》1994年第3期。

林勇：《诺思模型与我国向现代市场经济制度的演进》，《华南师范大学学报（社会科学版）》1994年第2期。

刘佛丁：《经济史学创新的关键在于新理论和方法的引用》，《中国经济史研究》1996年第1期。

刘和旺、冷鹏飞：《论诺思制度变迁理论的演变》，《当代经济研究》2005年第12期。

刘和旺、冷鹏飞:《诺思的制度演化理论及其特点》,《上海行政学院学报》2005年第6期。

刘和旺:《论学习与制度变迁》,《山东社会科学》2005年第8期。

刘和旺:《诺思制度变迁的路径依赖理论新发展》,《经济评论》2006年第2期。

刘宏谊:《西方经济史学发展和美国新经济史学》,《世界经济文汇》1994年第1期。

刘经华:《从诺思悖论看清代官督商销制——兼议中国传统盐务管理体制的基本特征》,《盐业史研究》2006年第1期。

刘军:《马克思和诺思国家起源理论的比较研究》,《学术探索》2004年第2期。

陆军荣:《从新经济史到新制度经济学——诺思的经济思想变迁》,《江西财经大学学报》2003年第5期。

罗涛:《美国新经济史学的发展历程》,《经济学动态》2000年第11期。

诺思、沃利斯和温加斯特:《诠释人类历史的概念性框架》,《比较》第30期,中信出版社,2007。

诺思、瓦利斯、韦伯和温加斯特:《发展中国家的新发展思路》,《比较》第33期,中信出版社,2007。

彭泽益:《中国经济史研究中的计量问题》,《历史研究》1985年第3期。

秦海:《制度的历史分析》,《比较》第4期,中信出版社,2002。

荣朝和、柴为群:《对福格尔关于铁路与经济增长关系理论的评论》,《北京交通大学学报》1996年第3期。

孙涛、张蕴萍:《历史计量学:经济史学研究的进展》,《文史哲》2005年第5期。

唐传泗：《关于中国近代经济史研究的计量问题》，《中国近代经济史研究资料》，上海社会科学院出版社，1985。

唐龙：《道格拉斯·C. 诺思的国家理论述评》，《山西财经大学学报》2005年第4期。

王一江：《国家与经济》，《比较》第18期，中信出版社，2005。

王玉茹：《经济史理论与方法创新的思考》，《南开经济研究》2001年第3期。

王玉茹：《经济史与经济学理论》，《学术月刊》2007年第1期。

王宙：《制度变迁与经济增长：诺贝尔经济学奖得主诺思的经济思想评述》，《国际经济评论》1996年第5期。

吴承明：《近代国内市场商品量的估计》，《中国经济史研究》1994年第4期。

吴承明：《经济史：历史观和方法论》，《中国经济史研究》2001年第3期。

吴承明：《论历史主义》，《中国经济史研究》1993年第2期。

吴承明：《研究经济史的一些体会》，《近代史研究》2005年第3期。

吴承明：《中国经济史研究的方法论问题》，《中国经济史研究》1992年第1期。

萧国亮：《沙船贸易的发展与上海商业的繁荣》，《社会科学）1981年第4期。

萧国亮：《明清时期上海地区的农村家庭棉纺织生产》，《社会科学》1984年第3期。

萧国亮：《认识兴趣与经济史研究》，《石家庄学院学报》2005年第5期。

杨联陞：《中国经济史上的数词与量词》，《食货月刊》1980年第9卷第12期。

余惠芬、周莉：《马克思与诺思：两种国家理论的比较分析》，《当代世界与社会主义》2006年第2期。

张宇燕：《假如没有……谈谈一九九三年度诺贝尔经济学奖得主福格尔》，《读书》1994年第3期。

张仲礼:《理论研究资料开拓和选题调整》,《中国经济史研究》1990年第1期。

章有义:《关于近代农业生产计量研究的几则根据》,《中国社会经济史研究》1990年第2期。

赵冈[美]:《制度学派的经济史观及其他》,《社会科学战线》1995年第4期。

赵凌云:《"新经济史革命"的路径、内容与借鉴》,《南开经济研究》2000年第6期。

赵凌云:《探寻经济理论与经济史的结合——"新经济史革命"评析》,《东南学术》2001年第1期。

赵英兰:《农业制度变迁与诺思界定产权的"国家悖论"》,《山东师范大学学报(人文社会科学版)》2006年第3期。

郑备军:《论新经济史革命的启示》,《浙江社会科学》2002年第4期。

郑备军:《新经济史学方法论述评》,《史学理论研究》1995年第1期。

左建龙:《福格尔和诺思:学术探索及理论创新》,《中国社会科学院研究生院学报》1994年第4期。

学位论文
(依作者姓名汉语拼音字母为序)

韩毅:《西方制度经济史学的新进展:历史的制度分析》,博士学位论文,辽宁大学西方经济学专业,2001。

杨祖义:《20世纪上半期中国经济史学发展初探》,中南财经政法大学,2003。

张晶宇:《经济史研究中的一大突破:经济理论与经济史研究的结合》,华东师范大学史学史专业,2000。

英文著作
（依作者姓名英文拼法为序）

Fishlow, Albert, *American Railroads and the Transformation of the Ante-Bellum Economy* (Cambridge, Mass. : Harvard University Press, 1965) (1971 printing).

Chuan Han-sheng and Richard A. Kraus, *Mid-Ch'ing Rice Markets and Trade: An Essay in Price History* (Cambridge, Mass. : East Asian Research Center, Harvard University, 1975).

David, Paul A., *Reckoning with Slavery: a Critical Study in the Quantitative History of American Negro Slavery* (New York: Oxford University Press, 1976).

Fogel, R.W. and Stanley L. Engerman, *Time on the Cross: the Economics of American Negro Slavery* (Boston: Little, Brown, 1974).

Fogel, R.W., *Railroads and American Economic Growth: Essays in Econometric History* (Baltimore and London: Johns Hopkins Press, 1964).

Fogel, R. W., *The Reinterpretation of American Economic History* (New York: Harper & Row, 1971).

Fogel, Robert W., *The Slavery Debates, 1952-1990: a Retrospective* (Baton Rouge: Louisiana State University Press, 2003).

Fogel, Robert W., *Which Road to the past?: Two Views of History* (New Haven: Yale University Press, 1983).

Fogel, Robert W., *Without Consent or Contract: the Rise and Fall of American Slavery* (New York: Norton, 1989).

Goldin, Claudia D. and H. Rockoff, *Strategic factors in Nineteenth Century American Economic History: a Volume to Honor Robert W. Fogel* (Chicago: University of Chicago Press, 1992).

Harte, N. B., *The Study of Economic History: Collected Inaugural Lectures*: *1893—1970* (London: Frank Cass, 1971).

Hughes, H. Stuart, *History as Art and as Science: Twin Vistas on the Past* (Chicago: University of Chicago Press, 1975).

Kindleberger, Charles P., *Historical Economics: Art or Science?* (Berkeley Los Angeles: University of California Press, 1990).

Kula, Witold, *The Problems and Methods of Economic History* (Aldershot: Ashgate Publishing Ltd, 2001).

North, Douglass C., *Growth and Welfare in the American Past: a New Economic History* (Englewood Cliffs, N. J. : Prentice-Hall, 1966).

North, Douglass C., *Institutions, Institutional Change, and Economic Performance* (Cambridge: Cambridge University Press, 1990).

North, Douglass C., *Structure and Change in Economic History* (New York: Norton, 1981).

North, Douglass C., *The Economic Growth of the United States, 1790-1860* (New York: Norton, 1966).

North, Douglass C., *The Economics of Public Issues* (New York: Harper & Row, 1987).

North, Douglass C., *The Rise of the Western World: a New Economic History* (Cambridge [Eng.] Cambridge University Press, 1973).

North, Douglass C., *Understanding the Process of Economic Change* (Princeton, N. J. : Princeton University Press, 2005).

Pat Hudson, *Living Economic and Social History* (Department of Economic and Social History University of Glasgow: Economic History Society, 2001).

Purdue University Dept. of Economics, *Purdue Faculty Papers in Economic History*, 1956-1966 (Homewood, Ⅲ. : R. D. Irwin, 1967).

Ransom Roger L., Richard Sutch and Gary M. Walton, *Explorations in the New Economic History*: *Essays in Honor of Douglass C. North* (New York: Academic Press, 1982).

Rawski Thomas G. (eds.), *Economics and the Historian* (Berkeley and Los Angeles, California: University of California Press, 1996).

英文期刊
（依作者姓名英文拼法为序）

Ashworth, William, The Newest and Truest Economic History?" *The Economic History Review*, New Series, Vol. 35, No. 3 (Aug., 1982): 434-442.

Aydelotte, William 0., "Quantification in History", *The American Historical Review*, Vol.71, No. 3 (Apr., 1966): 803-825.

Cairncross, A. K., "In Praise of Economic History", *The Economic History Review*, New Series, Vol. 42, No. 2 (May, 1989): 173-185.

Clough, Shepard B., "A Half-Century in Economic History: Auto biographical Reflections", *The Journal of Economic History*, Vol. 30, No. 1, the Tasks of Economic History (Mar., 1970): 4-17.

Coase, R. H., "The Nature of the Firm", *Economica*, New Series, Vol. 4, No. 16 (Nov., 1937): 386-405.

Cochran, Thomas C., "Cultural Factors in Economic Growth", *The Journal of Economic History*, Vol. 20, No. 4 (Dec., 1960): 515-530.

Cochran, Thomas C., "Economic History, Old and New", *The American Historical Review*, Vol.74, No. 5 (Jun., 1969): 1561-1572.

Cochran, Thomas C. "Recent Contributions to Economic History: The United States, the Twentieth Century", *The Journal of Economic History*, Vol. 19, No. 1 (Mar., 1959): 64-75.

Cole, Arthur H., "Economic History in the United States: Formative Years of a Discipline", *The Journal of Economic History*, Vol. 28, No. 4 (Dec., 1968): 556-589.

Conrad, Alfred H. and John R. Meyer, "The Economics of Slavery in the Ante Bellum South", *The Journal of Political Economy*, Vol. 66, No. 2 (Apr., 1958): 95-30.

Crouzet, Francois, "Review: A New Economic History of Britain", *The Journal of Economic History*, Vol. 55, No. 4 (Dec., 1995): 908-913.

Crouzet, Francois, "The Economic History of Modem Europe", *The Journal of Economic History*, Vol.31, No. 1, the Tasks of Economic History (Mar., 1971): 135-152.

Davis, Lance E. Jonathan R. T. Hughes and Stanley Reiter, "Aspects of Quantitative Research in Economic History", *The Journal of Economic History*, Vol. 20, No. 4 (Dec., 1960): 539-547.

Davis, Lance, "'And it will never be literature' the new economic history: a critique", *Explorations in Economic history*, 2nd series, VI (1968).

Davis, Lance, "The New Economic History. II. Professor Fogel and the New Economic History", *The Economic History Review*, New Series, Vol. 19, No. 3 (1966): 657-663.

Desai, Meghnad, "Some Issues in Econometric History", *The Economic History Review*, New Series, Vol. 21, No. 1 (Apr., 1968): 1-16.

Engerman, Stanley L., "Economic History and Old Age", *The Journal of Economic History*, Vol. 56, No. 1 (Mar., 1996): 1-4.

Engerman, Stanley L., "Recent Developments in American Economic

History", *Social Science History*, Vol. 2, No. 1 (autumn, 1977): 72-89.

Felix, David, "The Past Quarter-Century as Economic History and the Tasks of International Economic Organization: Discussion", *The Journal of Economic* History, Vol. 30, No. 1, the Tasks of Economic History (Mar., 1970): 188-195.

Fogel, R. W., "The Economic History. I. Its Findings and Methods", *The Economic History Review*, New Series, Vol. 19, No. 3 (1966): 642-656.

Fogel, Robert W., "Quantitative Economic History: An Interim Evaluation Past Trends and Present Tendencies", *The Journal of Economic History,* Vol. 31, No. 1, the Tasks of Economic History (Mar., 1971): 15-42.

Fogel, Robert William, "A Quantitative Approach to the Study of Railroads in American Economic Growth: A Report of Some Preliminary Findings", *The Journal* of *Economic History*, Vol. 22, No. 2 (Jun., 1962): 163-197.

Fogel, Robert William, "Current Directions in Economic History", *The Journal of Economic History*, Vol. 32, No. 1, the Tasks of Economic History (Mar., 1972): 1-2.

Fogel, Robert William, "Discussion: Papers and Proceedings of the Seventy-sixth Annual Meeting of the American Economic Association", *The American Economic Review*, Vol. 54, No. 3, (May, 1964): 377-389.

Fogel, Robert William, "Historiography and Retrospective Econometrics", *History and Theory*, Vol. 9, No. 3 (1970): 245-264.

Fogel, Robert William, "The Limits of Quantitative Methods in History", *The American Historical Review*, Vol. 80, No. 2 (Apr., 1975): 329-350.

Fogel, Robert William, "The Reunification of Economic History with Economic Theory", *The American Economic Review*, Vol. 55, No. 1/2 (Mar., 1965), pp. 92-98.

Fogel, Robert William, "The Specification Problem in Economic History", *The Journal of Economic History*, Vol. 27, No. 3 (Sep., 1967): 283-308.

Fogel, Robert William, "Three Phases of Cliometric Research on Slavery and its Aftermath", *The American Economic Review*, Vol. 65, No. 2, Papers and Proceedings of the Eighty-seventh Annual Meeting of the American Economic Association (May, 1975): 37-46.

Gallman, R. E., "Slavery and Southern Economic Growth", *Southern Economic Journal*, Vol. 45, No. 4 (Apr., 1979): 1007-1022.

Goodrich, Carter, "Economic History: One Field or Two?" *The Journal of Economic History*, Vol. 20, No. 4 (Dec., 1960): 531-538.

Gras, N. B., "The Present Condition of Economic History", *The Quarterly Journal of Economics*, Vol. 34, No. 2 (Feb., 1920): 209-224.

Greif, Avner, "Cliometrics after 40 Years", *The American Economic Review*, Vol. 87, No. 2, Papers and Proceedings of the Hundred and Fourth Annual Meeting of the American Economic Association (May, 1997): 400-403.

Greif, Avner, "Contract Enforceability and Economic Institutions in Early Trade: The Maghribi Traders Coalition", *The American Economic Review*, Vol. 83, No. 3 (Jun., 1993): 525-548.

Greif, Avner, "Cultural Beliefs and the Organization of Society: A Historical and Theoretical Reflection on Collectivist and Individualist Societies", *The Journal of Political Economy*, Vol. 102, No. 5 (Oct., 1994): 912-950.

Greif, Avner, "Historical and Comparative Institutional Analysis", *The American Economic Review*, Vol. 88, No. 2, Papers and Proceedings of the Hundred and Tenth Annual Meeting of the American Economic Association (May, 1998): 80-84.

Hartwell, R. M., "Good Old Economic History", *The Journal of Economic History,* Vol. 33, No. 1, the Tasks of Economic History (Mar., 1973): 28-40.

Heckscher, Eli F., "Quantitative Measurement in Economic History", *The Quarterly Journal of Economics*, Vol. 53, No. 2 (Feb., 1939): 167-193.

Heckscher, Eli F., "Revisions in Economic History: V. Mercantilism", *The Economic History Review*, Vol. 7, No. 1 (Nov., 1936): 44-54.

Hidy, Ralph W., "The Road We are Traveling", *The Journal of Economic History*, Vol. 32, No. l, The Tasks of Economic History (Mar., 1972): 3-14.

Hoffman, Philip T., Gilles Postel-Vinay and Jean-Laurent Rosenthal, "Information and Economic History: How the Credit Market in Old Regime Paris Forces Us to Rethink the Transition to Capitalism", *The American Historical Review*, Vol. 104, No. 1 (Feb., 1999): 69-94.

Kolchin, Peter, "More Time on the Cross? An Evaluation of Robert William Fogel's Without Consent or Contract", *The Journal of Southern History*, Vol. 58, No. 3 (Aug., 1992): 491-502.

Kuznets, Simon, "Summary of Discussion and Postscript", *The Journal of Economic History,* Vol. 17, No. 4 (Dec., 1957): 545-553.

Libecap, Gary D., "Review: The New Institutional Economics and Economic History", *The Journal of Economic History*, Vol. 57, No. 3 (Sep., 1997): 718-721.

McClelland, Peter D., "Railroads, American Growth, and the New Economic History: A Critique", *The Journal of Economic History*, Vol. 28, No. 1 (Mar., 1968): 102-123.

McClelland, Peter D., "The New Economic History and the Burdens of the Navigation Acts: A Comment", *The Economic History Review*, New Series, Vol. 26, No. 4 (1973): 679-686.

McCloskey, Donald N., "Does the Past Have Useful Economics", *Journal of Economic Literature*, Vol. 14, No. 2 (Jun., 1976): 434-461.

Meyer, John R. and Alfred H. Conrad, "Economic Theory, Statistical Inference and Economic History", *The Journal of Economic History*, Vol. 17, No. 4 (Dec., 1957): 524-544.

Middleton, Roger and Peter Wardley, "Information Technology in Economic and Social History: The Computer as Philosopher's Stone or Pandora's Box?", *The Economic History Review*, New Series, Vol. 43, No. 4 (Nov., 1990): 667-696.

Mills, Terence C. and N. F. R. Crafts, "Modelling Trends in Economic History", *The Statistician*, Vol. 45, No. 2 (1996): 153-159.

Miskimin, Harry A., "Agenda for Early Modem Economic History", *The Journal of Economichistory*, Vol. 31, No. 1, the Tasks of Economic History (Mar., 1971): 172-183.

North, Douglass C. and Barry R. Weingast, "Introduction: Institutional Analysis and Economic History", *The Journal of Economic History*, Vol. 60, No. 2 (Jun., 2000): 414-417.

North, Douglass C. and Robert Paul Thomas, "An Economic Theory of the Growth of the Western World", *The Economic History Review*, New Series, Vol. 23, No. 1 (Apr., 1970): 1-17.

North, Douglass C. and Robert Paul Thomas, "The Role of Governments in Economic Growth in Early Modem Times: Comment", *The Journal of Economic History*, Vol. 35, No. 1, the Tasks of Economic History (Mar., 1975): 18-19.

North, Douglass C., "Beyond the New Economic History", *The Journal of Economic History*, Vol. 34, No. 1, the Tasks of Economic History (Mar., 1974): 1-7.

North, Douglass C., "Determinants of Productivity in Ocean Shipping", in Robert William Fogel and Stanley L. Engerman, ed., *The Reinterpretation of American Economic History*, (New York: Harper & Row, 1971).

North, Douglass C., "Government and the Cost of Exchange in History", *The Journal of Economic History*, Vol. 44, No. 2, the Tasks of Economic History (Jun., 1984): 255-264.

North, Douglass C., "Institutional Change and Economic Growth", *The Journal of Economic History*, Vol. 31, No. 1, the Tasks of Economic History (Mar., 1971): 118-125.

North, Douglass C., "Quantitative Research in American Economic History", *The American Economic Review*, Vol. 53, No. 1, Part 1 (Mar., 1963): 128-130.

North, Douglass C., "Structure and Performance: The Task of Economic History", *Journal of Economic Literature*, Vol. 16, No. 3 (Sep., 1978): 963-978.

North, Douglass C., "The State of Economic History", *The American Economic Review*, Vol. 55, No. 1/2 (Mar., 1965): 86-91.

Parker, William N., "A 'New' Business History? A Commentary on the 1993 Nobel Prize in Economics", *The Business History Review*, Vol. 67, No. 4 (winter, 1993): 623-636.

Parker, William N., "Economic Development in Historical Perspective", *Economic Development and Cultural Change*, Vol. 10, No. 1 (Oct., 1961): 1-7.

Parker, William N., "Economic History: The Teacher and the Subject", *The Journal of Economic History*, Vol. 56, No. 2, Papers Presented at the Fifty-Fifth Annual Meeting of the Economic History Association (Jun., 1996): 455-458.

Parker, William N., "From Old to New to Old in Economic History", *The Journal of Economic History*, Vol. 31, No. 1, the Tasks *of Economic* History (Mar., 1971): 3-14.

Redlich, Fritz, "'New' and Traditional Approaches to Economic History and Their Interdependence", *The Journal of Economic History*, Vol. 25, No. 4 (Dec., 1965): 480-495.

Redlich, Fritz, "Recent Developments in German Economic History", *The Journal of Economic History*, Vol. 18, No. 4 (Dec., 1958): 516-530.

Romer, Christina D., "The End of Economic History?" *The Journal of Economic Education*, Vol. 25, No. 1 (winter, 1994): 49-66.

Rostow, W. W., "A Historian's Perspective on Modem Economic Theory", *The American Economic Review*, Vol. 42, No. 2, Papers and Proceedings of the Sixty-fourth Annual Meeting of the American Economic Association (May, 1952): 16-29.

Rostow, W. W., "The Interrelation of Theory and Economic History", *The Journal of Economic History*, Vol. 17, No. 4 (Dec., 1957): 509-523.

Rostow, W. W., "The Past Quarter-Century as Economic History and the Tasks of International Economic Organization", *The Journal of Economic History*, Vol. 30, No. 1, the Tasks of Economic History (Mar., 1970): 150-187.

Rostow, W. W., "The stages of economic growth," *The Economic History Review*, Vol. 12, No.1 (1959): 1-16.

Schumpeter, Joseph A., "The Creative Response in Economic History", *The Journal of Economic History*, Vol. 7, No. 2, (Nov., 1947): 149-159.

Supple, Barry, "Old Problems and New Directions", *Journal of Interdisciplinary History*, Vol. 12, No. 2, the New History: The 1980s and beyond (II) (autumn, 1981): 199-205.

Sutch, Richard, "All Things Reconsidered: The Life-Cycle Perspective and the Third Task of Economic History", *The Journal of Economic History*, Vol. 51, No. 2 (Jun., 1991): 271-288.

Sutch, Richard, "The Profitability of Ante Bellum Slavery: Revisited", *Southern Economic Journal*, Vol. 31, No. 4 (Apr., 1965): 365-377.

Swanson, Joseph A. and Jeffrey G. Williamson, "Explanations and Issues: A Prospectus for Quantitative Economic History", *The Journal of Economic History*, Vol. 31, No. 1, the Tasks of Economic History (Mar., 1971): 43-57.

Temin, Peter, "A New Look at Hunter's Hypothesis about the Antebellum Iron Industry", *The American Economic Review*, Vol. 54, No. 3, Papers and Proceedings of the Seventy-sixth Annual Meeting of the American Economic Association (May, 1964): 344-351.

Temin, Peter, "Steam and Waterpower in the Early Nineteenth Century", *The Journal of Economic History*, Vol. 26, No. 2 (Jun., 1966): 187-205.

Temin, Peter, "The Future of the New Economic History", *Journal of Interdisciplinary History*, Vol. 12, No. 2, the New History: The 1980s and beyond (II) (autumn, 1981): 179-197.

Tilly, Richard and Charles Tilly, "Agenda for European Economic History in the 1970s", *The Journal of Economic History*, Vol. 31, No. 1, the Tasks of Economic History (Mar., 1971): 184-198.

Tilly, Richard, “Review: Soll und Haben: Recent German Economic History and the Problem of Economic Development”, *The Journal of Economic History*, Vol. 29, No. 2 (Jun., 1969): 298-319.

Woodman, Harold D., “Review: Economic History and Economic Theory: The New Economic History in America”, *Journal of Interdisciplinary History*, Vol. 3, No. 2, Economics, Society, and History (autumn, 1972): 323-350.

Yasuba, Yasukichi, “The Profitability and Viability of Plantation Slavery in the United States”, *The Economic Studies Quarterly*, Vol. 12, No. 1 (Sept., 1961): 60-67.

Zevin, Robert Brooke, “The Growth of Cotton Textile Production after 1815”, in Robert William Fogel and Stanley L. Engerman, eds., *The Reinterpretation of American Economic History* (New York: Harper and Row, 1971).